Nicole van de Locht

Informationsgewinnung aus Optionspreisen

GABLER RESEARCH

Nicole van de Locht

Informationsgewinnung aus Optionspreisen

Eine empirische Analyse des US-Dollar/Euro-Wechselkurses

Mit einem Geleitwort von Prof. Dr. Peter Anker

GABLER

RESEARCH

Bibliografische Information der Deutschen Nationalbibliothek
Die Deutsche Nationalbibliothek verzeichnet diese Publikation in der Deutschen Nationalbibliografie; detaillierte bibliografische Daten sind im Internet über <http://dnb.d-nb.de> abrufbar.

Dissertation Universität Duisburg-Essen, 2009

1. Auflage 2009

Lektorat: Claudia Jeske | Jutta Hinrichsen

Gabler ist Teil der Fachverlagsgruppe Springer Science+Business Media.
www.gabler.de

Umschlaggestaltung: KünkelLopka Medienentwicklung, Heidelberg
Gedruckt auf säurefreiem und chlorfrei gebleichtem Papier

ISBN 978-3-8349-1737-9

Geleitwort

Wechselkursentwicklungen haben sich in den letzten beiden Jahrzehnten als eines der großen sogenannten Puzzles der Ökonomie etabliert. Je rigoroser die theoretischen Modelle zur Erklärung von Wechselkursen durch fundamentale Faktoren desto größer wurde die Diskrepanz zwischen Theorie und Realität. Das Rätsel ist sehr facettenreich und umschließt zahlreiche Widersprüche. So steht hinter dem Zinsparitätenpuzzle die Frage, warum sich mit der Anlage in Hochzinswährungen systematische Überschussrenditen erzielen lassen. Eine andere Facette ist die Beobachtung, dass Wechselkurse einerseits unerklärlich starke Schwankungen aufweisen, andererseits aber andere makroökonomische Größen kaum beeinflussen. Wechselkurse führen anscheinend ein Eigenleben.

Wechselkurse sind Vermögenspreise und als solche notwendigerweise erwartungsabhängig. Erklärungen auffälliger Entwicklungen auf Finanzmärkten wenden sich daher neben anderen Friktionen auch immer wieder den Erwartungen der Akteure zu. Die von Frau Dr. Nicole van de Locht dem Fachbereich Betriebswirtschaft der Universität Duisburg-Essen (Standort Duisburg) vorgelegte Dissertationsschrift ist in diesem Kontext zu sehen. Die Autorin setzt sich zum Ziel, neue Erkenntnisse zu den an den Devisenmärkten gebildeten Erwartungen zu gewinnen, ihr Ansatzpunkt sind die Preise von Finanzinstrumenten.

Interessant aus makroökonomischer Perspektive sind in dieser Hinsicht vor allem Optionen, die bezüglich der Markterwartungen einen weitaus höheren Informationsgehalt als Terminkontrakte aufweisen. Terminkurse geben lediglich Hinweise zu dem Erwartungswert des Kurses des zugrundeliegenden Aktivums zu einem zukünftigen Zeitpunkt. Informationen zu den höheren Momenten der vom Markt wahrgenommenen Wahrscheinlichkeitsverteilung sind aus Terminkursen nicht zu entnehmen. Optionspreise dagegen enthalten Informationen zu der Wahrscheinlichkeit spezifischer zukünftiger Kursrealisationen. Konkret lässt sich ermitteln, mit welcher Wahrscheinlichkeit der Kurs des zugrunde liegenden Aktivums zu einem bestimmten zukünftigen Zeitpunkt aus Sicht des Marktes über einem bestimmten Wert liegt. Damit liefern Optionspreise auch Informationen zur Standardabweichung (Volatilität), Schiefe und Kurtosis der Wahrscheinlichkeitsverteilung zukünftiger Kurse. Bemerkenswert ist dabei die Robustheit bezüglich der Annahmen zur Risikoeinstellung der Marktteilnehmer bei der Extrahierung von Informationen aus Optionspreisen.

Die Autorin präsentiert in ihrer Arbeit die notwendigen Grundlagen der Optionspreistheorie sowie die diversen Inter- und Extrapolationstechniken zur Extrahierung von Wahrscheinlichkeitsverteilungen aus Optionspreisen. Die Arbeit enthält weiterhin einen ausführlichen Literaturüberblick über die zahlreichen interessanten Anwendungsgebiete risikoneutraler Wahrscheinlichkeitsverteilungen. Konkreter Untersuchungsgegenstand sind die extrahierten Wahrscheinlichkeitsverteilungen des Euro-Dollar-Wechselkurses. Die Autorin analysiert die statistischen Eigenschaften der Momente dieser Verteilungen und präsentiert Untersuchungen zur Erklärung des Zinsparitätenpuzzles mit Hilfe der extrahierten Verteilungen.

Die Arbeit ist von beachtlichem wissenschaftlichem Niveau und präsentiert eine Reihe interessanter Ergebnisse. Ich wünsche der Arbeit deshalb eine breite Resonanz in Wissenschaft und Praxis.

Duisburg, März 2009 Prof. Dr. Peter Anker

Vorwort

Die Idee zur vorliegenden Dissertation entstand während meiner Tätigkeit als wissenschaftliche Mitarbeiterin am Lehrstuhl Management Science der Mercator School of Management. Die Arbeit erlaubte mir meine Interessensschwerpunkte im Bereich der Finanzmarkttheorie und der Statistik und Ökonometrie zu vertiefen.

Danken möchte ich zunächst Herrn Prof. Dr. Josef Schira, der mir durch die Arbeit am Lehrstuhl ermöglichte, mein Promotionsvorhaben realisieren zu können.

Mein ganz besonderer Dank gilt meinem Doktorvater, Herrn Prof. Dr. Peter Anker, der die Anregung zur wissenschaftlichen Auseinandersetzung mit der Thematik gab und mich fachlich und menschlich jederzeit unterstützte. Insbesondere die vielfältigen wissenschaftlichen Gespräche und seine konstruktive Kritik haben wesentlich zur Realisierung der vorliegenden Arbeit beigetragen.

Herzlich bedanken möchte ich mich bei Herrn Prof. Dr. Peter von der Lippe für seine stets freundschaftliche Motivation und die vielen Fachdiskussionen im Bereich Statistik und Ökonometrie, die meine wissenschaftliche Weiterentwicklung maßgeblich gefördert haben.

Ein großes Dankeschön gebührt Herrn Prof. Dr. Dieter Cassel für die Übernahme des Zweitgutachtens.

Viele Menschen haben mich außerdem im Korrekturprozess, bei der formalen Fertigstellung und durch ihre Freundschaft unterstützt. Besonders danken möchte ich an dieser Stelle Herrn Dipl.-Volkswirt Matthias Krebbers, Herrn Prof. Dr. Christian Müller, sowie Herrn Dipl.- Kaufmann Lars Rosenboom, der viele Stunden für mich in der Bibliothek verbracht hat.

Meinem Freund Oliver Schauer bin ich für seine engagierte Unterstützung, sein großes Verständnis und seinen Rückhalt dankbar. Meinen Eltern, meiner Familie und meinen Freunden danke ich dafür, dass sie immer an mich geglaubt haben.

Nicht vergessen möchte ich die Fontys Internationale Hogeschool Economie, hier stellvertretend Herrn Henry Walboomers, der mir die notwendige Zeit und Freiheit zur Vorbereitung der Disputation gegeben hat.

Geldern, April 2009 Nicole van de Locht

Inhaltsverzeichnis

Abbildungsverzeichnis .... **XIII**

Tabellenverzeichnis .... **XV**

1 Einleitung **1**

1.1 Problemstellung und Zielsetzung 1

1.2 Gang der Untersuchung 5

2 Grundlagen der Optionspreistheorie **8**

2.1 Arten und Charakteristika von Optionen 8

2.2 Das Optionsbewertungsmodell von Black und Scholes 11

2.2.1 Modellannahmen und der Preisprozess des Basiswerts 12

2.2.2 Bewertung von Optionen mit dem Black-Scholes Modell 15

2.2.2.1 Die Konstruktion eines risikolosen Hedgeportfolios 15

2.2.2.2 Risikoneutrale Bewertung im Binomialmodell 19

2.2.2.3 Bewertung von Devisenoptionen 23

2.3 Das Volatility-Smile 25

3 Extrahierung der risikoneutralen Wahrscheinlichkeitsdichtefunktion **31**

3.1 Der Zusammenhang zwischen Optionspreisen und der risikoneutralen Wahrscheinlichkeitsdichtefunktion 32

3.2 Überblick über Schätzverfahren zur Bestimmung der risikoneutralen Wahrscheinlichkeitsdichtefunktion 38

3.3 Approximation der impliziten Volatilitätsfunktion 42

3.4 Detaillierte Betrachtung von Schätzverfahren zur Bestimmung der risikoneutralen Wahrscheinlichkeitsdichtefunktion 54

3.4.1 Parametrische Verfahren 54

3.4.1.1 Reihenentwicklungen ... 54
3.4.1.2 Spezielle Dichte – und Verteilungsfunktionen ... 67
3.4.1.3 Mischung mehrerer Dichtefunktionen ... 74
3.4.1.4 Modellierung des stochastischen Prozesses des Basiswerts ... 77
3.4.2 Nichtparametrische Verfahren ... 80
3.4.2.1 Methoden zur Kurvenanpassung ... 80
3.4.2.2 Nichtparametrische Kernregression ... 82
3.4.2.3 Maximierung der Entropie ... 85
3.4.2.4 Implizite Bäume ... 88
4 Anwendungsgebiete risikoneutraler Wahrscheinlichkeitsdichtefunktionen ... 95
4.1 Markterwartungen und monetäre Schocks ... 96
4.1.1 Zentralbankentscheidungen- und ankündigungen ... 97
4.1.2 Devisenmarktinterventionen ... 99
4.1.3 Glaubwürdigkeit von Wechselkurszielzonen ... 102
4.2 Länderspezifische und politische Ereignisse ... 105
4.3 Bestimmung der Risikoaversion ... 111
4.4 Zusammenfassung ... 120
Anhang: Herleitung der relativen Risikoaversion ... 121
5 Empirische Untersuchungen ... 124
5.1 Die Einführung des Euro und deren Einfluss auf die Markterwartungen ... 124
5.1.1 Ziel der Untersuchung ... 124
5.1.2 Untersuchungsaufbau ... 128
5.1.3 Ergebnisse ... 130
5.1.4 Zusammenfassung ... 138

5.2 Die Kausalitätsbeziehungen zwischen den Momenten der risikoneutralen Dichtefunktion und des Wechselkurses 139
5.2.1 Untersuchungsaufbau 139
5.2.2 Ergebnisse 142
5.2.3 Zusammenfassung 147
5.3 Prognosefähigkeit der risikoneutralen Verteilung für die reale Verteilung im Vergleich zu alternativen Prognosemodellen 148
5.3.1 Untersuchungsaufbau 148
5.3.2 Prognosemodelle für die Momente der realisierten Verteilung 150
5.3.3 Ergebnisse 159
5.3.3.1 Prognosemodelle für die Volatilität 159
5.3.3.2 Prognosemodelle für die Schiefe und die Kurtosis 163
5.3.4 Zusammenfassung 169
5.4 Die ungedeckte Zinsparität beim Dollar/Euro- Wechselkurs unter Berücksichtigung der risikoneutralen Verteilung 169
5.4.1 Diskutierte Erklärungsansätze des UIP-Puzzles 174
5.4.2 Untersuchungsaufbau 180
5.4.3 Ergebnisse 182
5.4.4 Zusammenfassung 185
6 Zusammenfassung und Schlussfolgerungen 187
Literaturverzeichnis 191

Abbildungsverzeichnis

Abbildung 2.1: Übersicht über die vier Optionsgrundgeschäfte 9

Abbildung 2.2: Auszahlungsprofile der vier Optionsgrundgeschäfte 10

Abbildung 2.3: Aktienkurs und Optionspreis in einem einstufigen Binomialbaum 20

Abbildung 2.4: Transformation der normalverteilten Renditeverteilung in ihr risikoneutrales Äquivalent durch Verschiebung der erwarteten der Rendite 23

Abbildung 2.5: Der Zusammenhang zwischen Optionspreis und impliziter Volatilität 26

Abbildung 2.6: Volatility-Smile und Volatility-Skew 28

Abbildung 2.7: Implizite Volatilitäten und zugehörige risikoneutrale Dichtefunktionen 29

Abbildung 3.1: Konstruktion eines Butterfly Spreads 34

Abbildung 3.2: Konstruktion und Auszahlung eines Butterfly Spreads (Beispiel) 35

Abbildung 3.3: Ermittelte Wahrscheinlichkeitsdichte/-verteilung aus Optionen 36

Abbildung 3.4: Schematischer Überblick der diskutierten Schätzverfahren 39

Abbildung 3.5: Transformation der impliziten Volatilität in den zugehörigen Optionspreis 45

Abbildung 3.6: Zusammenhang zwischen Optionsdelta und Ausübungspreis 46

Abbildung 3.7: Auszahlungsprofile und Zusammensetzungen des Straddle, Risk Reversal und Strangle 48

Abbildung 3.8: Schätzung der risikoneutralen Dichtefunktion bei Malz (1997a, b) 51
Abbildung 3.9: Konstruktion eines impliziten Baumes 91
Abbildung 5.1: US-Dollar/Euro-Wechselkursentwicklung von Januar 1990 bis Dezember 2004 (Monatsdurchschnitte) 125
Abbildung 5.2: Entwicklung des US-Dollar/Euro-Wechselkurses im Vergleich zu den Momenten der risikoneutralen Wahrscheinlichkeitsdichtefunktionen 131
Abbildung 5.3: Ausgewählte risikoneutrale Wahrscheinlichkeitsdichtefunktionen zwischen dem 02. Januar 1998 und dem 31. Dezember 2004 135
Abbildung 5.4: Vorgehensweise zur Bestimmung von In-Sample und Out-of-Sample Prognosen mit dem GARCH(1,1)-Modell 153
Abbildung 5.5: Volatilitätsprognosen im Vergleich zur realisierten Volatilität 159
Abbildung 5.6: Schiefeprognosen im Vergleich zur realisierten Schiefe 164
Abbildung 5.7: Excess Kurtosisprognosen im Vergleich zur realisierten Excess Kurtosis 165
Abbildung 5.8: Diskutierte Verletzungen der ungedeckten Zinsparität 174

Tabellenverzeichnis

Tabelle 4.1: Literaturüberblick zur Bestimmung von Markterwartungen mit risikoneutralen Wahrscheinlichkeitsdichtefunktionen 108

Tabelle 4.2: Literaturüberblick zur Bestimmung der Risikoaversion mit risikoneutralen Wahrscheinlichkeitsdichtefunktionen 118

Tabelle 5.1: Korrelationsmatrix zwischen der Wechselkursrendite und den höheren Momenten der risikoneutralen Wahrscheinlichkeitsverteilung 142

Tabelle 5.2: Kreuzkorrelation zwischen der Rendite und den höheren Momenten der risikoneutralen Verteilung unter Berücksichtigung von Vor- und Nachlaufeffekten bis zu 10 Tagen 143

Tabelle 5.3: Kreuzkorrelation zwischen der betragsmäßigen Rendite und den höheren Momenten der risikoneutralen Verteilung unter Berücksichtigung von Vor- und Nachlaufeffekten bis zu 10 Tagen 144

Tabelle 5.4: Ergebnisse des paarweisen Granger-Kausalitätstests bei einem Lag von 4 146

Tabelle 5.5: Ergebnisse des GARCH(1,1)-In-Sample-Modells 152

Tabelle 5.6: Überblick der verwendeten Modelle zur Prognose der realisierten Volatilität, Schiefe und Kurtsosis 157

Tabelle 5.7: Ergebnisse der Einfachregressionen zur Erklärung der realisierten Volatilität 161

Tabelle 5.8: Ergebnisse der Encompassing Regressionen zur Erklärung der realisierten Volatilität 162

Tabelle 5.9: Ergebnisse der Einfachregressionen zur Erklärung der realisierten Schiefe 167

Tabelle 5.10: Ergebnis der Encompassing Regression zur Erklärung der realisierten Schiefe ... 167
Tabelle 5.11: Ergebnis der Einfachregressionen zur Erklärung der realisierten Kurtosis ... 168
Tabelle 5.12: Ergebnis der Encompassing Regression zur Erklärung der realisierten Kurtosis ... 168
Tabelle 5.13: Ergebnisse der Überprüfung der ungedeckten Zinsparität beim Dollar/Euro- Wechselkurs ... 171
Tabelle 5.14: Ergebnisse der Regression zwischen der Forwardprämie und der Schiefe ... 183
Tabelle 5.15: Ergebnisse der Fama (1984)-Regression unter der zusätzlichen Berücksichtigung der Schiefe als Regressor ... 184
Tabelle 5.16: Ergebnisse der Regression zwischen der Überschussrendite und der Schiefe ... 185

Was wir wissen, ist ein Tropfen, was wir nicht wissen, ein Ozean.

Sir Isaac Newton, 1642-1727,

englischer Mathematiker und Philosoph

1 Einleitung

1.1 Problemstellung und Zielsetzung

Finanzmarktpreise sind von den Erwartungen der Marktteilnehmer über die künftige Entwicklung des Finanzaktivums abhängig. Für risikoaverse Marktteilnehmer spielen in diesem Erwartungsbildungsprozess nicht nur die erwarteten Renditen, sondern auch die damit verbundenen Unsicherheiten eine zentrale Rolle. Trotz dieser Risikoabhängigkeit der Finanzmarktpreise finden in stochastischen makroökonomischen Modellen die höheren Momente der Wahrscheinlichkeitsverteilung, die das Risiko charakterisieren, weitgehend keine Beachtung. Mit ausschlaggebend für diese Situation ist die Schwierigkeit, höhere Momente aus am Markt zu beobachtenden Preisen zu deduzieren. So wird überwiegend die Volatilität[1] nur durch zeitreihenbasierte Ansätze wie die historische Volatilität oder GARCH-Modellierungen erfasst und in die Zukunft fortgeschrieben. Informationen über die höheren Momente wie die Schiefe oder Kurtosis bleiben bisher weitgehend unberücksichtigt.

Die rasante Zunahme in der Vielfalt und Verbreitung derivativer Finanzinstrumente eröffnet die Möglichkeit, unter Anwendung der Optionspreistheorie Aussagen zu am Markt bestehenden Risikoeinschätzungen zu gewinnen. Die Bewertung von Optionen basiert explizit auf Einschätzungen zu möglichen zukünftigen Zuständen und deren Wahrscheinlichkeiten. Optionspreise spiegeln die vom Markt eingeschätzte Wahrscheinlichkeitsverteilung für die künftigen Zustände wider. Hinsichtlich der Möglichkeit, die Einschätzungen des Marktes mittels statistischer Verfahren aus Optionspreisen zu filtern, ist die von Black und Scholes (1973) entwickelte Optionspreistheorie

1 Die Volatilität entspricht der annualisierten Standardabweichung.

von zentraler Bedeutung: Optionspreise lassen sich demnach aus der Arbitragefreiheitsbedingung herleiten und hängen somit nicht von den Risikoeinstellungen der Akteure ab. Die auf Basis dieses Zusammenhangs eindeutig ermittelbare Wahrscheinlichkeitsverteilung ist als sogenannte risikoneutrale Verteilung zu interpretieren. Sie gibt aufgrund der heute gegebenen Optionspreise die bedingten Eintrittswahrscheinlichkeiten an, mit denen die Marktteilnehmer verschiedene Auszahlungen am Fälligkeitstag erwarten. Die risikoneutrale Verteilung ist somit ein künstliches Konstrukt, welches sich allein aufgrund der arbitragefreien Optionspreise ergibt. Die risikoneutrale Verteilung darf nicht mit der wahren Wahrscheinlichkeitsverteilung verwechselt werden. Letztere kann nur mit Hilfe historischer Daten und statistischen Verfahren geschätzt werden und ist daher in der Literatur auch unter der Bezeichnung statistische Wahrscheinlichkeitsverteilung zu finden.

Die Kenntnis der risikoneutralen Verteilung ermöglicht weitgehende Aussagen zur Risikoeinschätzung der Marktteilnehmer, die über die Momente Erwartungswert und Standardabweichung bzw. Volatilität hinausgehen. Insbesondere ergeben sich Informationen zur Schiefe und Kurtosis. Während die Volatilität die Streubreite des künftigen Kurses des Basiswerts beschreibt, gibt die Schiefe der Verteilung Auskunft über mögliche Asymmetrien bei der Erwartungsbildung. Die Analyse der Kurtosis lässt hingegen Rückschlüsse auf die von den Marktteilnehmern wahrgenommenen Wahrscheinlichkeiten für die Realisation von „Extremereignissen" zu, die in den Rändern der Verteilung liegen. Risikoneutrale Wahrscheinlichkeitsverteilungen besitzen infolgedessen einen weitaus höheren Informationsgehalt als Punktschätzungen des Erwartungswerts und der Volatilität. Mit Hilfe marktbewerteter Wahrscheinlichkeitsverteilungen ist es somit möglich, die Risikoeinschätzungen der Marktteilnehmer statistisch zu erfassen und in der ökonomischen Analyse zu berücksichtigen.

Ein wichtiges Anwendungsgebiet zur Nutzung der aus Optionspreisen zu entnehmenden Informationen stellt die Erklärung von Wechselkursänderungen dar. In traditionellen Modellen sind Wechselkursschwankungen untrennbar mit der Änderung von makroökonomischen Aggregaten verbunden, was in zahlreichen Aspekten in krassem Widerspruch zu empirischen Evidenzen steht. Die empirische Evidenz zur Wechselkursentwicklung ist jedoch bezüglich dieser Implikation widersprüchlich. So sprechen Duarte und Stockman (2005) im Hinblick auf US-Dollar/Euro-Entwicklung zwischen 1999 und 2001 und der US-Dollar/Yen Entwicklung in verschiedenen Phasen zwischen 1990 und 2001 von „seemingly inexplicable changes in exchange rates".[2] Ebenso zeigen Untersuchungen von Anker (2001), dass die US-Dollar/Euro-Wechselkursentwicklung nicht mit dem Auftreten realer oder geldpolitischer Schocks erklärbar ist. Wechselkurse scheinen vielmehr „a life of its own"[3] zu führen und sich von anderen makroökonomischen Aggregaten abzukoppeln, ein Phänomen das von Obstfeld und Rogoff (2000) als „Exchange Rate Disconnect Puzzle" bezeichnet wird. Die jüngere Forschungsliteratur bringt daher zunehmend Modelle hervor, in denen Wechselkurse zwar eine hohe Volatilität aufweisen, gleichzeitig aber keine gravierenden Auswirkungen auf andere makroökonomische Größen haben.

Die Erklärungsdefizite der Wechselkursmodelle der Neuen Makroökonomik offener Volkswirtschaften[4] können auf unterschiedlichste Ursachen zurückführbar sein, etwa in den Bereichen Erwartungsbildung, Marktformen bzw. Preissetzungsverhalten oder auch hinsichtlich der Modellierung der Unsicherheit bei der Vermögensanlage. Ansatzpunkt der vorliegenden Arbeit ist die ungedeckte Zinsparität, deren Gültigkeit in eventuell leicht modifizierter Form in Wechselkursmodellen routinemäßig unterstellt wird. Gemäß der Theorie der ungedeckten Zinsparität spiegelt das Zinsdifferential zwischen zwei Ländern die am Markt bestehende Wechselkursänderungserwartung wider. Üblicherweise erfolgt die Modellierung von Abweichungen von der ungedeckten Zinsparität über exogene Risikoprämienschocks. Nur wenige Arbeiten der Neuen Makroökonomik offener Volkswirtschaften verzichten auf die Annahme der Sicherheitsäquivalenz und endogenisieren die Abweichungen von der ungedeckten Zinsparität durch explizite theoretische Betrachtung der höheren Momente.[5]

Ungeachtet ihrer routinemäßigen Verwendung in stochastischen dynamischen allge-

---

[2] **Duarte und Stockman** *(2005)*, S. 6.

[3] **Duarte und Stockman** *(2005)*, S. 4.

[4] Wegweisend für die New Open-Economy Macroeconomics sind die Arbeiten von **Obstfeld und Rogoff** *(1995, 1996)*. Zu einem Überblick vgl. **Obstfeld** *(1998)*.

[5] Allgemeine Gleichgewichtsmodelle mit einer weitgehenden Modellierung der Risikoprämie finden sich in **Hodrick** *(1989)*, **Obstfeld und Rogoff** *(2002)*, **Devereux und Engel** *(2002)* und **Duarte und Stockman** *(2005)*.

meinen Gleichgewichtsmodellen ist die Zinsparität selbst Auslöser eines Puzzles und damit eine mögliche Facette des „disconnect puzzles". Das „uncovered interest rate puzzle" (UIP puzzle) bezeichnet den krassen Widerspruch zwischen der Gültigkeit der ungedeckten Zinsparität und der Realität. Gemäß der ungedeckten Zinsparität impliziert ein positives Zinsdifferential gegenüber dem Ausland einen erwarteten Anstieg des Wechselkurses in der Preisnotierung, d.h. eine erwartete Abwertung der Inlandswährung. Tatsächlich zeigen Regressionstests, dass der Wechselkurs im Gefolge nicht signifikant ansteigt. Im Gegenteil folgt in vielen Fällen ein systematisch sinkender Wechselkurs, was die Möglichkeit der Erzielung systematischer Überschussrenditen impliziert.

Als Erklärung für das UIP Puzzle werden in der Literatur unter anderem Risikoprämien und Erwartungsirrtümer, insbesondere Pesoprobleme, diskutiert.[6] Hinweise zu den möglichen Ursachen des UIP Puzzles können durch die zusätzlichen Informationen aus Optionen gewonnen werden. So berücksichtigt Lyons (1988) bei der Modellierung der Risikoprämie in einem Capital Asset Pricing Modell erstmals die variable Volatilität aus Optionspreisen und findet einen signifikanten Zusammenhang zwischen der Veränderung der Volatilität und der Erzielung von Überschussrenditen. Pagès (1996) erweitert diesen Ansatz, indem er neben der Volatilität asymmetrische Risikoeinschätzungen berücksichtigt. Malz (1997b) extrahiert schließlich die vollständige risikoneutrale Verteilung und bezieht die Volatilität, die Schiefe und die Kurtosis in die Risikoprämienanalyse ein. Bates (1996) nutzt die Informationen aus Optionspreisen, um mit Hilfe eines Sprungdiffusionsmodells das Vorliegen eines Pesoproblems und dessen Einfluss auf die UIP zu untersuchen. Er kommt jedoch zu dem Schluss, dass ein Pesoproblem nicht die Ablehnung der UIP erklären kann. Ebenso findet auch Malz (1997b) in einer univariaten Regression zwischen Schiefe und Überschussrendite keinen Hinweis auf ein Pesoproblem als Ursache der Ablehnung der UIP.

Die vorliegende Arbeit setzt an diesem Punkt an: Neben einem Beitrag zu den statistischen Eigenschaften der neuen Indikatoren, wie Kausalitätsbeziehungen oder der Vergleich zu anderen Prognosemodellen, erfolgt die Analyse des UIP Puzzles beim US-Dollar/Euro-Wechselkurs unter Berücksichtigung der risikoneutralen Verteilung. Das

[6] Zu einem Überblick vgl. **Chinn** *(2006)*.

Ziel der Arbeit besteht in der Überprüfung, ob ein Pesoproblem für das UIP Puzzle beim US-Dollar/Euro-Wechselkurs verantwortlich gemacht werden kann. Hierzu wird der Ansatz von Malz (1997b) erweitert. Da vor allem langfristig erwartete Änderungen zu einem Pesoproblem führen, werden hier die Abweichungen von der UIP für verschiedene Zeithorizonte zwischen einem Monat und einem Jahr mit Hilfe der Schiefe aus Optionen mit einer Restlaufzeit von einem Jahr analysiert.

1.2 Gang der Untersuchung

Nach dieser einleitenden Problemstellung werden im zweiten Kapitel zunächst die notwendigen Grundlagen der Optionspreistheorie dargestellt. Ausgehend von den Arten und Charakteristika von Optionen erfolgt anhand des populären Bewertungsmodells für Aktienoptionen von Fischer Black, Myron Scholes und Robert C. Merton die Betrachtung der Bewertungsprinzipien, die bei der Bestimmung von Optionspreisen eine wichtige Rolle spielen. Hierbei wird insbesondere auf die Aspekte der bedingten Erwartungsbildung und der risikoneutralen Bewertung nach Cox und Ross (1976) näher eingegangen. Anschließend erfolgt die Darstellung des Modells von Garman und Kohlhagen (1983) zur Übertragung der Ergebnisse auf die in dieser Arbeit zu untersuchenden Devisenoptionen. Das zweite Kapitel endet mit der Diskussion eines empirischen Defizits des Black und Scholes (1973) Modells. In diesem Modell impliziert die Annahme einer Brownschen Bewegung lognormalverteilte Aktienkurse mit konstanter Volatilität. Im Widerspruch dazu zeigt sich in der Realität ein sogenanntes volatility smile, d.h. eine Abhängigkeit der Volatilität vom Ausübungspreis, was darauf schließen lässt, dass die empirische Wahrscheinlichkeitsverteilung von der Lognormalverteilung abweicht.

Die theoretischen Fundamente der Ermittlung der empirischen Wahrscheinlichkeitsverteilung stehen daher im Fokus des dritten Kapitels. In Anlehnung an die Ergebnisse von Breeden und Litzenberger (1978) wird gezeigt, dass die Extrahierung der empirischen Wahrscheinlichkeitsverteilung problemlos möglich wäre, wenn Optionen mit kontinuierlichen Ausübungspreisen zu allen möglichen Basiswertentwicklungen existierten, was in der Praxis jedoch nicht der Fall ist. Zur Lösung dieses Problems finden sich in der Literatur zahlreiche Inter- und Extrapolationstechniken, welche im dritten Kapitel zunächst im Überblick gewürdigt werden. Es folgt die ausführliche Darstellung der in der vorliegenden Arbeit angewandten Methodik der Kurvenanpassung von Malz (1997a). Der letzte Teil des Kapitels befasst sich schließlich mit der vollständigen mathematischen Präsentation der im Überblick behandelten Schätzverfahren.

Die vorliegende Arbeit ähnelt hinsichtlich Fragestellung und Methodik einem Bereich, in dem die Verwendung risikoneutraler Verteilungen zu einem erheblichen Erkenntnisfortschritt geführt hat. Es handelt sich um die Analyse der Effekte von Ereignissen oder Ankündigungen auf Markterwartungen im Rahmen von Ereignisstudien beziehungsweise Regressionsanalysen. Als repräsentativ für die Entwicklung solcher Studien erscheint die Forschung zu Devisenmarktinterventionen. Erste Ereignisstudien stellen lediglich auf die Reaktion der ersten Momente ab, es folgen Untersuchungen zur Volatilität, die allerdings durch GARCH-Modellierungen möglicherweise nur unzureichend abgebildet wird. Ein deutlicher Erkenntnisfortschritt ergibt sich schließlich durch die Verwendung der risikoneutralen Verteilung, die es erlaubt, ein wesentlich differenzierteres Bild der Reaktion der Risikoeinschätzungen der Marktteilnehmer zu entwickeln. Kapitel 4 gibt einen Überblick über Fragestellungen und Ergebnisse von Regressionsanalysen und Ereignisstudien, die Informationen der risikoneutralen Verteilung nutzen. Im Vordergrund stehen Reaktionen von Zinsen und Wechselkursen auf Zentralbankaktionen wie Zinsänderungen oder Devisenmarktinterventionen. Daneben erfolgt die Vorstellung von Studien zu den Reaktionen auf länderspezifische oder politische Ereignisse. Als weitere Forschungsgebiete, in denen risikoneutrale Verteilungen eine tragende Rolle spielen, werden Studien zur Glaubwürdigkeit von Wechselkurszielzonen und zur Bestimmung der Risikoaversion gewürdigt.

In dem folgenden fünften Kapitel erfolgt die konkrete Ermittlung risikoneutraler Dichtefunktionen. Auf Basis der Schätztechnik von Malz (1997a) werden die risikoneutralen Verteilungen des US-Dollar/Euro-Wechselkurses berechnet. Mit Hilfe der aus den Verteilungen berechneten Momente erfolgt zunächst eine deskriptive Analyse des US-Dollar/Euro-Wechselkurses, wobei die höheren Momente wie die Volatilität, die Schiefe und die Kurtosis betrachtet werden. Im Anschluss daran wird der Informationsgehalt der risikoneutralen Verteilungen für die künftige Wechselkursentwicklung analysiert. Hierbei wird anhand des Granger-Kausalitätstests die Frage beantwortet, ob die Veränderungen der risikoneutralen Momente der Veränderung des Wechselkurses zeitlich vorgelagert und somit in der Lage sind, künftige Wechselkursänderungen zu prognostizieren. Anschließend erfolgt dann die Überprüfung der relativen Prognosefähigkeit der risikoneutralen Verteilung gegenüber bisher häufig verwendeten zeitreihenbasierten oder historischen Prognosemodellen. Im letzten Abschnitt des empirischen Teils wird mit Hilfe der Informationen der risikoneutralen Verteilung analysiert, ob das UIP-Puzzle beim US-Dollar/Euro-Wechselkurs auf ein mögliches Peso-Problem zurückzuführen ist. Dazu wird basierend auf der Idee von Malz (1997b) angenommen, dass die Schiefe der risikoneutralen Verteilung als Proxy für das Sprungrisiko des Wechselkurses verwendet werden kann. Mit Hilfe verschiedener Regressionsgleichungen zwischen der Schiefe und den Überschussrenditen wird der Einfluss eines möglichen Peso-Problems auf die erzielbaren Überschussrenditen untersucht.

Den Abschluss der Arbeit bildet das sechste Kapitel, in dem die Kernaussagen und Ergebnisse sowie deren Implikationen zusammengefasst werden.

2 Grundlagen der Optionspreistheorie

Das folgende Kapitel präsentiert die notwendigen Grundlagen der Optionspreistheorie, welche die Basis für die vorliegende Untersuchung bilden. Nach der Definition eines Optionskontrakts und der Erläuterung der damit verbundenen Terminologie werden die möglichen Optionsgrundgeschäfte dargestellt. Es folgt die Darstellung des populären Optionsbewertungsmodells von Black und Scholes (1973), in dem der arbitragefreie Preis von Optionen durch die Konstruktion eines risikolosen Hedgeportfolios bestimmbar ist. Mit Hilfe des Binomialmodells, welches ein numerisches Verfahren zur Bestimmung von Optionspreisen darstellt, zeigt sich die zentrale Implikation für die vorliegende Arbeit: Der Optionspreis lässt sich als diskontierter risikoneutraler Erwartungswert seiner Auszahlungsfunktion darstellen. Die Bewertungszusammenhänge des Black-Scholes Modells werden anschließend durch das Garman-Kohlhagen (1983) Modell auf die in dieser Arbeit zu untersuchenden Devisenoptionen übertragen. Im letzten Abschnitt des Kapitels wird abschließend auf eine Abweichung der praktischen Optionsbewertung vom Black-Scholes Modell, das so genannte Volatility-Smile, sowie dessen Konsequenzen für die risikoneutrale Verteilung eingegangen.

2.1 Arten und Charakteristika von Optionen

Ein Optionskontrakt ist eine vertragliche Vereinbarung, deren Auszahlungsfunktion von der Preisentwicklung eines dem Optionsgeschäft zugrunde liegenden Basiswerts (sog. *Underlying*) abhängt. Optionen gehören daher zu den derivativen Finanzinstrumenten. Es werden zwei Optionsarten, Kaufoptionen (sog. *Calls*) und Verkaufsoptionen (sog. *Puts*), unterschieden, die zu verschiedenen Rechten und Pflichten seitens der Vertragspartner eines Optionsgeschäfts führen. Der Käufer einer Option hat das Recht, nicht aber die Pflicht, eine bestimmte Menge des Basiswerts zu einem zuvor fixierten Preis (sog. *Basis-oder Ausübungspreis* bzw. *engl. Strike Price*) zu kaufen (Calloption) oder zu verkaufen (Putoption). Kann der Optionskäufer sein Ausübungsrecht während der gesamten Laufzeit ausüben, wird die Option als *amerikanische Option* bezeichnet. Ist eine Ausübung nur am Verfalltag der Option möglich, spricht man von einer *euro-*

päischen Option.[7] Der Verkäufer der Option, der auch als *Stillhalter* bezeichnet wird, verpflichtet sich im Fall einer Putoption, den Basiswert abzunehmen, und im Fall einer Calloption, den Basiswert zu liefern. Als Basiswerte können Aktien, Aktienindizes, Devisen, Rohstoffe oder Zinsinstrumente fungieren. Die Ausübung der Option erfolgt bei synthetischen Basiswerten, also nicht handelbaren Underlyings wie z.B. Indizes, durch einen Barausgleich (sog. *Cash Settlement*). Für das eingegangene einseitige Risiko wird vom Käufer der Option eine Optionsprämie bezahlt.

Der Kauf einer Option wird auch als *Long Position* bezeichnet, während der Verkauf einer Option als *Short Position* deklariert wird. Damit sind vier Optionsgrundgeschäfte möglich, deren wesentliche Vertragselemente in Abbildung 2.1 dargestellt sind.

Abbildung 2.1: Übersicht über die vier Optionsgrundgeschäfte

	Kontraktposition	
Optionsart	**Käufer** **(Longposition)** • Zahlung der Optionsprämie • Aktives Entscheidungsrecht	**Verkäufer** **(Shortposition)** • Erhält die Optionsprämie • Passive Verpflichtung
Calloption **(Kaufoption)**	**Käufer einer Calloption (Long Call)** Recht auf Bezug des Basiswerts	**Verkäufer einer Calloption (Short Call)** Pflicht, Basiswert zu liefern
Putoption **(Verkaufsoption)**	**Käufer einer Putoption (Long Put)** Recht auf Abnahme des Basiswerts	**Verkäufer einer Putoption (Short Put)** Pflicht, Basiswert zu kaufen

Quelle: In Anlehnung an Perridon und Steiner (2004), S. 329.

[7] Die Bezeichnungen europäische und amerikanische Optionen lassen nicht auf die geographische Verbreitung schließen. Es werden vielmehr überwiegend amerikanische Optionen an den weltweiten Börsen gehandelt. Vgl. **Hull** *(2006)*, S. 228. Neben diesen Standardoptionen europäischen und amerikanischen Typs, die auch als *Plain-Vanilla-Optionen* bezeichnet werden, existiert eine Vielzahl nichtstandardisierter, sog. *exotischer Optionen*. Diese aus dem Financial Engineering in den 60-er und 70-er Jahren entstandenen Kontrakte zeichnen sich durch eine veränderte Auszahlungsstruktur aus. Die Auszahlung erfolgt hierbei häufig unter Beachtung der gesamten Kursentwicklung des Basiswerts (sog. *Pfadabhängigkeit*) und/oder nach der Entwicklung mehrerer Wertpapiere (sog. *Korrelationsabhängigkeit*). Vgl. zu den verschiedenen Arten exotischer Optionen die Ausführungen bei **Hull** *(2006)*, Kapitel 22.

Diese Optionsgrundgeschäfte weisen am Fälligkeitstag folgende Auszahlungsprofile auf:

1. Long Call: $\max(S_T - K, 0)$
2. Short Call: $\min(K - S_T, 0)$
3. Long Put: $\max(K - S_T, 0)$
4. Short Put: $\min(S_T - K, 0)$,

wobei S_T der Wert des Underlyings S am Fälligkeitstag T und K der vereinbarte Ausübungspreis ist. Ein Überblick über die Auszahlungsprofile der vier Optionsgrundgeschäfte in Abhängigkeit von S_T findet sich in Abbildung 2.2.

Abbildung 2.2: Auszahlungsprofile der vier Optionsgrundgeschäfte

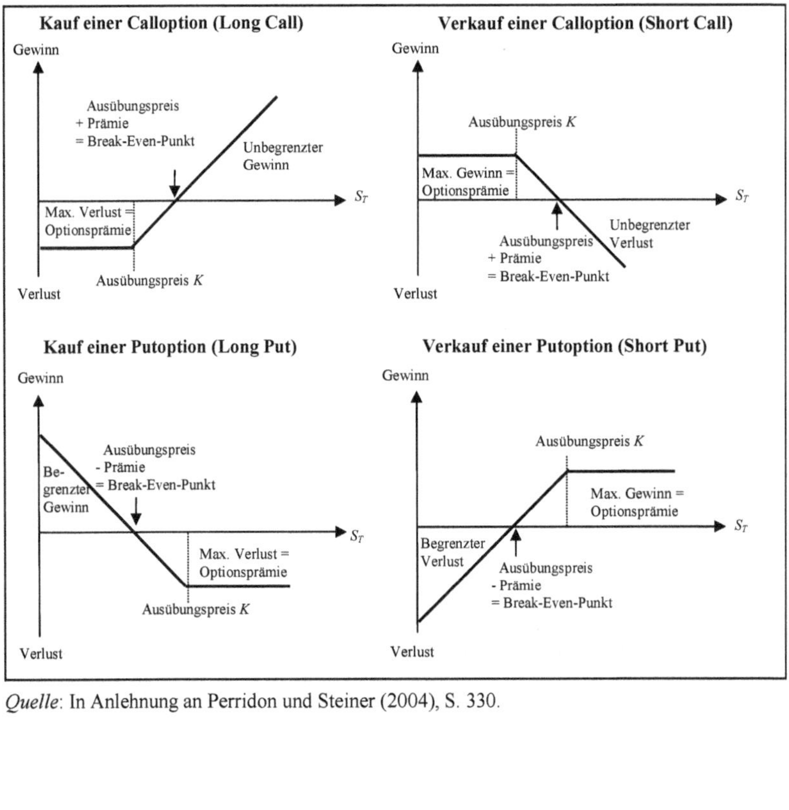

Quelle: In Anlehnung an Perridon und Steiner (2004), S. 330.

Wie aus Abbildung 2.2 ersichtlich wird, erwirtschaftet der Käufer eines Calls einen Gewinn, wenn der Wert des Underlyings den Ausübungspreis übersteigt. In diesem Fall spricht man davon, dass die Option im-Geld (*in-the-money*) ist. Liegt der Preis des Underlyings hingegen unterhalb des vertraglich vereinbarten Ausübungspreises, bezeichnet man die Option als aus-dem-Geld (*out-of-the-money*). Eine Ausübung der Calloption würde unter diesen Umständen einen Verlust generieren und wird daher nicht erfolgen. Im Fall eines Erwerbs einer Putoption kehren sich die beschriebenen Szenarien um. Eine Putoption ist somit in-the-money, wenn sich der Preis des Basiswerts am Fälligkeitstag unterhalb des Ausübungspreises befindet und ist out-of-the money, wenn der Wert des Underlyings über dem Ausübungspreis liegt. Sind der Ausübungspreis und der Basispreis identisch, ist sowohl die Kaufoption als auch die Verkaufsoption am Geld (*at-the-money*).

2.2 Das Optionsbewertungsmodell von Black und Scholes

Zur fairen Bewertung derivativer Finanzinstrumente und insbesondere von Optionen wurden in der einschlägigen wissenschaftlichen Literatur bereits seit Beginn des 20. Jahrhunderts vielfältige Ansätze diskutiert.[8] Den Durchbruch in der Optionsbewertung

---

[8] Die Basis der modernen Optionspreistheorie legte bereits **Bachelier** *(1900)*, der erstmals den Optionswert als Erwartungswert der Auszahlung betrachtete. Problematisch war jedoch die Annahme einer arithmetischen Brownschen Bewegung für den Kursprozess des Basiswerts, der die Normalverteilung des Basiswerts und damit verbundene negative Basiswerte implizierte. Ende der 50-er Jahre etablierten sich dann Optionspreismodelle, die über Regressionsfunktionen die Bewertungszusammenhänge von Warrants funktional abbildeten. Dieser von **Liguère** *(1958)*, **Shelton** *(1967)* und **Kassouf** *(1969)* verwendeten Methodik war gemein, dass diese rein statische vergangenheitsorientierte Analyse keine Aussagen über Ursache-Wirkungszusammenhänge ermöglichte und damit auch nicht die Ableitung eines theoretisch fairen Optionspreises zum Ziel hatte. Die nächste Generation von Optionspreismodellen, zu denen die Arbeiten von **Sprenkle** *(1961)*, **Boness** *(1964)* und **Samuelson** *(1965)* gehören, wurde durch Gleichgewichtsmodelle ohne Hedgeprinzip, sog. partielle Gleichgewichtsmodelle, geprägt. Diese Modelle werden häufig wegen der fehlenden Ableitung des Diskontierungszinsfußes aus einem vollkommenen Kapitalmarktgleichgewicht kritisiert. Im letzten Entwicklungsschritt setzten sich dann die heute relevanten vollständigen Gleichgewichtsmodelle von **Black und Scholes** *(1973)*, **Merton** *(1973)* und **Cox und Ross** *(1976)* durch. Das entscheidende Charakteristikum dieser Modelle stellt die Ableitung des theoretisch fairen Optionspreises aus einem geeigneten Hedgeportfolio dar. Vgl. zu dieser skizzierten historischen Entwicklung der Optionspreistheorie **Perridon und Steiner** *(2004)*, S. 335 ff. oder **Grünwald** *(1980)*, S. 154 ff.

erreichten jedoch erst Anfang der 70-er Jahre Fisher Black, Myron Scholes und Robert C. Merton, denen erstmals die arbitragefreie Bewertung von Optionen in einem geschlossenen Modell gelang.[9] Das Optionsbewertungsmodell basiert auf einer Arbeit von Thorp und Kassouf (1967), in der auf empirische Weise das Verhältnis von gekauften zu verkauften Aktien und Optionen zur Konstruktion einer Hedgeposition bestimmt wird, um dadurch die Bewertung von Optionsscheinen (sog. Warrants) zu deduzieren. Black und Scholes (1973) konnten darauf aufbauend zeigen, dass unter dem Ausschluss von Arbitragemöglichkeiten im Gleichgewicht die erwartete Rendite eines solchen Hedgeportfolios der Rendite eines risikolosen Wertpapiers entspricht. Durch diese zentrale Erkenntnis wurde die Ableitung einer theoretischen Bewertungsformel für Optionen unter Zuhilfenahme der Konstruktion eines risikolosen Hedgeportfolios unabhängig von individuellen Zeit- und Risikopräferenzen der Marktteilnehmer möglich.

Heute ist das Black-Scholes Modell das bekannteste Modell zur Bewertung von europäischen Call- und Putoptionen, welches sich in Theorie und Praxis etabliert hat. Verantwortlich dafür ist zum einen die Konstruktion des Modells, den Optionspreis als eine Funktion beobachtbarer Variablen zu erklären. Zum anderen weist das Modell eine hohe Generalität auf, da es zur Bewertung jedes Optionstyps modifiziert werden kann. [10]

2.2.1 Modellannahmen und der Preisprozess des Basiswerts

Innerhalb des Bewertungsmodells werden von Black und Scholes (1973) einige grundlegende Annahmen über den Kapitalmarkt unterstellt.

---

[9] Vgl. hierzu die Originalliteratur von **Black und Scholes** *(1973)* und **Merton** *(1973)*.

[10] Einfache Modifizierungen betreffen beispielsweise die Bewertung von Fremdwährungsoptionen, Optionen mit Dividendenausschüttungen oder die Bewertung amerikanischer Optionen. Komplexere Modifizierungen betreffen Modelle bei denen die Volatilität sowie die gemeinsame Wahrscheinlichkeitsverteilung von Rendite und Volatilität geschätzt werden. Vgl. **Eisenberg und Jarrow** *(1994)*, S. 5 ff.; **Hull und White** *(1987)*, S. 281 ff.; **Wiggins** *(1987)*, S. 351 ff.

1. Es handelt sich um eine europäische Option, deren Basiswert, die Aktie, während des Beobachtungszeitraums keine Dividenden oder andere Ausschüttungen generiert.
2. Der Zinssatz über die Laufzeit der Option ist bekannt und konstant. Zu diesem Zinssatz ist die unbeschränkte Kreditaufnahme und Geldanlage möglich.
3. Die Kursentwicklung des Basiswerts folgt einem zeitstetigen stochastischen Prozess mit normalverteilten und unabhängigen Renditen, einer sogenannten *geometrischen Brownschen Bewegung*[11].
4. Marktunvollkommenheiten wie Steuern und Transaktionskosten sind nicht existent.
5. Leerverkäufe sind möglich, und es findet ein friktionsloser, kontinuierlicher Handel statt.

Den Ausgangspunkt des Modells stellt die angenommene Preisdynamik des Basiswerts dar. Die unterstellte geometrische Brownsche Bewegung des Aktienkurses bedeutet, dass sich der Aktienkurs S_t gemäß folgender zeitstetiger stochastischer Differentialgleichung entwickelt:

$$dS_t = \mu\, S_t\, dt + \sigma\, S_t\, dB_t\,, \tag{2.1}$$

wobei dS_t die Änderung des Aktienkurses S_t in stetiger Zeit darstellt und dB_t ein standardnormalverteilter Wiener Prozess ist.[12] Der Parameter μ gibt den momentanen Erwartungswert und σ die momentane Volatilität[13] der Aktienrendite dS/S an. Beide Parameter werden als konstante Größen betrachtet. Bei der Kursmodellierung in (2.1) handelt es sich um einen Prozess „ohne Gedächtnis“, d.h., die Aktienkurshistorie spielt bei der Erwartungsbildung über den künftigen Kurspfad keine Rolle. Aufgrund dieser

---

[11] In der Literatur findet sich auch häufig die synonyme Bezeichnung stetiger Random Walk.

[12] Der Wiener-Prozess ist das zeitstetige Analogon zum White-Noise-Prozess (auch als Zufallsprozess bezeichnet), der den Grundbaustein zur Modellierung zeitdiskreter stochastischer Prozesse bildet. Vgl. **Briys, Bellalah, Mai und de Varenne** *(1998)*, S. 28-29 und **Hull** *(2006)*, S. 330.

[13] Im Modell von Black und Scholes spielen nur annualisierte Standardabweichungen eine Rolle. Daher wird im Folgenden von Volatilitäten gesprochen.

Eigenschaft wird der Prozess auch als Markov-Prozess bezeichnet.

Um aus Gleichung (2.1) die Verteilung des Basiswerts S zu einem künftigen Zeitpunkt zu bestimmen, wird auf das Lemma von Itô[14] zurückgegriffen. Demnach gilt für einen Itô-Prozess, wie den der geometrischen Brownschen Bewegung, dass eine zweifach stetig differenzierbare Funktion f_t, die nur vom aktuellen Basiswert S_t und der Zeit t abhängt, folgende stochastische Differentialgleichung erfüllen muss:

$$(2.2) \qquad df_t = \left(\frac{\partial f_t}{\partial t} + \frac{\partial f_t}{\partial S_t} \mu S_t + \frac{1}{2} \frac{\partial^2 f_t}{\partial S_t^2} \sigma^2 S_t^2 \right) dt + \frac{\partial f_t}{\partial S_t} \sigma \, dB_t .$$

Eine Funktion $f_t(S_t, t)$ folgt somit ebenfalls wieder einem Itô-Prozess. Wenn nun S_t der angenommenen geometrischen Brownschen Bewegung mit normalverteilten Renditen folgt, muss der Logarithmus des Aktienkurses ln S_t ebenfalls einer geometrischen Brownschen Bewegung folgen:

$$(2.3) \qquad df_t = d \ln S_t = \left(\mu - \frac{\sigma^2}{2} \right) dt + \sigma \, dB_t ,$$

$$\text{da} \quad \frac{\partial f_t}{\partial t} = 0, \quad \frac{\partial f_t}{\partial S_t} = \frac{1}{S_t}, \quad \frac{\partial^2 f_t}{\partial S_t^2} = -\frac{1}{S_t^2} .$$

Im Vergleich zu dem Prozess der Änderungen des Kurses (dS_t) in (2.1) weisen die Änderungen der logarithmierten Kurse ($d \ln S_t$) also lediglich eine veränderte Driftrate auf. Die Rendite zwischen dem aktuellen Zeitpunkt t und einem zukünftigen Zeitpunkt T lässt sich mit Hilfe der logarithmierten Aktienkurse als $\ln S_T - \ln S_t$ darstellen und ist aufgrund von (2.3) normalverteilt:

[14] Das Lemma von Itô: Folgt der Wert einer Variablen x einem verallgemeinerten Itô-Prozess: $dx = \mu(x,t)dt + \sigma(x,t)\, dB$, d.h. einer verallgemeinerten Brownschen Bewegung mit μ und σ als Funktionen des Basiswerts x und der Zeit t, und ist f eine zweimal stetig differenzierbare Funktion, dann ist $f(x,t)$ wieder ein verallgemeinerter Itô-Prozess:

$$df = \tilde{\mu}(x,t)dt + \tilde{\sigma}(x,t)\, dB \quad \text{mit} \quad \tilde{\mu} := \frac{\partial f}{\partial x}\mu + \frac{\partial f}{\partial t} + \frac{1}{2}\frac{\partial^2 f}{\partial x^2}\sigma^2 \text{ und } \tilde{\sigma} := \frac{\partial f}{\partial x}\sigma .$$

Vgl. exemplarisch **Hull** *(2006)*, S. 336-337 ; **Briys, Bellalah, Mai und de Varenne** *(1998)*, S. 34-36.

(2.4) $$\ln S_T - \ln S_t = \ln \frac{S_T}{S_t} \sim N\left[\left(\mu - \frac{\sigma^2}{2}\right)T - t,\ \sigma\sqrt{(T-t)}\right]$$

(2.5) $$\ln S_T \sim N\left[\ln S_t + \left(\mu - \frac{\sigma^2}{2}\right)T - t, \sigma\sqrt{(T-t)}\right].$$

Somit impliziert die Annahme einer geometrischen Brownschen Bewegung für den Aktienkurs, dass der Aktienkurs lognormalverteilt ist und die Rendite der Aktienkurse normalverteilt ist.[15] Die als geometrische Brownsche Bewegung modellierte Aktienkursdynamik sowie deren Implikationen für die Kursverteilung ist ökonomisch gut begründbar.[16] Aktienkurse ergeben sich aufgrund unabhängiger Erwartungskorrekturen über die künftige Entwicklung des Aktienkurses. In einem Beobachtungszeitraum ist die Kursänderung demzufolge als Summe beliebig vieler unabhängiger Erwartungskorrekturen interpretierbar. Resultieren dabei alle Erwartungskorrekturen aus der gleichen Grundgesamtheit, so kann ihre Summe nach dem zentralen Grenzwertsatz durch die Normalverteilung approximiert werden. Eine Darstellung der Aktienkursentwicklung über die geometrische Brownsche Bewegung ist daher sinnvoll.

2.2.2 Bewertung von Optionen mit dem Black-Scholes Modell

2.2.2.1 Die Konstruktion eines risikolosen Hedgeportfolios

Die unterstellten Annahmen im Bewertungsmodell von Black und Scholes (1973) implizieren, dass der Optionspreis ausschließlich durch den jeweils aktuellen Aktienkurs und durch die Zeit determiniert wird, so dass $C_t = C(S_t, t)$ gilt.[17] Damit ist die Anwen-

---

[15] Die Lognormalverteilungsannahme bei der Kursmodellierung hat die wünschenswerte Eigenschaft negative Aktienkurse auszuschließen. Vgl. **Hull** *(2006)*, S. 347.

[16] Vgl. **Hull** *(2006)*, Kapitel 12 zur Modellierung der Aktienkursdynamik über stochastische Prozesse.

[17] Andere Einflussgrößen, wie beispielsweise der Zinssatz oder die Volatilität, haben als konstante Größen keinen Einfluss auf die Wertänderung der Option.

dung des Lemmas von Itô möglich, und die Wertentwicklung der Option ergibt sich durch:

$$(2.6)\qquad dC_t = \left(\frac{\partial C_t}{\partial S_t} \mu S_t + \frac{\partial C_t}{\partial t} + \frac{1}{2} \frac{\partial^2 C_t}{\partial S_t^2} \sigma^2 S_t^2 \right) dt + \frac{\partial C_t}{\partial S_t} \sigma\, S_t\, dB_t .$$

Ein Vergleich dieser Entwicklung des Optionspreises mit Gleichung (2.1) zeigt, dass der Basiswert S_t und der Optionspreis C_t von demselben Risikofaktor, dem Wiener Prozess dB_t, beeinflusst werden. Dieser Risikofaktor kann durch die Konstruktion eines Hedgeportfolios, das aus einer geeigneten Kombination des Basiswerts und der Option besteht, eliminiert werden. Das Portfolio ergibt sich als eine Linearkombination aus einer gekauften Aktie S_t und einem Anteil $\left[\partial C_t / \partial S_t\right]^{-1}$ verkaufter Optionen und hat zu einem Zeitpunkt t den Wert:

$$(2.7)\qquad \Pi_t = S_t - \frac{C_t}{\left[\frac{\partial C_t}{\partial S_t}\right]} .$$

Es lässt sich zeigen, dass der Wert des Hedgeportfolios lediglich durch die Zeit und die konstanten Einflussgrößen determiniert wird. Die Änderungen des Aktienkurses haben keinen Einfluss auf den Wert des Portfolios, da sie zu einer entsprechenden Änderung des Optionswerts und damit gleichzeitig zu einer Änderung des Optionsanteils in Gleichung (2.7) führen.[18] Die Änderung des Aktienkurses wird also durch den veränderten Anteil an verkauften Optionen kompensiert.[19] Formal erhält man die Wertentwicklung des Portfolios in einem kleinen Zeitintervall dt durch Bildung des totalen Differentials der Gleichung (2.7):

$$(2.8)\qquad d\Pi_t = dS_t - \frac{dC_t}{\left[\frac{\partial C_t}{\partial S_t}\right]} .$$

Wird die Entwicklung des Aktienkurses dS_t durch die geometrische Brownsche Bewe-

---

[18] Vgl. **Black und Scholes** *(1973)*, S. 641.

[19] Voraussetzung dafür ist nur die kontinuierliche Anpassung des Aktien-/Optionsverhältnisses im Hedgeportfolio. Diese Prämisse wird durch die Annahme 5 gewährleistet.

gung in Gleichung (2.1) berücksichtigt und Gleichung (2.6) für die Wertänderung der Calloption dC_t in obiger Gleichung (2.8) substituiert, ergibt sich für die Entwicklung des Portfolios:

$$(2.9) \qquad d\Pi_t = \left(\mu S_t\, dt + \sigma S_t\, dB_t\right) - \frac{\left(\frac{\partial C_t}{\partial S_t}\mu S + \frac{\partial C_t}{\partial t} + \frac{1}{2}\frac{\partial^2}{\partial S^2}\sigma^2 S_t^2\right)dt - \frac{\partial C_t}{\partial S_t}\sigma S\, dB_t}{\left[\frac{\partial C_t}{\partial S_t}\right]}$$

$$(2.10) \qquad d\Pi_t = \frac{\left(-\frac{1}{2}\frac{\partial^2 C_t}{\partial S_t^2}\sigma^2 S_t^2 - \frac{\partial C_t}{\partial t}\right)dt}{\left[\frac{\partial C_t}{\partial S_t}\right]}.$$

Die stochastische Komponente dB_t ist eliminiert und der Wert des Portfolios entwickelt sich deterministisch und vollkommen risikolos.[20] Ohne Arbitragemöglichkeiten muss der Ertrag eines solchen Portfolios der risikolosen Verzinsung r entsprechen:

$$(2.11) \qquad d\Pi_t = r\Pi_t\, dt.$$

Einsetzen der Ausdrücke für $d\Pi_t$ (Gleichung (2.10)) und Π_t (Gleichung (2.7)) ergibt:

$$(2.12) \qquad d\Pi_t = \frac{\left(-\frac{1}{2}\frac{\partial^2 C_t}{\partial S_t^2}\sigma^2 S_t^2 - \frac{\partial C_t}{\partial t}\right)dt}{\left[\frac{\partial C_t}{\partial S_t}\right]} = r\left(S_t - \frac{C_t}{\left[\frac{\partial C_t}{\partial S_t}\right]}\right)dt.$$

Durch anschließende Kürzung von dt und Umstellung der Gleichung folgt die partielle Black-Scholes-Merton Differentialgleichung:[21]

$$(2.13) \qquad \frac{\partial C_t}{\partial t} + \frac{\partial C_t}{\partial S_t} rS_t + \frac{1}{2}\frac{\partial^2 C_t}{\partial S_t^2}\sigma^2 S_t^2 = rC_t,$$

---

[20] Daher entfällt auch die Entschädigung für das eingegangene Risiko in Form der Risikoprämie μ.

[21] Vgl. **Hull** *(2006)*, S. 357-358.

mit der sich vielfältige Derivate bewerten lassen. Zur Generierung einer eindeutigen Lösung bedarf es einer Randwertbedingung, die für das jeweilige Derivat aus der Auszahlungsfunktion folgt. Für Call - und Putoptionen mit den Preisen C_T und P_T lauten die Bedingungen:[22]

$$C_T = \max(S_T - K,\ 0) \tag{2.14}$$

$$P_T = \max(K - S_T,\ 0)\,. \tag{2.15}$$

Die Lösung der Black-Scholes-Merton-Differentialgleichung (2.13) unter Berücksichtigung der Randwertbedingung ist einerseits durch eine Transformation in die Wärmeaustauschgleichung der Physik und andererseits durch das Prinzip der risikoneutralen Bewertung möglich.[23] Mit Hilfe des Prinzips der risikoneutralen Bewertung lässt sich zeigen, dass sich der Wert einer Option als der mit dem risikolosen Zinssatz r diskontierte Erwartungswert der Auszahlung am Fälligkeitstag auf Basis des risikoneutralen Wahrscheinlichkeitsmaßes Q ergibt.[24] Damit lässt sich der Preis einer Calloption C_t und einer Putoption P_t darstellen als:

$$\begin{aligned} C_t &= e^{-r(T-t)}\mathsf{E}^Q[\max[S_T - K,\ 0] \mid S_t] \\ &= e^{-r(T-t)}\int_K^{+\infty} \max[S_T - K, 0]\, q(S_T \mid S_t)\, dS_T \end{aligned} \tag{2.16}$$

und:

$$P_t = e^{-r(T-t)}\mathsf{E}^Q[\max[K - S_T,\ 0] \mid S_t] \tag{2.17}$$

---

[22] Am Fälligkeitstag der Option muss der Optionswert mit seiner Auszahlungsfunktion identisch sein. Die Auszahlungsfunktion ergibt sich als die Differenz zwischen dem Aktienkurs S_T und dem Ausübungspreis K. Bei einem Verfall der Option findet keine Auszahlung statt und der Wert der Option ist Null.

[23] Black und Scholes lösen die Differentialgleichung auf die erste Weise. Vgl. **Black und Scholes** *(1973)*, S. 643 ff. und **Briys, Bellalah, Mai und De Varenne** *(1998)*, S. 94. Die zweite Lösungsmöglichkeit ist auf **Cox und Ross** *(1976)* zurückzuführen. Die Lösung der Black-Scholes Formel erfolgt in dieser Arbeit über das Prinzip der risikoneutralen Bewertung, um die Herleitung der risikoneutralen Wahrscheinlichkeitsdichtefunktionen in den Mittelpunkt zu stellen.

[24] Formal wird der risikoneutrale Bewertungsansatz durch die Martingaltheorie begründet. Das risikoneutrale Wahrscheinlichkeitsmaß Q wird daher auch als *äquivalentes Martingalmaß* bezeichnet. Eine formale Darstellung der Transformation des empirischen Prozesses in den risikoneutralen Prozess findet sich bei **Duffie** *(1996)* oder **Bingham und Kiesel** *(2004)*.

$$= e^{-r(T-t)} \int_{K}^{+\infty} \max[K - S_T, 0]\, q(S_T \mid S_t)\, dS_T ,$$

wobei E^Q den Erwartungswert in der risikoneutralen Welt und $q(S_T \mid S_t)$ die risikoneutrale Dichtefunktion bezeichnet. Die Auswertung der Integrale (2.16) und (2.17) führt zu den bekannten Black-Scholes Formeln zur Bewertung europäischer Call- und Putoptionen:

(2.18) $$C_t = S_t N(d_1) - K e^{-r(T-t)} N(d_2)$$

(2.19) $$P_t = K e^{-r(T-t)} N(-d_2) - S_t N(-d_1)$$

mit

$$d_1 = \frac{\ln\left(\frac{S_t}{K}\right) + \left(r + \frac{\sigma^2}{2}\right)(T-t)}{\sigma\sqrt{T-t}}$$

$$d_2 = d_1 - \sigma\sqrt{T-t} ,$$

wobei $T - t$ die Restlaufzeit der Option ist und $N(\cdot)$ die Verteilungsfunktion der Standardnormalverteilung darstellt.

Die Argumentation des Prinzips der risikoneutralen Bewertung wird im folgenden Abschnitt anhand des Binomialmodells detailliert dargestellt.

2.2.2.2 Risikoneutrale Bewertung im Binomialmodell

Die Lösung der Black-Scholes-Merton-Differentialgleichung unter Anwendung des Prinzips der risikoneutralen Bewertung ist auf die Arbeit von Cox und Ross (1976) zurückzuführen. Die beiden Autoren argumentieren, dass bereits die Arbitragefreiheitsbedingung die eindeutige Optionsbewertung sichert und die Risikopräferenzen der Marktteilnehmer daher nicht bekannt sein müssen. Die Unabhängigkeit von den Risikopräferenzen spiegelt sich in der Black-Scholes-Merton-Differentialgleichung durch den Umstand wider, dass kein Parameter von Risikopräferenzen beeinflusst wird. Es kann somit die vereinfachende Annahme getroffen werden, dass die Investoren risikoneutral agieren.[25]

Der risikoneutrale Bewertungsansatz ist anschaulich mit Hilfe des einstufigen Binomialmodells darstellbar.[26] Der aktuelle Aktienkurs sei S_0, und es wird angenommen, dass der Kurs am Verfallstag T nur zwei Werte annehmen kann: Entweder er steigt auf S_0u oder fällt auf S_0d, wobei $u > 1$ und $d < 1$ ist. Die Wachstumsrate des Aktienkurses beträgt somit u - 1 und die Verfallsrate des Aktienkurses liegt bei d - 1. Eine Option f auf diese Aktie hat im Zustand S_0u den Wert f_u und im Zustand S_0d den Wert f_d (vgl. Abbildung 2.3).

Abbildung 2.3: Aktienkurs und Optionspreis in einem einstufigen Binomialbaum

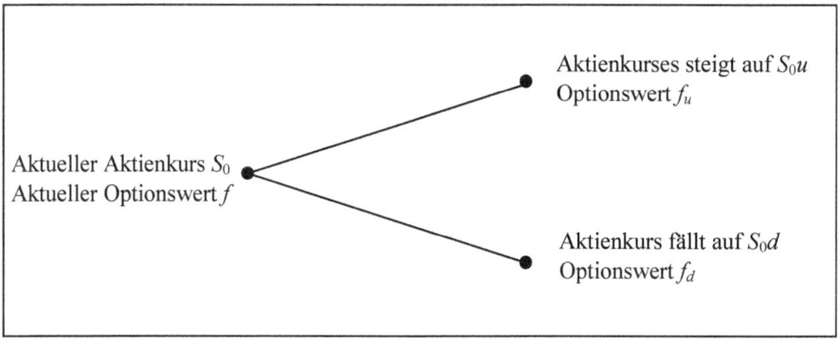

Quelle: In Anlehnung an Hull (2006), S. 302.

Bildet man ein Portfolio aus einer Longposition in Delta Aktien und einer Shortposition in einer Kaufoption, dann ist der Portfoliowert in allen zukünftigen Zuständen identisch, falls:

(2.20) $$S_0u\Delta - f_u = S_0d\Delta - f_d.$$

Der Aktienanteil Δ des Portfolios berechnet sich somit aus:

---

[25] Vgl. **Hull** *(2006)*, S. 360.

[26] Die folgende Darstellung des Binomialmodells folgt **Hull** *(2006)*, S. 299 ff.

$$(2.21) \qquad \Delta = \frac{f_u - f_d}{S_0 u - S_0 d}.$$

In diesem Fall ist das Portfolio risikolos und weist eine Rendite in Höhe des risikolosen Zinssatzes r auf. Im Startpunkt des Binomialbaums muss daher der Wert des Portfolios bzw. müssen dessen Kosten gleich dem Barwert $(S_0 u\Delta - f_u)e^{-rT}$ sein:

$$(2.22) \qquad S_0\Delta - f = (S_0 u\Delta - f_u)e^{-rT}.$$

Daraus lässt sich der Wert der Option bestimmen:

$$(2.23) \qquad f = S_0\Delta - (S_0 u\Delta - f_u)e^{-rT}.$$

Durch Substitution von Δ (Gleichung (2.21)) und Umformung ergibt sich der aktuelle Optionspreis als diskontierter Erwartungswert der möglichen beiden Auszahlungen:

$$(2.24) \qquad f = e^{-rT}\left[qf_u + (1-q)f_d\right] \quad \text{mit} \quad q = \frac{e^{rT} - d}{u - d},$$

$$= e^{-rT} E^Q\left(f(T)\right),$$

wobei q als Wahrscheinlichkeit für den Eintritt des Zustands S_0u und $(1 - q)$ als Wahrscheinlichkeit für den Zustand S_0d interpretiert werden kann.

Die Wahrscheinlichkeiten q und $(1-q)$ für das Eintreten der beiden möglichen Zustände für den zukünftigen Aktienkurs bzw. den damit verbundenen Wert der Option am Verfallstag entsprechen konzeptionell den im Rahmen dieser Arbeit untersuchten Wahrscheinlichkeitsverteilungen. Es handelt sich um die so genannten risikoneutralen Wahrscheinlichkeiten, die sich im Allgemeinen von den tatsächlichen Wahrscheinlichkeiten für die zukünftigen Zustände unterscheiden. Zur Interpretation der risikoneutralen Wahrscheinlichkeiten ist zunächst festzuhalten, dass es sich um die Wahrscheinlichkeiten handelt, bei denen der aktuelle Optionspreis dem erwarteten Barwert des Optionswertes am Verfallstag entspricht, was gemäß (2.24) die Arbitragefreiheitsbedingung sicherstellt. Gleichzeitig sind die risikoneutralen Wahrscheinlichkeiten die Wahrscheinlichkeiten, bei denen der aktuelle Aktienkurs mit dem erwarteten Barwert des Aktienkurses am Verfallstag übereinstimmt. Mit den risikoneutralen Wahrscheinlichkeiten ergibt sich für den erwarteten Aktienkurs:

(2.25) $$E(S_T) = qS_0u + (1-q)S_0d$$
$$= qS_0(u-d) + S_0d\,.$$

Unter Berücksichtigung von $q = \dfrac{e^{rT} - d}{u-d}$ folgt

(2.26) $$E(S_T) = \frac{e^{rT} - d}{u-d} S_0(u-d) + S_0d$$
$$= e^{rT}S_0 - S_0d + S_0d$$
$$= S_0e^{rT}\,.$$

Offensichtlich ist also die risikoneutrale Wahrscheinlichkeitsverteilung ein Wahrscheinlichkeitsmaß, unter dem sowohl der aktuelle Aktienkurs als auch der Preis der Option Barwerte der jeweils damit verbundenen erwarteten zukünftigen Auszahlungen sind. Entsprechend ist in einer risikoneutralen Welt, in der die Preise risikobehafteter Anlagen tatsächlich solche Barwerte darstellen, die risikoneutrale Verteilung mit der tatsächlichen Verteilung identisch.

Gleichung (2.2) gibt einen Hinweis auf den Unterschied zwischen der tatsächlichen Wahrscheinlichkeitsverteilung und der risikoneutralen Verteilung in einer Welt mit risikoaversen Akteuren. Auch hier bildet sich der aktuelle Aktienkurs als erwarteter Gegenwartswert der zukünftigen Auszahlungen, allerdings unter Anwendung eines Zinssatzes der über dem risikolosen Zins r liegt. Daraus folgt, dass der tatsächliche Erwartungswert des zukünftigen Aktienkurses größer ist als der in (2.2) mit der risikoneutralen Verteilung ermittelte Wert. Die risikoneutrale Verteilung ist also gegenüber der tatsächlichen Verteilung nach links verschoben. Abbildung 2.4 zeigt ein Beispiel für die Konstellation der risikoneutralen und tatsächlichen (realen) Verteilung für die Aktienrendite.

Abbildung 2.4: Transformation der normalverteilten Renditeverteilung in ihr risikoneutrales Äquivalent durch Verschiebung der erwarteten Rendite[27]

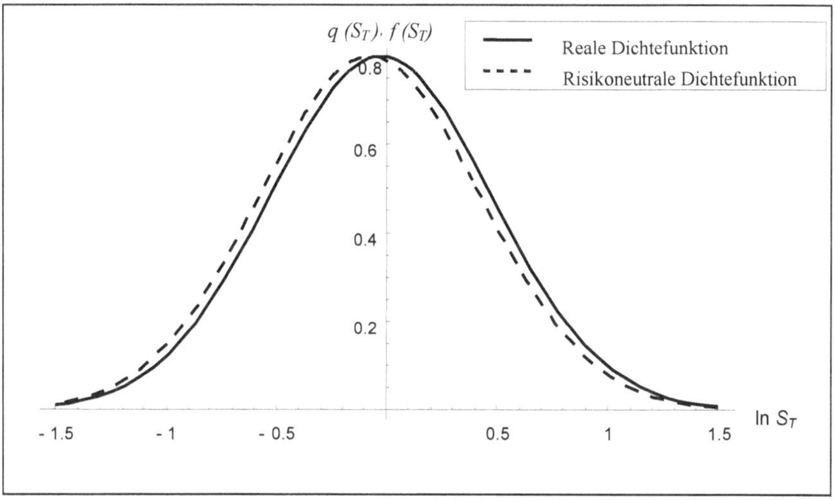

Quelle: Eigene Darstellung.

2.2.2.3 Bewertung von Devisenoptionen

Das Garman und Kohlhagen (1983) Modell stellt die für eine Anwendung auf Devisenoptionen notwendige Modifikation des Modells von Black und Scholes (1973) bereit. [28] Devisen sind mit einer Verzinsung entsprechend dem risikolosen Zinssatz der

---

[27] Die reale Verteilung wurde mit einer erwarteten Rendite von 10%, einer Volatilität von 50% und einer Laufzeit von einer Periode berechnet. Das risikoneutrale Äquivalent unterscheidet sich davon nur durch eine Rendite in Höhe des risikolosen Zinssatzes, der hier mit 5% angenommen wird.

[28] Das Black-Scholes Modell, das in seiner Ursprungsform zur Bewertung von Aktienoptionen ohne Dividendenzahlung entwickelt worden war, wurde in den folgenden Jahren für vielfältige andere Optionen modifiziert. So entwickelte **Merton** *(1973)* die Formel zur Bewertung von Aktienoptionen mit kontinuierlicher Dividendenzahlung, **Black** *(1976)* das Bewertungsmodell für Optionen auf Futureskontrakte und **Garman und Kohlhagen** *(1983)* das Modell zur Bewertung von Devisenoptionen. Da in der vorliegenden Arbeit die risikoneutrale Bewertung von Devisenoptionen im Mittelpunkt steht, wird hier nur die Modifizierung des Black-Scholes Modells zur Bewertung von Devi-

jeweiligen Währung verbunden. Für die arbitragefreie Bewertung von Devisentermingeschäften ist daher das Verhältnis zwischen den risikolosen Zinssätzen des In- und Auslands (r, r^*) entscheidend:

$$(2.27) \qquad F_t = S_t e^{(r-r^*)(T-t)}.$$

Dieser auch als gedeckte Zinsparität bezeichnete Zusammenhang zeigt, dass auch in einer risikoneutralen Welt der aktuelle Wechselkurs nicht dem Barwert des erwarteten zukünftigen Wechselkurses entspricht. Zur adäquaten Berücksichtigung dieses Aspekts muss für den Wechselkurs in einer risikoneutralen Welt folgende geometrische Brownsche Bewegung unterstellt werden:

$$(2.28) \qquad dS_t = (r - r^*)\, S_t\, dt + \sigma\, S_t dB_t.$$

Der hier gezeigte Prozess ist mit dem von Merton (1973) modellierten Prozess für eine Aktienoption mit Dividendenzahlung vergleichbar. Der Käufer einer Fremdwährung erzielt den Fremdwährungszins r^*, der sich als Analogon zu einer Dividendenzahlung interpretieren lässt. Eine kontinuierliche Dividendenzahlung impliziert einen um die Dividendenzahlung verringerten Wachstumspfad des Basiswerts.

Ergebnisse des Garman und Kohlhagen (1983) –Modells sind folgende Modifikationen der Black-Scholes Formeln für die Bewertung von Devisenoptionen:

$$(2.29) \qquad C_t = S_t e^{-r^*(T-t)} N(d_1) - K e^{-r(T-t)} N(d_2)$$

$$(2.30) \qquad P_t = K e^{-r(T-t)} N(-d_2) - S_t e^{-r^*(T-t)} N(-d_1)$$

mit

$$d_1 = \frac{\ln\left(\frac{S_t}{K}\right) + \left(r - r^* + \frac{\sigma^2}{2}\right)(T-t)}{\sigma\sqrt{T-t}}$$

$$d_2 = d_1 - \sigma\sqrt{T-t}.$$

senoptionen durch **Garman und Kohlhagen** *(1983)* dargestellt. Für die anderen zuvor genannten Erweiterungen sei auf die vielfältige Literatur, wie beispielsweise **Hull** *(2006)*, Kapitel 14, verwiesen.

Unter Berücksichtigung des Terminkurses lassen sich diese Bewertungsformeln noch weiter vereinfachen zu:

(2.31) $$C_t = e^{-r^*(T-t)}\left[F_t N(d_1) - KN(d_2)_t\right]$$

(2.32) $$P_t = e^{-r(T-t)}\left[KN(-d_2) - F_t N(-d_1)\right]$$

mit

$$d_1 = \frac{\ln\left(\frac{F_t}{K}\right) + \left(\frac{\sigma^2}{2}\right)(T-t)}{\sigma\sqrt{T-t}}$$

$$d_2 = d_1 - \sigma\sqrt{T-t}\,.$$

2.3 Das Volatility-Smile

Der Optionspreis im Black-Scholes Modell ergibt sich, wie in Abschnitt 2.2 gezeigt wurde, in Abhängigkeit vom aktuellen Basispreis S_t, vom Ausübungspreis K, vom risikofreien Zinssatz r, von der Restlaufzeit der Option $T - t = \tau$ und von der Volatilität der künftigen Rendite des Basiswerts σ.[29] Im Gegensatz zu den ersten vier Variablen ist die Volatilität nicht beobachtbar. Jedoch kann aus einem beobachteten Optionspreis auf die unterstellte Volatilität zurück geschlossen werden. Sie ist der wichtigste Einflussfaktor bei der Bewertung einer Option.[30] Wird bei der Berechnung der Volatilität unterstellt, dass die Marktoptionspreise auf dem Bewertungsmodell von Black-Scholes basieren, bezeichnet man die sich ergebende Volatilität als Black-Scholes Volatilität oder kurz *implizite Volatilität*. Die Ermittlung der impliziten Volatilität unterliegt dem Problem, dass die Black-Scholes Formeln keine explizite Darstellung der Volatilität als Funktion der beobachteten Parameter S_t, K, r und τ sowie des Optionspreises er-

---

[29] Als weiterer Einflussfaktor sei hier auf eine mögliche Dividendenzahlung verwiesen, von der aber im weiteren Verlauf der Arbeit abstrahiert wird.

[30] Hieraus erklärt sich auch die häufig zu findende Händlerkonvention, die Optionspreise direkt in Volatilitäten anzugeben.

möglichen. Daher wurden verschiedene iterative Algorithmen zur Bestimmung der impliziten Volatilitäten entwickelt.[31] Der Zusammenhang zwischen Optionspreis und impliziter Volatilität ist in Abbildung 2.5 dargestellt.

Abbildung 2.5: Der Zusammenhang zwischen Optionspreis und impliziter Volatilität

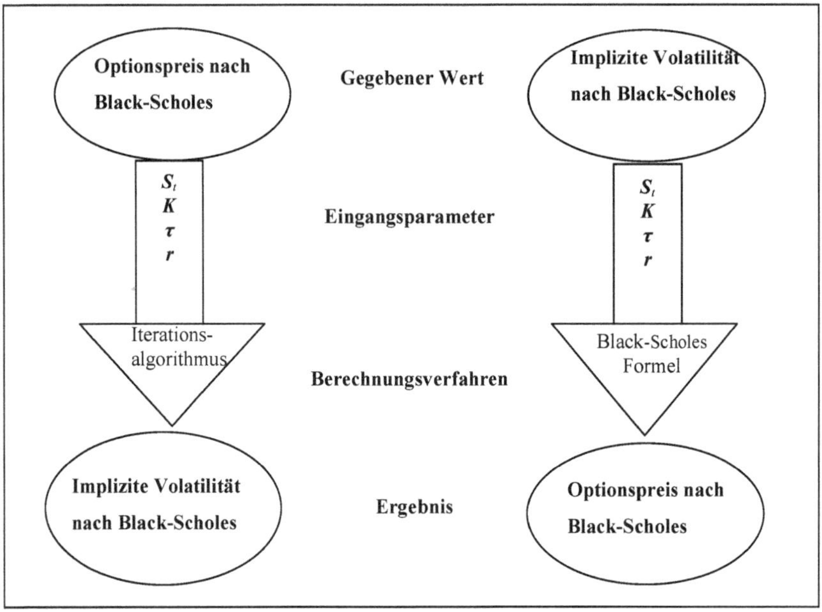

Quelle: Eigene Darstellung.

[31] Ziel dieser iterativen Algorithmen ist es, die Stelle zu bestimmen, an der die nichtlineare Funktion der Differenz zwischen einem theoretischen Optionspreis $c_t(\sigma_i)$ mit unbekanntem Volatilitätsparameter und einem beobachteten Marktoptionspreis c_t^m Null ist. Das am häufigsten verwendete Verfahren stellt der *Newton-Raphson-Algorithmus* dar. Die iterative Ermittlung der impliziten Volatilität ergibt sich dabei aus $\sigma_{i+1} = \sigma_i - \frac{c_t(\sigma_i) - c_t^m}{\frac{\partial c_t}{\partial \sigma}(\sigma_i)}$, wobei σ_i die i-te Iteration für σ ist. Vgl. auch **Haug** *(1998)*, S. 169.

Mit der im Black-Scholes Modell unterstellten Annahme einer geometrischen Brownschen Bewegung der Preisentwicklung des Basiswerts muss die implizite Volatilität bei allen möglichen Ausübungspreisen und Laufzeiten einer Option auf denselben Basiswert gleich sein. Empirische Untersuchungen zeigen jedoch, dass in der Realität eine Abhängigkeit der impliziten Volatilität vom Ausübungspreis besteht.[32] Bei Visualisierung der funktionalen Abhängigkeit zwischen der impliziten Volatilität und dem Ausübungspreis bei gegebener Restlaufzeit ergibt sich eine konvexe Kurve, die einem Lächeln ähnelt und daher als *Volatility-Smile* bezeichnet wird. Ein symmetrisches Volatility-Smile tritt überwiegend bei Devisenoptionen auf während bei Aktienoptionen und Aktienindexoptionen hauptsächlich ein monoton fallender Verlauf der Volatilitätskurve zu beobachten ist. In Abgrenzung zum Volatility-Smile hat sich für das schiefe Lächeln der Begriff *Volatility-Skew* etabliert.[33] In Abbildung 2.6 sind die Verläufe eines Volatility-Smile und eines Volatility-Skew schematisch dargestellt.

Das Volatility-Skew ist nach Untersuchungen von Rubinstein (1994) erstmals deutlich nach dem US-Aktienmarktcrash 1987 aufgetreten. Vor dem Crash im Oktober 1987 war noch eine vergleichsweise flache Volatilitätskurve zu beobachten, bei der die Marktteilnehmer am-Geld-Optionen die niedrigsten impliziten Volatilitäten zuordneten und aus-dem-Geld oder im-Geld liegende Optionen geringfügig höhere Volatilitäten aufwiesen. In dieser Phase wurde das Black-Scholes Modell somit noch weitgehend von den Marktteilnehmern zur Optionsbewertung herangezogen. Nach dem Crash 1987 waren die Marktteilnehmer beunruhigt über einen möglichen weiteren Crash. Dies spiegelte sich in der Optionsbewertung wider: Die Marktteilnehmer ordneten Optionen mit einem geringen Ausübungspreis höhere Volatilitäten zu als Optionen mit hohem Ausübungspreis.

---

[32] Außerdem besteht eine negativer Zusammenhang zwischen der Restlaufzeit und der impliziten Volatilität. Bei der Abbildung der impliziten Volatilitäten in Abhängigkeit der Restlaufzeit ist ein monoton fallender Kurvenverlauf erkennbar. Diese Abhängigkeit der impliziten Volatilitäten von der Restlaufzeit ist demnach in der einschlägigen Literatur als Zeitstruktureffekt oder *Term Structure* eingegangen. Da in der vorliegenden Arbeit jedoch nur das Volatility-Smile von Bedeutung ist, wird auf eine weitere Betrachtung des Zeitstruktureffekts verzichtet.

[33] Weitere in der Literatur zu findende Begriffe sind *Sneer-* oder *Smirkeffekt*. In der vorliegenden Arbeit wird jedoch der Oberbegriff Volatility-Smile für den Zusammenhang zwischen Basiswertpreis und impliziter Volatilität verwendet.

Abbildung 2.6: Volatility-Smile und Volatility-Skew

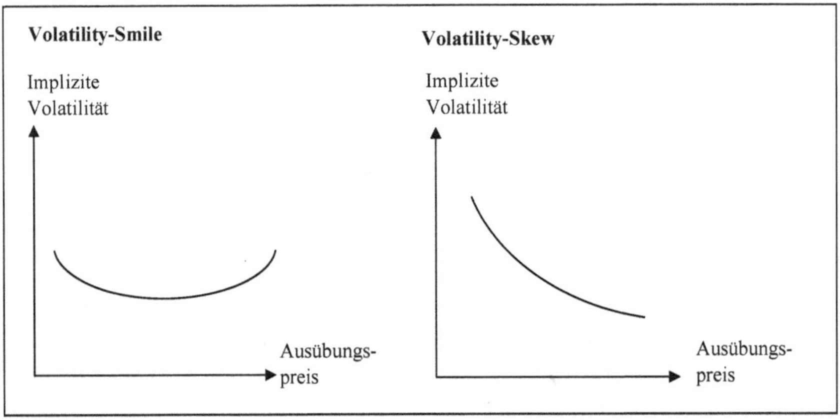

Quelle: In Anlehnung an Hull (2006), S. 458 und S. 461.

Weit aus-dem-Geld liegende Putoptionen und weit im-Geld liegende Calloptionen verteuerten sich signifikant gegenüber weit im-Geld liegenden Putoptionen und weit-aus-dem Geld liegenden Calloptionen. Die veränderte Optionsbewertung aufgrund einer höher eingeschätzten Wahrscheinlichkeit eines weiteren Kurseinbruchs wird von Rubinstein (1994) als „crash-o-phobia" bezeichnet.

Das Auftreten eines Smile- oder Skew- Effekts impliziert, dass das Black-Scholes Optionsbewertungsmodell mit der Annahme konstanter Volatilitäten die empirische Optionsbewertung nicht exakt beschreibt. Als Ursache für die beobachtete Abhängigkeit der Volatilität vom Basiswert sind nach vorherrschender Literaturmeinung hauptsächlich Marktunvollkommenheiten, wie die Existenz von Transaktionskosten, der Leverage-Effekt oder eine Fehlspezifikation des Basiswertprozesses, verantwortlich.[34] Die empirische Wahrscheinlichkeitsverteilung des Basiswerts unterscheidet sich in der Folge von der theoretischen Lognormalverteilung des Black-Scholes Modells. Sie weist im Vergleich zur theoretischen Lognormalverteilung des Black-Scholes Modells

[34] Vgl. **Mayhew** *(1995)*, S. 14.

breitere Verteilungsenden auf und ist häufig rechts- oder linksschief geneigt. Die Unterschiede zwischen der empirischen Verteilung und der Lognormalverteilung sind direkt mit der Konvexität und der Steigung des Volatility-Smile verbunden. Die Konvexität des Volatility-Smiles impliziert dickere Verteilungsenden im Vergleich zur Lognormalverteilung.[35] Eine positive (negative) Steigung des Volatility-Smiles induziert eine rechtsschiefe (linksschiefe) empirische Wahrscheinlichkeitsverteilung.

In Abbildung 2.7 sind eine konstante implizite Volatilitätsfunktion, ein Volatility-Smile und ein Volatility-Skew sowie deren zugehörige implizite risikoneutrale Verteilungen dargestellt. Als Ergebnis der konstanten Volatilität ergibt sich die Lognormalverteilung. Das Volatility-Smile und das Volatility-Skew implizieren leptokurtische Dichtefunktionen, die im Fall des Volatility-Skew aufgrund monoton fallender Volatilitäten linksschief sind.

[35] Die Verteilungsenden werden daher häufig als *fat tails* bezeichnet.

Abbildung 2.7: Implizite Volatilitäten und zugehörige risikoneutrale Dichtefunktionen[36]

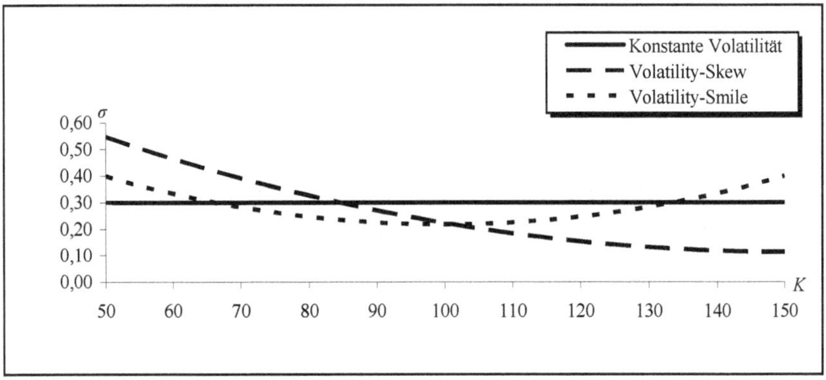

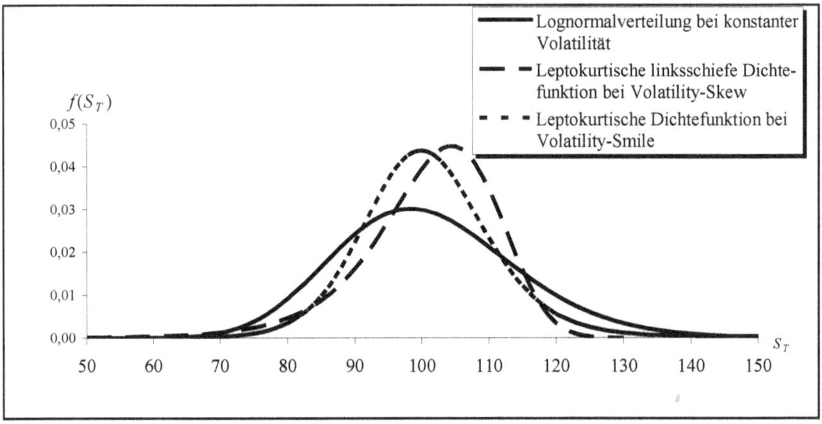

Quelle: Eigene Darstellung.

[36] Die Verteilungen wurden mit einem aktuellen Aktienkurs $S_t = 100$, einem Zinssatz $r = 5\%$ und einer Restlaufzeit von 50 Handelstagen berechnet.

3 Extrahierung der risikoneutralen Wahrscheinlichkeitsdichtefunktion

Das vorangegangene Kapitel hat gezeigt, dass Optionen unter dem Postulat der Arbitragefreiheit unabhängig von den Risikopräferenzen der Marktteilnehmer bewertet werden können. Dies impliziert, dass sich der Optionswert als der mit dem risikolosen Zinssatz diskontierte Erwartungswert der zukünftigen Auszahlungen unter dem risikoneutralen Wahrscheinlichkeitsmaß Q darstellen lässt. Damit beinhalten Optionspreise für das gleiche Basisgut mit identischer Laufzeit, aber verschiedenen Ausübungspreisen Informationen über die risikoneutralen Wahrscheinlichkeiten, die die Marktteilnehmer den potenziellen Auszahlungen beimessen. Die Erfassung der gesamten Dichtefunktion aus den Optionspreisen stellt somit die Abbildung der aggregierten Markterwartungen für die Preisentwicklung des Basiswerts am Fälligkeitstag dar. Unter den Annahmen des Black-Scholes Modells ist die Ermittlung der risikoneutralen Dichtefunktion problemlos möglich, da diese dann eine Lognormalverteilung ist. Wie im zweiten Kapitel erörtert wurde, variiert in der Realität jedoch die Volatilität in Abhängigkeit vom Ausübungspreis. Dies führt zu einer Abweichung der empirischen Dichtefunktion von der theoretischen Lognormalverteilung.

Breeden und Litzenberger (1978) diskutieren den Zusammenhang zwischen der Optionspreisfunktion und der risikoneutralen Dichte und legen damit die Grundlagen für Verfahren zur Ermittlung der empirischen risikoneutralen Verteilung aus am Markt beobachtbaren Optionspreisen. Dieser Ansatz wird im ersten Abschnitt des Kapitels vorgestellt. Die Methodik von Breeden und Litzenberger (1978) setzt eine stetige Optionspreisfunktion mit kontinuierlichen Ausübungspreisen voraus, welche in der Realität nicht gegeben sind. Daher werden Inter- und Extrapolationstechniken benötigt, um aus den beobachtbaren Preisen für diskrete Ausübungspreise die empirische risikoneutrale Verteilung schätzen zu können. Die grundlegenden Überlegungen hinter den zahlreich vorhandenen Methoden werden im zweiten Abschnitt des Kapitels als kurzer Überblick präsentiert, bevor im dritten Teil die in dieser Arbeit verwendete Schätztechnik der Anpassung der Volatilitätsfunktion von Malz (1997a) ausführlich vorgestellt wird. Das dritte Kapitel endet mit einer detaillierten Darstellung der weiteren in der Literatur vorhandenen Methoden.

3.1 Der Zusammenhang zwischen Optionspreisen und der risikoneutralen Wahrscheinlichkeitsdichtefunktion

Der von Breeden und Litzenberger (1978) entwickelte Ansatz zur Ermittlung der empirischen risikoneutralen Verteilung basiert auf der Erkenntnis, dass Optionen zur Vervollständigung der Finanzmärkte führen.[37] Die Konzeption vollständiger Märkte wurde erstmals von Arrow (1964) und Debreu (1959) eingeführt.[38] Vollständige Märkte sind durch die Existenz eines vollständigen Sets von Elementaranlagen definiert, welche die eindeutige Bewertung jedes möglichen Umweltzustandes ermöglichen. Eine Elementaranlage ist ein Finanzkontrakt, der eine Geldeinheit zu einem künftigen Zeitpunkt T zahlt, wenn der zugrunde liegende Basiswert zu diesem Zeitpunkt T genau den Zustand S_T hat und in allen anderen Zuständen keine Auszahlung generiert. Die Elementaranlage ist somit ein Spezialfall eines state contingent claims[39] und stellt den Grundbaustein für die Theorie der Finanzierung unter Unsicherheit dar. Die Elementaranlage wird nach ihren Begründern häufig als Arrow-Debreu Wertpapier bezeichnet. Die Preise eines solchen Arrow-Debreu Wertpapiers, die so genannten Zustandspreise, sind abhängig von den Erwartungen der Marktteilnehmer über die künftige Entwicklung des Basiswerts und lassen sich als diskontierte Wahrscheinlichkeiten interpretieren. Arrow-Debreu Wertpapiere sind als theoretisches Konstrukt an keiner Börse handelbar. Die Preise von Arrow-Debreu Wertpapieren können allerdings durch die Marktpreise gehandelter Wertpapiere implizit bestimmt werden, wenn die Zahl der gehandelten Wertpapiere mit der Anzahl aller potenziellen Umweltzustände übereinstimmt und die Wertpapiere nicht redundant sind.[40] In der Realität steht jedoch eine

[37] In vollständigen Märkten sind alle gehandelten Güter beliebig teilbar und Leerverkäufe sind ohne Beschränkung möglich.

[38] **Arrow** *(1964)* und **Debreu** *(1959)* legen die theoretische Basis zur Untersuchung der optimalen Güterallokation in einem Allgemeinen Gleichgewichtsmodell unter Unsicherheit. Im Mittelpunkt dieser State-Preference Theorie steht eine endliche Anzahl künftiger Umweltzustände (states of nature), in denen Güter und Geldeinheiten verfügbar werden und ein vollständiges Set von Elementaranlagen, das die Bewertung dieser Ressourcen zum heutigen Zeitpunkt ermöglicht.

[39] State contingent claims sind Wertpapiere, deren Renditen vom Eintritt eines bestimmten Zustands zu einem zukünftigen Zeitpunkt T abhängen.

[40] Die Nicht-Redundanz bedeutet, dass keine Anlage aus einer Kombination anderer Anlagen hergestellt werden kann.

endliche Menge gehandelter Wertpapiere einer kontinuierlichen Menge möglicher Umweltzustände gegenüber. Optionen lösen dieses Problem, da mit ihrer Hilfe Elementaranlagen für alle potentiellen Zustände generiert werden können.[41] Optionen sind zu zustandsabhängigen Elementaranlagen kombinierbar und führen insofern zu einer Vervollständigung der Finanzmärkte im Sinne von Arrow und Debreu.

Konkret konstruieren Breeden und Litzenberger (1978) synthetisch durch eine kombinierte Optionsstrategie bestehend aus verschiedenen Short- und Longpositionen mit gleicher Laufzeit eine Elementaranlage und leiten die risikoneutrale Wahrscheinlichkeitsdichtefunktion explizit aus den gegebenen Optionspreisen ab. Der Preis einer solchen replizierten synthetischen Elementaranlage für jeden gegebenen Zustand wird dabei durch die Kosten der jeweiligen Optionsstrategie determiniert. Bei den kombinierten Strategien handelt es sich um Butterfly Spreads, welche folgende Linearkombination von Optionen beinhalten:[42]

- zwei Shortcalls mit einem mittleren Ausübungspreis $K = K_2$,
- ein Longcall mit einem niedrigeren Ausübungspreis $K_1 = K - \Delta K$ und
- ein Longcall mit einem höheren Ausübungspreis $K_3 = K + \Delta K$.

Dabei gibt ΔK die Schrittlänge zwischen den angrenzenden Ausübungspreisen an. Die Auszahlungsfunktion eines Butterfly Spreads findet sich in Abbildung 3.1. Anhand der Auszahlungsfunktion ist deutlich erkennbar, dass nur dann eine Auszahlung generiert wird, wenn genau der Zustand $S_T = K_2$ eintritt.[43] In den anderen beiden Zuständen erfolgt keine Auszahlung.

---

[41] Vgl. **Ross** *(1976)*, S. 76. Vgl. auch **Banz und Miller** *(1978)*, die mit Hilfe von Optionen erstmals Zustandspreise schätzen.

[42] Vgl. **Breeden und Litzenberger** *(1978)*, S. 625.

[43] Dies gilt sofern im Intervall (K_1, K_3) keine weiteren möglichen Realisationen des Aktienkurses liegen.

Abbildung 3.1: Konstruktion eines Butterfly Spreads

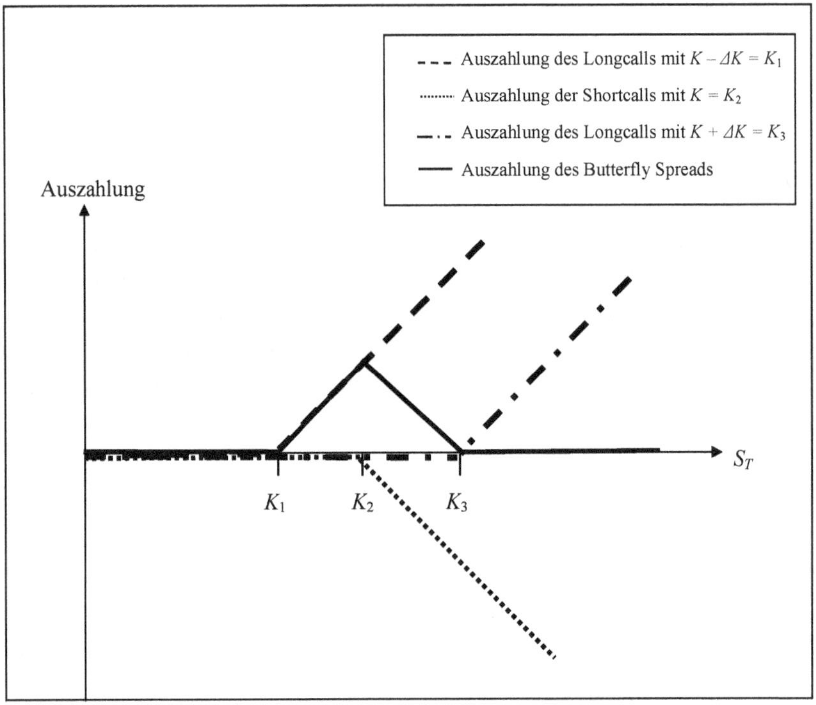

Quelle: Eigene Darstellung.

Die Auszahlung Π des Butterfly Spreads im Zustand im Zustand $S_T = K$ beträgt:

$$\text{(3.1)} \qquad \Pi(S_T, K, \tau) =$$

$$\left[C(S_T, K + \Delta K, \tau) - 2C(S_T, K, \tau) + C(S_T, K - \Delta K, \tau)\right]\Big|_{S_T = K} = \Delta K,$$

wobei C die Auszahlung einer Calloption mit der Restlaufzeit $\tau = T - t$ angibt. Bei Investition eines Anteils $1/\Delta K$ ergibt sich daher eine Auszahlung von Eins:

$$\text{(3.2)} \qquad \frac{\Pi(S_T, K, \tau)}{\Delta K} =$$

$$\left.\frac{[C(S_T, K+\Delta K, \tau) - 2C(S_T, K, \tau) + C(S_T, K-\Delta K, \tau)]}{(\Delta K)^2}\right|_{S_T=K} = 1.$$

Beispielhaft wird die Konstruktion eines Butterfly Spreads mit einer Auszahlung von einer Geldeinheit im Zustand $S_T = K = 10$ in Abbildung 3.2 veranschaulicht. Die Schrittlänge ΔK zwischen den benachbarten Optionen beträgt Eins. Der Butterfly Spread besteht also aus zwei verkauften Calloptionen mit dem Ausübungspreis $K_2 = 10$, einer gekauften Calloption mit dem niedrigeren Ausübungspreis $K_1 = 9$ und einer gekauften Calloption mit dem höheren Ausübungspreis $K_3 = 11$.

Abbildung 3.2: Konstruktion und Auszahlung eines Butterfly Spreads (Beispiel)

Auszahlung der Komponenten des Butterfly Spreads bei einem Kurs S_T von...	7	8	9	10	11	12	13
Auszahlung des Long Call mit $K_1 = 9$	0	0	0	+1	+2	+3	+4
Auszahlung der zwei Short Calls mit $K_2 = 10$	0	0	0	0	-2	-4	-6
Auszahlung des Long Call mit $K_3 = 11$	0	0	0	0	0	+1	+2
Auszahlung des Butterfly Spreads	0	0	0	+1	0	0	0

Beispiel:

Butterfly Spread aus:

- Kauf 1 Call mit $K_1 = 9$
- Verkauf 2 Calls mit $K_2 = 10$
- Kauf 1 Call mit $K_3 = 11$

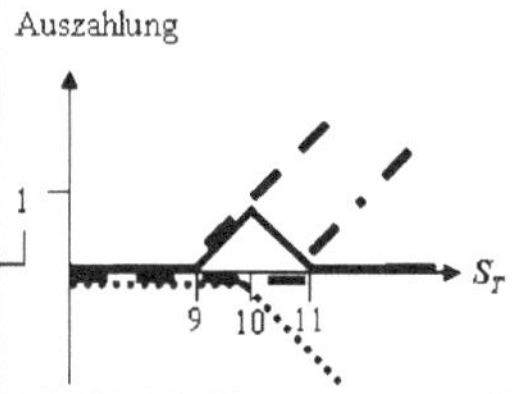

Quelle: Eigene Darstellung.

Die Portfoliobildung kann für jeden möglichen Umweltzustand auf die gleiche Art und Weise vorgenommen werden. In einer risikolosen Welt erfolgt keine Risikokompensation und der heutige Wert des Butterfly Spreads entspricht seinem erwarteten zukünftigen Wert diskontiert mit dem risikolosen Zinssatz. Die jeweiligen Kosten zur Konstruktion eines Butterfly Spreads geben daher die Wahrscheinlichkeit an, mit der der Zustand $S_T = K$ erreicht wird. Auf diese Weise ergibt sich die in Abbildung 3.3 dargestellte diskrete Wahrscheinlichkeitsverteilung, in der die Fläche jeder Säule die Wahrscheinlichkeit für den jeweiligen Zustand $S_T = K$ angibt.

Abbildung 3.3: Ermittelte Wahrscheinlichkeitsdichte/-verteilung aus Optionen

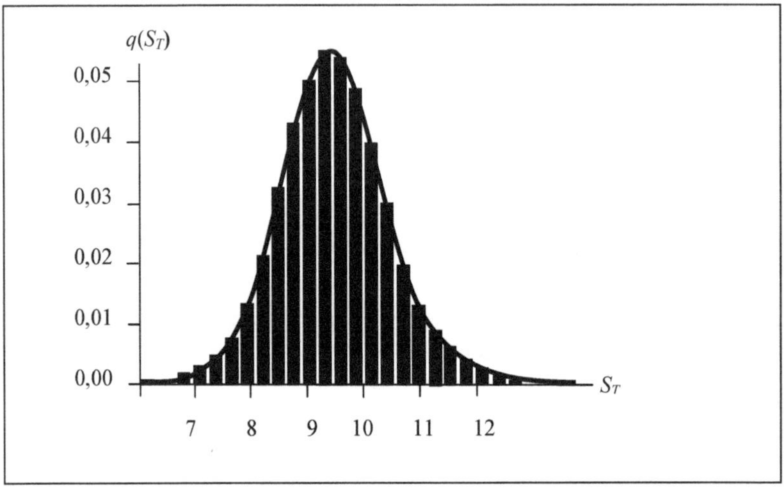

Quelle: Eigene Darstellung.

Im Grenzübergang zu einer stetigen Verteilung $(\Delta K \to 0)$ konvergiert der Preis der Elementaranlage gegen die zweite partielle Ableitung der Callpreisfunktion nach dem Ausübungspreis K:

$$\text{(3.3)} \qquad \lim_{\Delta K \to 0} \frac{\Pi(S_t, K, \tau)}{\Delta K} = \left. \frac{\partial^2 C(K,\tau)}{\partial K^2} \right|_{S_T = K}.$$

Für die zweite partielle Ableitung der Callpreisfunktion $C_t = e^{-r\tau} \int_{S_T = K}^{\infty} (S_T - K) q(S_T) dS_T$ (vgl. Gleichung (2.16)) nach dem Ausübungspreis K erhält man mit:[44]

$$\text{(3.4)} \qquad \frac{\partial^2 C(K,\tau)}{\partial K^2} = e^{-r\tau} q(S_T) \Big|_{S_T = K}$$

[44] Vgl. **Hull** *(2006)*, S. 472.

die diskontierte risikoneutrale Dichtefunktion.[45] Optionen mit infinitesimal kleinen Differenzen zwischen den Ausübungspreisen ermöglichen somit die Bewertung von Elementaranlagen über ein Kontinuum von Zuständen und tragen so zur Vervollständigung der Märkte bei. Auf diese Art und Weise kann eine vollständige stetige Funktion von Zustandspreisen gewonnen werden, so dass sich die in Abbildung 3.3 als Verbindungslinie zwischen den Säulen des Histogramms zu sehende Dichtefunktion ergibt.

Der Ansatz von Breeden und Litzenberger (1978) macht deutlich, dass zur Ermittlung der risikoneutralen Wahrscheinlichkeitsdichtefunktion keine Annahmen bezüglich der Preisentwicklungsdynamik des zugrunde liegenden Basiswerts notwendig sind. Es wird lediglich die Existenz arbitragefreier Optionspreise vorausgesetzt, so dass sich die Callpreisfunktion als eine monoton fallende Funktion des Ausübungspreises ergibt und zweimal differenzierbar ist.[46] Restriktionen der Präferenzen der Marktteilnehmer sind ebenfalls nicht erforderlich, da sich diese bereits in den gegebenen Optionspreisen widerspiegeln.[47] Voraussetzung für die Bestimmung der risikoneutralen Dichtefunktion ist demnach nur die Annahme eines perfekten Kapitalmarktes sowie die zweifache Differenzierbarkeit der Callpreisfunktion bezüglich des Ausübungspreises.

Die Extrahierung der risikoneutralen Wahrscheinlichkeitsdichtefunktion aus gegebenen am Markt beobachteten Optionspreisen wäre also problemlos möglich, wenn Optionen mit kontinuierlichen Ausübungspreisen existierten. In der Realität liegen jedoch nur Optionspreise mit einer geringen Spannweite von diskreten Ausübungspreisen vor. Dies hat zur Folge, dass die risikoneutrale Dichtefunktion unter Zuhilfenahme von Extra- und Interpolationstechniken aus den gegebenen Optionspreisen geschätzt werden muss. In der Literatur wurden daher vielfältige Methoden entwickelt, deren wesentliche Ansatzpunkte im folgenden Abschnitt dargestellt werden.

---

[45] Da die diskontierte risikoneutrale Dichtefunktion auch die Preise der Elementaranlagen für die Bildung der potentiellen Zustände $S_T = K$ angibt, wird sie auch als Zustandspreisdichte oder State Price Density bezeichnet.

[46] Besteht die Möglichkeit risikolose Gewinne durch Arbitrage zu realisieren, ist es möglich, Elementaranlagen mit negativen Preisen zu konstruieren. Dies würde zu negativen risikoneutralen Wahrscheinlichkeiten führen.

[47] Vgl. hierzu die Ausführungen in Kapitel 2, S. 12.

3.2 Überblick über Schätzverfahren zur Bestimmung der risikoneutralen Wahrscheinlichkeitsdichtefunktion

Eine grundsätzliche Charakterisierungsmöglichkeit der Schätzverfahren zur Bestimmung der risikoneutralen Wahrscheinlichkeitsdichtefunktion besteht in der Unterscheidung zwischen *direkten* und *indirekten* Schätztechniken.[48] Indirekte Schätzverfahren basieren auf den im vorherigen Abschnitt diskutierten Ansatz von Breeden und Litzenberger (1978), wonach die zweite partielle Ableitung der Optionspreisfunktion nach dem Ausübungspreis der diskontierten risikoneutralen Dichtefunktion entspricht. Dementsprechend wird bei diesen Methoden zunächst die Optionspreisfunktion oder in einem vorgelagerten Schritt die implizite Volatilitätsfunktion durch verschiedene Inter- und Extrapolationstechniken geschätzt, um im Anschluss daran die risikoneutrale Dichtefunktion durch zweimalige Differentiation dieser geschätzten Optionspreisfunktion nach dem Ausübungspreis zu bestimmen. Direkte Verfahren knüpfen an der Funktionalform der risikoneutralen Dichtefunktion an. Die unbekannte risikoneutrale Dichtefunktion wird derart durch bekannte Dichtefunktionen, Kombinationen bekannter Dichtefunktionen oder Reihenentwicklungen angenähert, dass ein Fehlermaß, häufig die quadratische Abweichung[49] zwischen den resultierenden theoretischen Optionspreisen und den beobachteten Optionspreisen, minimal wird.

Eine andere sehr häufig zu findende Systematisierung klassifiziert die Schätzverfahren nach technischen Aspekten in *parametrische* und *nichtparametrische* Methoden.[50] Im Mittelpunkt dieser Differenzierung steht die Frage, ob die Schätzung der risikoneutralen Dichtefunktion anhand einer vorgegebenen Verteilung vorgenommen wird oder ob

---

[48] Vgl. zu dieser Einteilung auch **Pérignon und Villa** *(2002)*.

[49] Die quadratische Abweichung stellt nur ein mögliches Fehlermaß dar. Weitere potentielle Fehlermaße und deren Konsequenzen für die Güte der Schätzung werden bei **Jackwerth und Rubinstein** *(1996)* diskutiert.

[50] Vgl. zu dieser Klassifizierung **Jackwerth** *(1999)*, **Wilkens** *(2003)*. **Bahra** *(1997)* und **Mandler** *(2003)* verwenden hingegen eine Einteilung der Schätzverfahren nach technischen und nach ökonomischen Gesichtspunkten. Demzufolge werden die Verfahren danach unterschieden, ob die risikoneutrale Dichtefunktion durch die Bestimmung des stochastischen Prozesses des Basiswerts impliziert wird, ob die risikoneutrale Dichtefunktion durch Differentiation gewonnen wird, ob eine parametrische Funktionalform der risikoneutralen Dichtefunktion unterstellt wird oder ob die risikoneutrale Dichtefunktion nichtparametrisch ermittelt wird.

die Schätzung ohne Verteilungsvorgabe erfolgt. Im ersten Fall spricht man von parametrischen Verfahren während im zweiten Fall von nichtparametrischen Verfahren die Rede ist (vgl. hierzu den Überblick in Abbildung 3.4).

Im Mittelpunkt *parametrischer* Methoden steht die a-priori Annahme eines bestimmten Modells, welches die Funktionalform der risikoneutralen Dichtefunktion restringiert oder Ansprüche an die Glätte der risikoneutralen Dichtefunktion stellt. Das Modell kann sich entweder auf den stochastischen Prozess des Basiswerts oder auf die risikoneutrale Verteilung selbst beziehen. Die Parameterbestimmung erfolgt durch die Minimierung des quadratischen Abstands der mit Hilfe des postulierten Modells geschätzten theoretischen Optionspreise von den empirischen Optionspreisen. Parametrische Verfahren haben den Vorteil, dass Arbitragefreiheit schon durch das Modell sichergestellt wird und daher im Schätzprozess selbst nicht berücksichtigt werden muss. Nachteilig ist hingegen, dass die implizierten Preise oftmals stark von den beobachteten Optionspreisen abweichen und die daraus resultierenden risikoneutralen Dichtefunktionen dann nicht aussagekräftig sind.

Abbildung 3.4: Schematischer Überblick der diskutierten Schätzverfahren

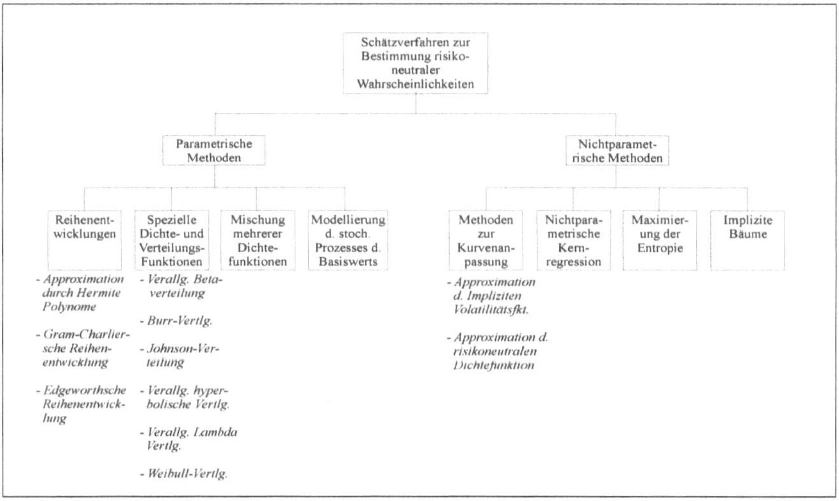

Quelle: Eigene Darstellung.

Demgemäß bieten sich parametrische Schätzverfahren insbesondere bei kleinen und fehlerbehafteten Datensätzen an, die ohne eine Strukturvorgabe zu viele Freiheitsgrade aufweisen und zu einem Overfitting, d.h. zu einer übermäßigen und nichtrepräsentativen Anpassung an die vorgegebenen Daten, führen können. Parametrische Verfahren können an der Form der risikoneutralen Dichtefunktion selbst ansetzen und über *Reihenentwicklungsmethoden, verallgemeinerte Verteilungen* oder *Mischungsansätze* bekannte Ausgangsverteilungen flexibler gestalten, um die gesuchte risikoneutrale Dichtefunktion zu generieren. Eine andere Möglichkeit zur parametrischen Ermittlung der risikoneutralen Dichtefunktion besteht in der Induktion der risikoneutralen Dichtefunktion über die Spezifikation des stochastischen *Prozesses des Basiswerts.*[51]

Nichtparametrische Verfahren lassen sich durch weitgehenden Verzicht auf Annahmen bezüglich der Form der risikoneutralen Dichtefunktion selbst oder der Verteilung des zugrunde liegenden Basiswerts charakterisieren. Im Gegensatz zu den parametrischen Verfahren wird vielmehr versucht durch statistische Methoden Informationen über die Bewertung von Optionen zu gewinnen, ohne dabei ein Optionsbewertungsmodell oder eine spezielle Verteilung vorauszusetzen.[52] Diese Vorgehensweise zeichnet sich dementsprechend durch eine größere Flexibilität im Vergleich zu den parametrischen Ansätzen aus und ermöglicht die Schätzung vielfältiger Funktionen. Dazu ist jedoch eine große Datenbasis erforderlich. Ist diese nicht gegeben, ist parametrischen Methoden der Vorzug zu geben. Zu den nichtparametrischen Verfahren gehören *Methoden zur Kurvenanpassung, Kernregressionen, Maximum Entropie Verfahren* sowie *implizite Baumverfahren.*[53]

---

[51] Eine ähnliche Klassifizierung findet sich auch bei **Bondarenko** *(2003)*, S. 89. Im Gegensatz zu der hier verwendeten Einteilung zählt **Bondarenko** *(2003)* jedoch auch Kurvenanpassungsmethoden zu den parametrischen Verfahren, während diese in der vorliegenden Arbeit aufgrund fehlender Vorgaben für die Dichtefunktion zu den nichtparametrischen Methoden systematisiert werden.

[52] Daher werden diese Methoden in der Literatur häufig als modellfreie oder verteilungsfreie Ansätze bezeichnet.

[53] Vollständigkeitshalber sei hier außerdem auf den Einsatz neuronaler Netze als weiteres nichtparametrisches Verfahren verwiesen. Da das Verfahren aber bei der Ermittlung der risikoneutralen Verteilung in der Literatur bislang kaum genutzt wurde, wird es hier nicht weiter diskutiert. Der interessierte Leser sei stattdessen auf die Arbeiten von **Malliaris und Salchenberger** *(1996)* und **Hutchinson, Lo und Poggio** *(1994)* verwiesen.

Parametrische und nichtparametrische Verfahren zur Extrahierung der risikoneutralen Dichtefunktion umfassen eine Vielzahl von Techniken, die sich aufgrund der verschiedenen Ansatzpunkte in der Komplexität und Implementierung sowie in den damit verbundenen Vor- und Nachteilen stark unterscheiden. Hinsichtlich der Auswahl eines in der jeweiligen Situation geeigneten Verfahrens finden sich in der einschlägigen Literatur zahlreiche Hinweise. Im Fokus dieser Fragestellung wird im Schrifttum untersucht, ob verschiedene Schätzverfahren zu abweichenden Ergebnissen führen. Außerdem wird in diesem Zusammenhang die Robustheit der Schätzverfahren einer Analyse unterzogen. Levin, McManus und Watt (1998) vergleichen in diesem Kontext die Mischung von zwei Lognormalverteilungen mit einem deterministischen Volatilitätsmodell und finden sehr ähnliche risikoneutrale Verteilungen. Auch die Untersuchung verschiedener Optimierungsfunktionen bei Jackwerth und Rubinstein (1996) führt zu vergleichbaren risikoneutralen Wahrscheinlichkeiten, wenn genügend im-Geld Optionen zur Verfügung stehen. Größere Abweichungen treten an den Verteilungsenden auf, die bei mangelnden empirischen Optionspreisen stark von den zugrunde gelegten Modellannahmen abhängig sind. Campa, Chang und Reider (1998) vergleichen anhand von OTC Währungsoptionen eine kubische Spline Modellierung der Volatilitätsfunktion, die eine Modifizierung des Ansatzes zur Volatilitätskurvenanpassung von Shimko (1993) darstellt, mit dem impliziten Binomialbaum von Rubinstein (1994) und der Mischung von zwei lognormalverteilten Dichtefunktionen und erhalten ebenfalls sehr ähnliche Wahrscheinlichkeitsverteilungen.[54] Der modifizierte Ansatz nach Shimko (1993) weist jedoch eine geringere Standardabweichung auf und beim impliziten Binomialbaum nach Rubinstein findet sich eine auffällig hohe Kurtosis, die durch den geringen Einfluss der kleinen Wahrscheinlichkeiten an den Verteilungsenden verursacht wird. Diesem Problem begegnen Campa, Chang und Reider (1998) indem sie die Verteilungsenden nach einem Ansatz von Rosenberger und Gasko (1983) eliminieren. Dadurch wird ein kleiner Teil der Wahrscheinlichkeitsmasse ausgeschlossen, aber ein Kurtosiswert erreicht, der in der Spannweite der Kurtosiswerte der anderen beiden Verteilungen liegt und somit als plausibler seitens der Autoren eingeschätzt wird. Zu ähnlichen Resultaten kommen auch Jondeau und Rockinger (2000), die die Mischung von Lognormalverteilungen, die Gram-Charlier-Reihenentwicklung, die Edgeworth-

---

[54] Vgl. **Campa, Chang und Reider** *(1998)*, S. 130.

Reihenentwicklung, die sprungprozessbasierte Technik von Malz (1996) und ein stochastisches Volatilitätsmodell vergleichen. Während sich das Volatilitätsmodell aufgrund einer zu niedrigen Schiefe verbunden mit einer zu hohen Kurtosis als ungeeignet erweist, zeigen die Wahrscheinlichkeitsverteilungen der anderen Ansätze ähnliche Ergebnisse. In einem Folgebeitrag von Coutant, Jondeau und Rockinger (2001) werden diese Ähnlichkeiten der Wahrscheinlichkeitsverteilungen sowie die Abweichungen in den höheren Momenten bestätigt.

Die Vergleichsstudien verdeutlichen, dass die verschiedenen Schätztechniken weitgehend gleiche Verteilungen generieren, wenn ausreichend viele Optionspreise zur Verfügung stehen.[55] In den höheren Momenten kann es jedoch zu größeren Abweichungen kommen. Die Ursache dafür liegt in der Modellierung der Verteilungsenden. Bereits geringfügige modellabhängige Unterschiede der Wahrscheinlichkeiten in den Verteilungsenden können sich auf die höheren Momente übertragen und größere Differenzen implizieren.[56] Daher ist in der empirischen Analyse bei der auszuwählenden Schätztechnik weniger komplexen Methoden der Vorzug zu geben und bei der Interpretation der höheren Momente Vorsicht geboten. Jackwerth (1999) empfiehlt deshalb die Approximation der impliziten Volatilitätsfunktion, die im Vergleich zu direkten Approximationsmethoden einfacher anzuwenden und weniger fehleranfällig ist.[57] Da sich diese Methode auch in der Robustheitsstudie von Cooper (1999) als stabil erweist, stellt diese Technik auch die Grundlage für den empirischen Teil dieser Arbeit dar. Sie wird daher im folgenden Abschnitt zunächst in ihrer Grundform von Shimko (1993) erläutert, bevor die in dieser Arbeit verwendete Erweiterung von Malz (1997a) für außerbörsliche Devisenoptionsdaten detailliert dargestellt wird.

3.3 Approximation der impliziten Volatilitätsfunktion

Die von Shimko (1993) vorgestellte Methodik der Approximation der impliziten Vola-

---

[55] **Jackwerth** *(1999)* spricht hier von mindestens 10-15 Optionen. Vgl. **Jackwerth** *(1999)*, S. 71.

[56] Vgl. **Mandler** *(2003)*, S. 114.

[57] Vgl. **Jackwerth** *(1999)*, S. 71.

tilitätsfunktion basiert auf dem von Breeden und Litzenberger (1978) gezeigten Zusammenhang, wonach die zweimalige Ableitung einer stetigen Optionspreisfunktion nach dem Ausübungspreis der diskontierten risikoneutralen Dichtefunktion entspricht. Bei einer direkten Umsetzung dieses Zusammenhangs wird zunächst die Optionspreisfunktion anhand der diskreten Optionsdaten geschätzt. Hierbei tritt das Problem auf, dass die Optionspreisfunktion für am-Geld liegende Optionen konvex verläuft und für weit aus-dem Geld liegende Optionen gegen Null konvergiert und somit in diesem Bereich nahezu linear verläuft. Die Interpolation fehlender Optionspreise ist dadurch schwierig. Bereits geringfügige Approximationsfehler können zu starken Abweichungen der Optionspreisfunktion und der daraus abzuleitenden risikoneutralen Dichtefunktion führen. Vor diesem Hintergrund schätzt Shimko (1993) zunächst aus beobachteten Optionspreisen das konvexe Volatility-Smile als quadratisches Polynom der gehandelten Ausübungspreise:

(3.5) $$\hat{\sigma}(K,\tau) = a_0(\tau) + a_1(\tau)K + a_2(\tau)K^2.$$

Mit Hilfe dieser impliziten Volatilitätsfunktion wird im nächsten Schritt durch Substitution von $\hat{\sigma}(K,\tau)$ in die Black-Scholes Formel eine glatte Optionspreisfunktion berechnet.[58] Aus dieser kann schließlich – dem Ergebnis von Breeden und Litzenberger (1978) folgend – durch die zweimalige Differentiation nach dem Ausübungspreis K die risikoneutrale Dichtefunktion gewonnen werden.

Der Umweg über die vorgelagerte Schätzung des Volatility-Smile hat den Vorteil, dass sich geringfügige Schätzfehler bei der Bestimmung der Volatilitätsfunktion nur unerheblich auf die Optionspreisfunktion auswirken, so dass eine stabilere risikoneutrale Dichtefunktion entsteht.[59] Außerhalb des Bereichs verfügbarer Ausübungspreise ist die implizite Volatilitätsfunktion jedoch nicht interpolierbar. Daher ergänzt Shimko (1993) die risikoneutrale Dichtefunktion in diesen Bereichen durch lognormalverteilte Enden. Diese Vorgehensweise führt in den Übergängen allerdings zu Knickstellen und somit zu Abweichungen von der Arbitragefreiheitsbedingung. Ein neues Verfahren

[58] Dabei wird nicht unterstellt, dass die Black-Scholes Formel die Optionspreise richtig erklärt. Sie wird lediglich als Transferinstrument zwischen den impliziten Volatilitäten und der Optionspreisfunktion genutzt.

[59] Vgl. **Cooper und Talbot** *(1999)*, S. 75.

von Brunner und Hafner (2003), bei dem die Verteilungsenden durch eine Mischung von zwei Lognormalverteilungen unter der Nebenbedingung der Arbitragefreiheit vervollständigt werden, behebt diesen Nachteil. Weitere Modifizierungen des Ansatzes von Shimko (1993) beinhalten die Modellierung der impliziten Volatilitätsfunktion über erweiterte Splinefunktionen.[60] Im Gegensatz dazu verwenden Rosenberg und Engle (1997) zwar ebenfalls Polynome zur Ermittlung der Volatilitätsfunktion, sie logarithmieren jedoch die impliziten Volatilitäten, um negative Werte für die implizite Volatilität zu vermeiden. Bei Jackwerth (1999) steht die Maximierung der Glätte der Volatilitätsfunktion neben der Anpassung an die beobachteten Volatilitätsdaten im Mittelpunkt. Eine ähnliche Vorgehensweise nutzen auch Andersen undWagener (2002), die die Glätte der risikoneutralen Dichtefunktion über deren Differenzierbarkeit sicherstellen. Dazu muss die zugrunde liegende Optionspreisfunktion de facto dreimal differenzierbar sein, da sich die risikoneutrale Dichtefunktion bekanntlich aus der zweimaligen Differentiation der Optionspreisfunktion nach dem Ausübungspreis ergibt. Andersen und Wagener (2002) verwenden daher eine Splinefunktion mit Polynomen vierter Ordnung, die an den Knotenpunkten dreimal differenzierbar ist. Um das Problem eines Überschießens mit einem zackigen Verlauf der entstehenden Funktion durch den Einsatz höherer Polynome zu vermeiden, wird bei Andersen und Wagener (2002) nur ein Knotenpunkt benutzt, der jedoch eine ausreichende Anpassung an die Daten ermöglicht.[61]

Während sowohl Shimko (1993) als auch alle anderen zuvor genannten Autoren börsengehandelte Optionsdaten verwenden, approximiert Malz (1997a, b) das Volatility Smile erstmals mit außerbörslichen over-the-counter (OTC) Devisenoptionsdaten. OTC-Optionspreise weisen im Vergleich zu börsennotierten Optionen einige Besonderheiten auf. Die Preise außerbörslicher Optionen werden beispielsweise in impliziten Volatilitäten quotiert und erst bei der Transaktion mittels der Garman-Kohlhagen Formel in Geldeinheiten transformiert (vgl. Abbildung 3.5).

Diese Vorgehensweise ist für die Händler vorteilhaft, da eine Änderung des zugrunde

---

[60] Vgl. exemplarisch **Aparicio und Hodges** *(1998)*.

[61] Vgl. **Andersen und Wagener** *(2002)*, S. 17.

liegenden Wechselkurses nicht zwangsläufig auch eine Korrektur der Volatilitätseinschätzung der Händler impliziert. Preisanpassungen müssen damit seltener vorgenommen werden. Auch die den Optionsgeschäften zugrunde liegenden Ausübungspreise werden nicht in Geldeinheiten, sondern durch das sogenannte Optionsdelta ausgedrückt.[62] Die Kennzahl Delta erhält man durch die partielle Ableitung der Optionspreisfunktion nach dem Basiswert S_t:[63]

Abbildung 3.5: Transformation der impliziten Volatilität in den zugehörigen Optionspreis[64]

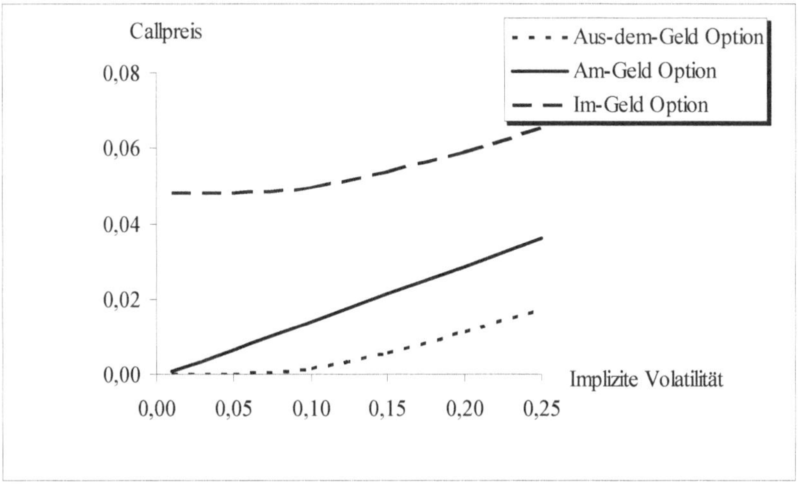

Quelle: Eigene Darstellung.

[62] Diese Händlerkonventionen vereinfachen die Transaktionen, da sie den direkten Vergleich verschiedener Optionen ermöglichen ohne die sich ständig ändernden Kassakurse des Basiswerts berücksichtigen zu müssen. Vgl. **Deutsche Bundesbank** *(2001)*, S. 47.

[63] Man beachte, dass diese Berechnung des Optionsdeltas auf der Grundlage der **Garman und Kohlhagen** *(1983)* Bewertungsformel erfolgt. Wie bereits in Kapitel 2 erläutert, ist diese um den Fremdwährungszins angepasste **Black und Scholes** *(1973)*-Formel bei der Bewertung von Währungsoptionen heranzuziehen.

[64] Die Berechnung der Optionspreise erfolgte mit den Parametern $S_t = 1{,}30$, $r = 3{,}5\%$, $r^* = 5{,}25\%$, $\tau = 1$ Monat sowie $K = 1{,}35$ (aus-dem-Geld Option), $K = 1{,}30$ (am-Geld Option) und $K = 1{,}25$ (im-Geld Option).

$$(3.6) \qquad \delta_C \equiv \frac{\partial C}{\partial S_t} = e^{-r^*\tau} N\left[\frac{\ln\left(\frac{S_t}{K}\right) + \left(r - r^* + \frac{\sigma^2}{2}\right)\tau}{\sigma\sqrt{\tau}}\right] = e^{-r^*\tau} N(d_1).$$

Das Delta gibt an, wie stark die Option auf eine infinitesimale Änderung des Preises des Basiswerts reagiert und liegt bei einer Calloption wegen $0 < N(d_1) < 1$ immer zwischen 0 und $e^{-r^*\tau}$.[65] Über das Garmann-Kohlhagen Modell ergibt sich der in Abbildung 3.6 zu sehende Zusammenhang zwischen dem Ausübungspreis und dem Optionsdelta.

Abbildung 3.6: Zusammenhang zwischen Optionsdelta und Ausübungspreis[66]

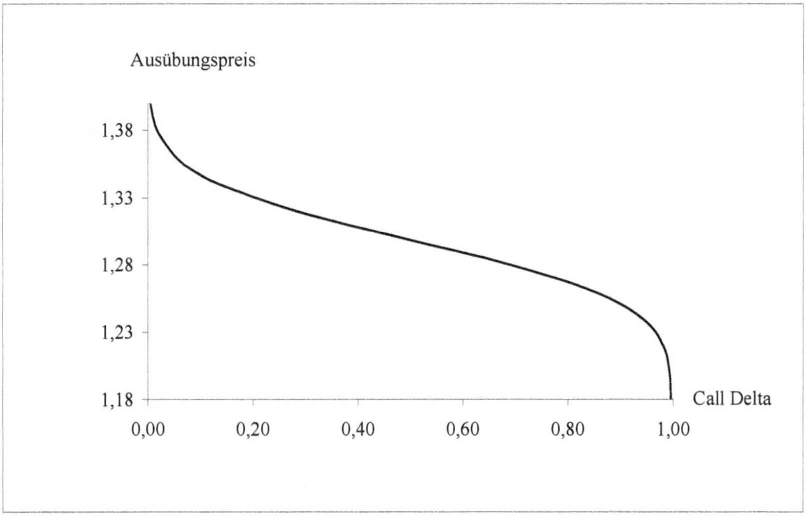

Quelle: Eigene Darstellung.

---

[65] Das Optionsdelta gehört somit zu den so genannten Sensitivitätskennzahlen einer Option, die die Reagibilität der theoretischen Optionswerte auf die Änderung einzelner Modellparameter angeben.

[66] Die Berechnung erfolgte mit S_t = 1,30, r = 3,5%, r^* = 5,25%, τ = 1 Monat und σ = 10%.

Die Angabe des Ausübungspreises in Delta-Einheiten ermöglicht eine Normierung des Abstands zwischen dem Ausübungspreis und dem aktuellen Terminkurs: Optionen mit identischen Delta-Quotierungen weisen den gleichen prozentualen Abstand zwischen dem aktuellen Terminkurs und dem Ausübungspreis auf.[67] Regelmäßig wählen die Kontraktpartner die Ausübungspreise derart, dass die aus-dem-Geld notierenden Calloptionen ein Delta von 0,25 haben, während die aus-dem-Geld liegenden Putoptionen ein Delta von $-0{,}25$ aufweisen.[68] Die im-Geld liegenden Calloptionen besitzen hingegen ein Delta von 0,75 und die im-Geld liegenden Putoptionen ein Delta von $-0{,}75$.[69] Am-Geld Call- und Putoptionen werden mit einem Delta in Höhe von 0,5 bzw. $-0{,}5$ gehandelt.[70]

Auch die Laufzeiten von OTC-Optionen weichen von denen börslicher Kontrakte ab. So weisen außerbörsliche Optionsgeschäfte konstante Restlaufzeiten bis zur Fälligkeit auf, wobei jederzeit neue Optionsverträge abgeschlossen werden können. Ein Verkauf einer Option mit bereits angefangener Restlaufzeit ist somit nicht möglich. Vielmehr kann die Option nur durch gegenläufige Geschäfte neutralisiert werden.[71]

Malz (1997a, b) verwendet die diesen Konventionen unterliegenden Daten von drei verschiedenen gehandelten Kombinationsstrategien, den so genannten *Straddles*, *Risk Reversals* und *Strangles*. In Abbildung 3.7 werden die Auszahlungsprofile aus Käufersicht und die Zusammensetzungen der einzelnen Instrumente dargestellt.

---

[67] Vgl. **Deutsche Bundesbank** *(2001)*, S. 48.

[68] Die Delta-Werte einer Putoption ergeben sich aufgrund der Put-Call-Parität, indem vom Calloptionsdelta Eins subtrahiert wird. So entspricht einer Calloption mit einem Delta von 0,75 ein Putoptionsdelta in Höhe von -0,25. (0,75 -1 = -0,25). Man beachte außerdem, dass Optionshändler die Delta-Einheiten nicht als Dezimal- sondern als Prozentzahl ausdrücken, wobei bei Putoptionen außerdem das Minuszeichen weggelassen wird. So meint die Bezeichnung 25-Delta-Put eine Putoption mit einem Delta von -0,25. Vgl. **Malz** *(1997a)*, S. 20-21.

[69] Zunehmend werden auch Optionen mit einem Delta von 0,1 bzw. 0,9 gehandelt.

[70] Diese Deltaangaben sind nur Näherungswerte. Exakterweise müsste noch der Diskontierungsfaktor berücksichtigt werden. Damit entspricht beispielsweise das Delta einer am-Geld Calloption genau $\sigma^{am-Geld} = 0{,}5e^{-r^{*}\tau}$. Diese Ungenauigkeit wird in der Literatur üblicherweise nicht weiter beachtet, da der Approximationsfehler nur im Fall sehr hoher Zinssätze und sehr langer Restlaufzeiten relevant ist.

[71] In der Sprache der Händler spricht man auch vom „Glattstellen" einer Option.

Abbildung 3.7: Auszahlungsprofile und Zusammensetzungen des Straddle, Risk Reversal und Strangle

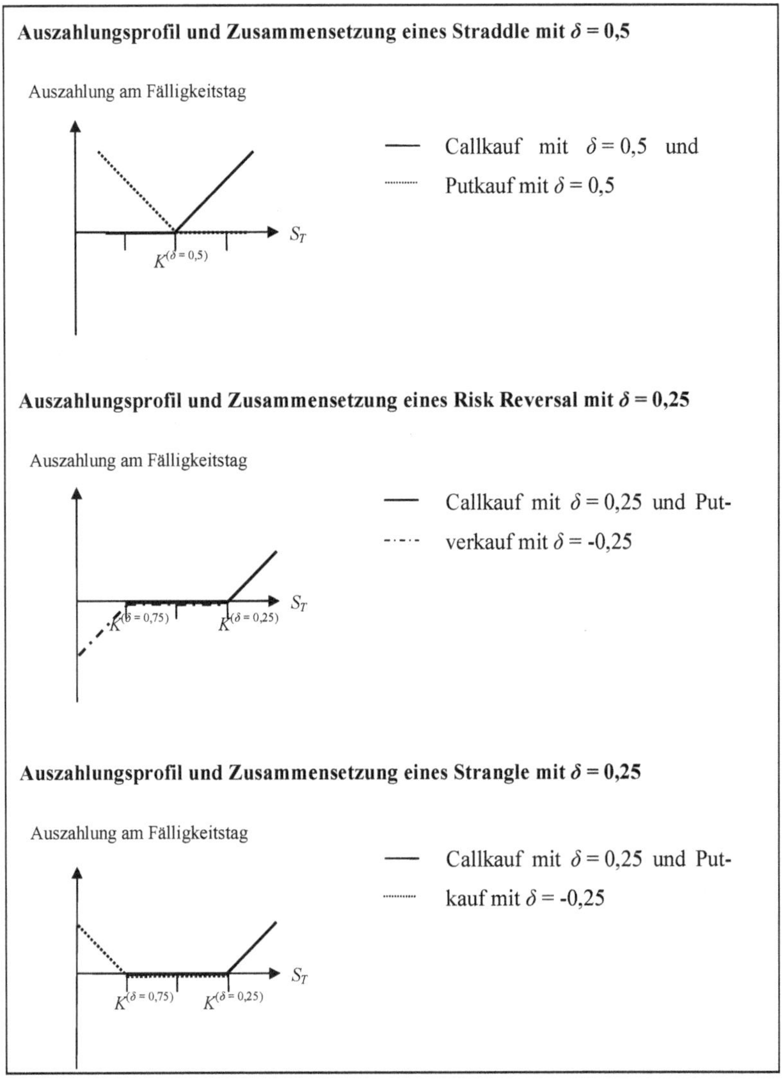

Quelle: Eigene Darstellung.

Ein *Straddle* ($\sigma^{am-Geld}$) ist eine Kombinationsstrategie, die den gleichzeitigen Kauf einer am-Geld Calloption und einer am-Geld Putoption mit einem identischen Ausübungspreis beinhaltet. Wie in Abbildung 3.7 zu sehen ist, weist der Straddle eine Auszahlungsfunktion auf, die umso profitabler wird, je weiter der Kassakurs vom Ausübungspreis am Fälligkeitstag entfernt ist. Damit ist diese Optionsstrategie in Zeiten hoher Volatilität gewinnbringend. Der Preis des Straddle spiegelt insofern die Erwartungen der Marktteilnehmer über die künftige Volatilitätsentwicklung des Wechselkurses wider. Ein Volatilitätsanstieg schlägt sich dabei in einem höheren Preis für den Straddle nieder.

Ein *Risk Reversal* (*RR*) entspricht dem Kauf einer aus-dem-Geld Calloption mit einem Delta von 0,25 und dem gleichzeitigen Verkauf einer aus-dem-Geld Putoption mit einem Delta von $-0{,}25$. Beide Komponenten des Risk Reversal sind dadurch gleich weit vom Terminkurs entfernt. Der Wert des Risk Reversal resultiert damit aus:

$$RR = \sigma^{(0,25)} - \sigma^{(0,75)}, \tag{3.7}$$

wobei $\sigma^{(0,25)}$ den Preis der Calloption mit einem Delta von 0,25 angibt und $\sigma^{(0,75)}$ den Preis der Putoption mit einem Delta von $-0{,}25$ darstellt. Der Risk Reversal weist einen positiven Preis auf, wenn der Wert der Calloption den Wert der Putoption übersteigt. Ist hingegen die Putoption im Vergleich zur Calloption teurer, wird der Preis des Risk Reversal negativ. In diesem Fall halten die Marktteilnehmer einen Kurs des Basiswerts am Fälligkeitstag unterhalb des Ausübungspreises für wahrscheinlicher als einen Kurs oberhalb des Ausübungspreises. Konkret bedeutet dies, dass die Marktteilnehmer bei einem negativen Preis des Risk Reversal auf den mengennotierten US-Dollar und Euro –Wechselkurs stärker mit einer Abwertung des Euro als mit einer gleichgroßen Aufwertung des Euro rechnen. Der Risk Reversal spiegelt somit die Schiefe der Verteilung wider und ist ein Indikator für die Asymmetrien in den Erwartungen. Eine stärkere Aufwertungserwartung des Euro impliziert dabei einen positiven Schiefewert und eine rechtsschiefe Verteilung. Überwiegen die Abwertungserwartungen für den Euro ist eine negative Schiefe mit linksschiefer Verteilung die Folge. Der Erwerb eines *Strangle* (*Str*) beinhaltet den gleichzeitigen Kauf einer 0,25-Delta-Calloption und einer 0,25-Delta-Putoption. Sein Preis wird angegeben als die Abweichung des arithmetischen Mittels der zwei gekauften Optionen von der am-Geld Option:

(3.8) $$Str = 0{,}5\left(\sigma^{(0,25)} + \sigma^{(0,75)}\right) - \sigma^{am-Geld}.$$

Ein Strangle weist eine positive Auszahlung auf, wenn der Basiswert besonders stark auf- oder abwertet. Die Kosten dieses Instruments reflektieren somit das von den Marktteilnehmern erwartete Risiko extremer Kursausschläge. Die Bewertung des Strangle beeinflusst infolgedessen die Kurtosis der Verteilung und gibt die Abweichungen in den Verteilungsenden der risikoneutralen Verteilung von der Black-Scholes induzierten Lognormalverteilung an. Dabei führt ein höherer Stranglepreis zu einer leptokurtischen Verteilung, deren Verteilungsenden höhere Wahrscheinlichkeiten aufweisen als die vergleichbare theoretische Lognormalverteilung.

Durch Umstellung der Marktpreise für den Straddle, Risk Reversal und Strangle können die impliziten Volatilitäten der den Instrumenten zu Grunde liegenden Optionen induziert werden:

(3.9) $$\sigma^{(0,50)} = \sigma^{am-Geld}$$

$$\sigma^{(0,25)} = \sigma^{am-Geld} + Str + 0{,}5\,RR$$

$$\sigma^{(0,75)} = \sigma^{am-Geld} + Str - 0{,}5\,RR.$$

Malz (1997a, b) interpoliert nun eine Volatilitätsfunktion $\sigma(\delta)$, indem er ein quadratisches Polynom 2. Ordnung derart anpasst, dass alle beobachteten Volatilitätspreise auf dieser Kurve liegen (vgl. hierzu Abbildung 3.8 a)):

(3.10) $$\sigma(\delta) = b_0\sigma^{am-Geld} + b_1\,RR\,(\delta - 0{,}5) + b_2\,Str(\delta - 0{,}5)^2$$

Durch Lösen dieser Gleichung erhält man für die Parameter $b_0 = 1$, $b_1 = -2$ und $b_2 = 16$, da:

(3.11) $$\sigma^{am-Geld} = \sigma^{(0,5)} = b_0\,\sigma^{am-Geld}$$

$$RR = \sigma^{(0,25)} - \sigma^{(0,75)} = -\frac{1}{2}b_1 RR$$

$$Str = 0{,}5(\sigma^{(0,25)} + \sigma^{(0,75)}) - \sigma^{am\ Geld} = \frac{1}{16}b_2 Str.$$

Abbildung 3.8: Schätzung der risikoneutralen Dichtefunktion bei Malz (1997a, b)

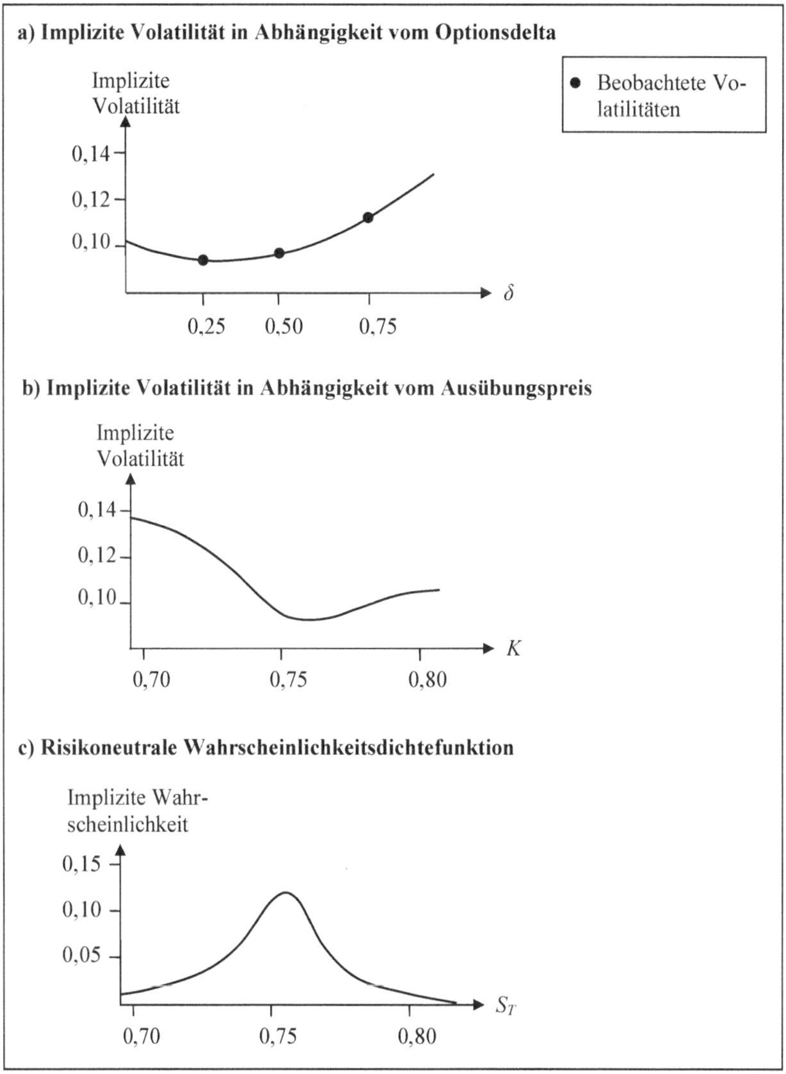

Quelle: In Anlehnung an Malz (1997a), S. 24.

Somit ergibt sich das Volatility Smile in Abhängigkeit vom Optionsdelta durch:

$$\hat{\sigma}(\delta) = \sigma^{am-Geld} - 2RR(\delta - 0{,}5) + 16Str(\delta - 0{,}5)^2 . \tag{3.12}$$

Da jedoch die Abhängigkeit der impliziten Volatilität vom Ausübungspreis K benötigt wird, muss die interpolierte deltaabhängige Volatilitätsfunktion in eine ausübungspreisabhängige Volatilitätsfunktion σ (K) transformiert werden (vgl. Abbildung 3.8 b)). Hierbei ist zu beachten, dass das Delta selbst von der impliziten Volatilität abhängt:

$$\delta_C \equiv \frac{\partial C}{\partial S_t} = e^{-r^*\tau} N\left[\frac{\ln\left(\frac{S_t}{K}\right) + \left(r - r^* + \frac{\sigma^2}{2}\right)\tau}{\sigma\sqrt{\tau}}\right] = e^{-r^*\tau} N(d_1) . \tag{3.13}$$

Dies erfordert die simultane Schätzung von δ und σ bei gegebenen Ausübungspreisen K. Durch Einsetzen von δ für σ in Gleichung (3.13) wird dieser Problematik Rechnung getragen:

$$\sigma(K) = \sigma^{am-Geld} - 2RR\left[e^{-r^*\tau} N\left[\frac{\ln\left(\frac{S_t}{K}\right) + \left(r - r^* + \frac{\sigma^2}{2}\right)\tau}{\sigma\sqrt{\tau}}\right] - 0{,}5\right] + 16Str\left[e^{-r^*\tau} N\left[\frac{\ln\left(\frac{S_t}{K}\right) + \left(r - r^* + \frac{\sigma^2}{2}\right)\tau}{\sigma\sqrt{\tau}}\right] - 0{,}5\right]^2 . \tag{3.14}$$

Zur Lösung der Gleichung existiert kein geschlossener mathematischer Ausdruck, so dass die Lösung über Optimierungsroutinen ermittelt werden muss.[72]

[72] Hier bietet sich beispielsweise die Solverfunktion in Excel oder die OPTIMUM-Routine in Gauss an.

Die berechneten Volatilitätswerte werden anschließend in die Garman-Kohlhagen Optionsbewertungsformel eingesetzt:

$$C = e^{-r^{*}\tau} S_t N\left[\frac{\ln\left(\frac{S_t}{K}\right) + \left(r - r^{*} + \frac{\hat{\sigma}(K)^2}{2}\right)\tau}{\hat{\sigma}(K)\sqrt{\tau}}\right] \tag{3.15}$$

$$- e^{-r\tau} K N\left[\frac{\ln\left(\frac{S_t}{K}\right) + \left(r - r^{*} + \frac{\hat{\sigma}(K)}{2}\right)\tau}{\hat{\sigma}(K)\sqrt{\tau}}\right].$$

Die risikoneutrale Dichtefunktion kann nun durch zweifache numerische Differentiation nach dem Ausübungspreis berechnet werden.

Der Vorteil dieser Methodik von Malz (1997a, b) liegt darin, dass der Wertebereich für das (Call-)Delta auf Werte zwischen 0 und $e^{-r^{*}\tau}$ beschränkt ist. Damit kann über diesen gesamten Deltadefinitionsbereich die risikoneutrale Dichtefunktion berechnet werden, so dass auf die separate Modellierung der Verteilungsenden verzichtet werden kann. Hierdurch wird außerdem gewährleistet, dass die berechnete Dichtefunktion zu Eins integrierbar ist und die Martingaleigenschaft eingehalten wird. Aufgrund dieser Vorteile und der besonderen Eignung bei Devisenoptionsdaten erfolgt die Berechnung der risikoneutralen Dichtefunktion beim US-Dollar/Euro – Wechselkurs im empirischen Teil der Arbeit anhand dieser vorgestellten Methodik von Malz (1997a, b).

Vollständigkeitshalber erfolgt abschließend eine detaillierte Beschreibung der alternativen Schätzverfahren, die in Abschnitt 3.2 überblicksartig vorgestellt wurden. Für das weitere Verständnis der Arbeit werden diese Ausführungen jedoch nicht vorausgesetzt.

3.4 Detaillierte Betrachtung von Schätzverfahren zur Bestimmung der risikoneutralen Wahrscheinlichkeitsdichtefunktion

3.4.1 Parametrische Verfahren

3.4.1.1 Reihenentwicklungen

Reihenentwicklungsmethoden versuchen die risikoneutrale Dichtefunktion über eine mit Polynomen korrigierte Referenzdichtefunktion anzunähern und basieren daher auf dem Konzept der Taylorreihenentwicklung.[73] Als Referenzdichtefunktion fungiert dabei häufig die Normal- oder Lognormalverteilung. Diese Referenzdichtefunktion θ_0 (S_T) wird dann sukzessive um verschiedene Korrekturterme erweitert, welche von den höheren Momenten der risikoneutralen Dichtefunktion abhängig sind:

$$q(S_T) = \theta_0(S_T) + \sum_{i=0}^{\infty} u_i \, \theta_i(S_T). \tag{3.16}$$

Eine Begrenzung der Reihenentwicklung auf eine endliche Anzahl der Summanden ermöglicht schließlich die approximative Ermittlung der gesuchten risikoneutralen Dichtefunktion. Die freien Parameter in der Formel für die risikoneutrale Dichtefunktion werden dabei mit Hilfe beobachteter Optionspreise geschätzt. Durch Substitution der geschätzten Parameter in der Reihenentwicklungsfunktion wird sodann die risikoneutrale Dichtefunktion bestimmt.[74]

Der Ansatz der Reihenentwicklung hat somit den Vorteil, eine flexiblere Dichtefunktion auf Basis einer einfachen Ausgangsverteilung zu generieren. Ein Problem dieser

---

[73] Im Gegensatz zu der konventionellen Taylorreihenentwicklung, bei der eine Funktion an einem Punkt durch ein einfacheres Polynom approximiert wird, erfolgt hier die Approximation durch eine Reihenentwicklung um eine bekannte Dichtefunktion. Zudem erlaubt die hier verwendete Reihenentwicklung durch das Hinzufügen von Parametern die Generierung einer komplexeren Funktion, während die konventionelle Taylorreihenentwicklung die Vereinfachung der Ausgangsfunktion zum Ziel hat.

[74] Vgl. **Cont** *(1999)*, S. 12.

Schätzmethode besteht jedoch darin, dass durch die Reduktion der Reihenentwicklung auf eine endliche Anzahl der Summanden Anpassungsfehler auftreten, die zu negativen Werten bei der approximierten Dichtefunktion führen können. Dieser Nachteil tritt insbesondere bei der Schätzung der Enden der Wahrscheinlichkeitsdichtefunktion auf, da in diesem Bereich die wahre Dichtefunktion gegen Null konvergiert und kleine Abweichungen der geschätzten Dichtefunktion einen Vorzeichenwechsel auslösen können.[75] Die Werte der geschätzten Dichtefunktion müssen daher kritisch auf Erfüllung der Positivitätsbedingung und der Integrationseigenschaft überprüft werden und gegebenenfalls in der weiteren Analyse ausgeschlossen werden.

Zur Approximation der risikoneutralen Dichtefunktion werden in der Literatur häufig Reihenentwicklungen durch Hermite-Polynome oder durch Edgeworth-Entwicklungen vorgeschlagen.[76]

Reihenentwicklung durch Hermite-Polynome

Die theoretische Basis für diese Art der Reihenentwicklung bildet ein auf Madan und Milne (1994) zurückzuführendes Modell, welches in Abken, Madan und Ramamurite (1996) angewendet wird. Die Autoren gehen zunächst davon aus, dass der Basiswert einer geometrischen Brownschen Bewegung folgt:

(3.17) $$S_T = S_t e^{\mu - \frac{1}{2}\sigma^2\tau + \sigma\sqrt{\tau}z},$$

wobei $z \sim N(0,1)$ eine standardisierte Zufallsvariable ist.

[75] Vgl. **Cont** *(1999)*, S. 12; **Aparicio und Hodges** *(1998)*, S. 11.

[76] Andere weniger in der Literatur verbreitete Reihenentwicklungen werden von **Brenner und Eom** *(1997)* und **Potters, Cont und Bouchaud** *(1998)* verwendet. **Brenner und Eom** *(1997)* nutzen für die Reihenentwicklung Laguerre-Polynome und korrigieren damit die Gammaverteilung als Referenzdichtefunktion. **Potters, Cont und Bouchaud** *(1998)* wenden hingegen eine Kumulantenentwicklung an, bei der die Normalverteilung als Referenzdichte fungiert. Diese wird lediglich über die Kurtosis der risikoneutralen Verteilung korrigiert. Anschließend wird der korrigierte Optionspreis invertiert, um für das Volatility-Smile einen analytischen Ausdruck hinsichtlich der Kumulanten zu bekommen. Diese werden durch Anpassung des theoretischen und des empirischen Volatility-Smile ermittelt. Diese Vorgehensweise wird von **Jackwerth** *(1999)* als ungewöhnlich aufgefasst, da übli-

Die Grundidee bildet die Annahme, dass sich die risikoneutrale Dichtefunktion $q(z)$ aus dem Produkt einer standardnormalverteilten[77] Referenzdichtefunktion $n(z)=\frac{1}{\sqrt{2\pi}}e^{\frac{-z^2}{2}}$ und einem Korrekturterm ergibt:

$$q(z) = \lambda(z)\, n(z). \tag{3.18}$$

Das Ziel der Untersuchung ist auf die Bestimmung des Korrekturpolynoms $\lambda(z)$ gerichtet, so dass die Abweichung der risikoneutralen Verteilung von der Referenzverteilung adäquat erfasst wird.[78] Dazu nehmen Madan und Milne (1994) an, dass alle möglichen Optionsauszahlungsfunktionen $g(z)$ Elemente eines separablen Hilbertraums[79] sind. Zu diesem Hilbertraum existiert eine Orthonormalbasis[80], welche aufgrund der normalverteilten Referenzdichtefunktion durch standardisierte Hermite-Polynome $\{h_k\}_{k=1}^{\infty}$ gebildet wird.

Hermite-Polynome werden über die Ableitungen der Dichtefunktion der Standardnormalverteilung definiert:

$$H_k(z)=(-1)^k\frac{\partial^k n(z)}{\partial z^k}\frac{1}{n(z)},\quad h_k(z)=\frac{H_k(z)}{\sqrt{k!}}, \tag{3.19}$$

wobei $h_0 := 1$ gilt.[81] Die Hermite-Polynome bis zur vierten Ordnung sind infolgedes-

---

cherweise auch eine Anpassung der Schiefe vorgenommen wird. Vgl. **Jackwerth** *(1999)*, S. 69.

[77] Die Annahme der Standardnormalverteilung ist insbesondere dann geeignet, wenn die Zufallsvariable normalverteilt ist. Dies ist bei vielen Finanzmarktdaten der Fall.

[78] Diese Korrekturpolynome können folglich als eine Wahrscheinlichkeitsmaßänderung interpretiert werden. Vgl. **Abken, Madan und Ramamurtie** *(1996)*, S. 6.

[79] Ein Hilbertraum ist ein vollständiger Vektorraum mit Skalarprodukt. Dieser ist separabel, wenn er eine höchstens abzählbare Menge umfasst. Vgl. **Lösch** *(1975)*, S. 446 und S. 460. Dies ist hier der Fall, da **Madan und Milne** *(1994)* annehmen, dass eine endliche Menge Elementaranlagen existiert.

[80] Eine Basis ist eine Teilmenge eines Vektorraums und ermöglicht die Darstellung eines jeden Elements des Vektorraums als Linearkombination dieser Basis. Zudem spricht man von einer Orthonormalbasis, wenn alle Basisvektoren so normiert sind, dass das Skalarprodukt eines Vektors mit sich selbst Eins ergibt. Vgl. **Lösch** *(1975)*, S. 434 und S. 473 f.

[81] Alternativ kann die Ermittlung der Hermite-Polynome auch über die Potenzreihenentwicklung der

sen[82]:

(3.20) $$H_1(z) = (-1)^1 \frac{\partial n(z)}{\partial z} \frac{1}{n(z)} = (-1)\cdot(-z) = z,$$

$$h_1(z) = \frac{z}{\sqrt{1}} = z$$

$$H_2(z) = (-1)^2 \frac{\partial^2 n(z)}{\partial z^2} \frac{1}{n(z)} = (-1)^2 \cdot (z^2 - 1) = z^2 - 1,$$

$$h_2(z) = \frac{z^2 - 1}{\sqrt{2}},$$

$$H_3(z) = (-1)^3 \frac{\partial^3 n(z)}{\partial z^3} \frac{1}{n(z)} = (-1)^3 \cdot (3z - z^3) = z^3 - 3z,$$

$$h_3(z) = \frac{z^3 - 3z}{\sqrt{6}},$$

$$H_4(z) = (-1)^4 \frac{\partial^4 n(z)}{\partial z^4} \frac{1}{n(z)} = (-1)^4 \cdot (z^4 - 6z^2 + 3) = z^4 - 6z^2 + 3$$

$$h_4(z) = \frac{z^4 - 6z^2 + 3}{\sqrt{24}}.$$

Aufgrund der Orthonormaleigenschaft der Hermite-Polynome lässt sich sowohl die Auszahlungsfunktion einer Option $g(z)$ als auch der Korrekturfaktor $\lambda(z)$ als Linear-

---

erzeugenden Funktion der Hermite-Polynome:

$$\exp\left(zu - \frac{1}{2}u^2\right) = \sum_{k=0}^{\infty} \frac{u^k}{k!} \frac{\partial^k \exp\left(zu - \frac{1}{2}z^2\right)}{\partial u^k}$$

erfolgen. Die Hermite-Polynome ergeben sich dann aus:

$$H_k(z) = \left. \frac{\partial^k \exp\left(zu - \frac{1}{2}z^2\right)}{\partial u^k} \right|_{u=0}.$$

Vgl. hierzu die Herleitung bei **Wilkens** *(2003)*, S. 146.

[82] Vgl. **Kendall und Stuart** *(1977)*, S. 167.

kombinationen dieser Basis darstellen. Die Auszahlungsfunktion ergibt sich demnach aus:

(3.21) $$g(z)=\sum_{k=0}^{\infty} a_k\, h_k(z),\ \text{wobei}\ a_k =< g,h_k >= \int_{-\infty}^{+\infty} g(z)\, h_k(z) n(z) dz\,.$$

Der Koeffizient für a_k gibt die Kovarianz zwischen dem k-ten Basiselement $h_k(z)$ und der Auszahlung der Option an. Er kann als die Menge von $h_k(z)$ interpretiert werden, die in einem Portfolio gehalten werden muss, um die Auszahlung $g(z)$ zu replizieren.[83] Die Werte für a_k sind von den Einflussfaktoren S_t, K, μ, σ, und τ, die die Auszahlungsfunktion der Option bestimmen, abhängig. Sie können bei einer gegebenen Auszahlungsfunktion über:

(3.22) $$a_k(S_t,K,\mu,\sigma,\tau)=\left.\frac{\partial^k \psi(u,S_t,K,\mu,\sigma,\tau)}{\partial u^k}\right|_{u=0} \frac{1}{\sqrt{k!}}$$

analytisch ermittelt werden. Dabei ist ψ als die erzeugende Callpreisfunktion definiert:

(3.23) $$\psi(u,S_t,K,\mu,\sigma,\tau)=S_t e^{\mu\tau+\sigma\sqrt{\tau}u} N(d_1(u))-K\, N(d_2(u))$$

mit

(3.24) $$d_1(u)=\frac{\ln\frac{S_t}{K}+\left(\mu+\frac{\sigma^2}{2}\right)\tau}{\sigma\sqrt{\tau}}+u \quad \text{und} \quad d_2(u)=d_1(u)-\sigma\sqrt{\tau}\,,$$

wobei u eine Dummyvariable in der erzeugenden Funktion der Hermite – Polynome ist.[84] Wird auch der Korrekturterm $\lambda(z)$ unter Beachtung der Orthonormaleigenschaft der Hermite-Polynome als Linearkombination:

(3.25) $$\lambda(z)=\sum_{k=0}^{\infty} b_k h_k(z)$$

geschrieben, ergibt sich der Preis jeder Calloption aus:

[83] Vgl. **Abken, Madan und Ramamurtie** *(1996)*.

[84] Vgl. hierzu die alternative Berechnung der Hermite-Polynome über die erzeugende Funktion, die in Fußnote 50 gezeigt wurde.

(3.26) $$C[g(z)] = e^{-r\tau} \int_{-\infty}^{+\infty} g(z) q(z) dz = \sum_{k=0}^{+\infty} a_k \, \pi_k \qquad \text{mit} \quad \pi_k \doteq e^{-r\tau} b_k ,$$

wobei der Koeffizient π_k den impliziten Marktpreis für das Hermite-Polynom $h_k(z)$ angibt.[85] Die Werte für π_k können unter Kenntnis der Koeffizienten a_k der Hermite–Polynome mit Hilfe der beobachteten Optionspreise direkt geschätzt werden. Dazu wird die unendliche Reihe für die Calloption in Gleichung (3.26) in der Praxis auf vier Summanden beschränkt. Anschließend kann die risikoneutrale Dichte $q(z)$, die sich unter Beachtung von (3.25) aus

(3.27) $$q(z) = \sum_{k=0}^{\infty} b_k \; h_k(z) \; n(z) \; \text{ mit } b_k = e^{r\tau} \, \pi_k$$

ergibt, bestimmt werden. Dazu wird diese Reihe ebenfalls auf vier Summanden beschränkt:

(3.28) $$q(z) = \sum_{k=0}^{4} b_k \, h_k(z) n(z)$$

$$= \frac{1}{\sqrt{2\pi}} e^{-z^2/2} \sum_{k=0}^{4} e^{r\tau} \pi_k \, h_k(z) .$$

Unter Verwendung der Definition für die Hermite-Polynome erhält man somit den folgenden Ausdruck für die risikoneutrale Dichtefunktion:

(3.29) $$q(z) = \frac{1}{\sqrt{2\pi}} e^{-z^2/2} \left[b_0 - \frac{b_2}{\sqrt{2}} + \frac{3b_4}{\sqrt{24}} + \left(b_1 - \frac{3b_3}{\sqrt{6}} \right) z \right.$$

$$\left. + \left(\frac{b_2}{\sqrt{2}} - \frac{6b_4}{\sqrt{24}} \right) z^2 + \frac{b_3}{\sqrt{6}} z^3 + \frac{b_4}{\sqrt{24}} z^4 \right].$$ [86]

Die Schätzung von π_k für $k = 1,\ldots,4$ kann entweder direkt oder nach Abken, Madan, Ramamurtie (1996) unter Restriktionen für b_k mit $b_0 = 1$, $b_1 = 0$ und $b_2 = 0$ durch die verallgemeinerte Momentenmethode oder durch die Kleinst-Quadrate Methode erfol-

---

[85] Vgl. **Cont** *(1999)*, S. 16.

[86] Vgl. **Madan und Milne** *(1994)*, S. 11.

gen.[87] Im letzteren Fall müssen nur b_3 und b_4 geschätzt werden, wodurch sich Gleichung (3.29) folgendermaßen vereinfacht:

$$(3.30) \qquad q(z)=\frac{1}{\sqrt{2\pi}}e^{-z^2/2}\left[1+\frac{b_3}{\sqrt{6}}(z^3-3z)+\frac{b_4}{\sqrt{24}}\left(z^4-6z^2+3\right)\right].$$

Diese Vorgehensweise dient der Sicherstellung der Integrationseigenschaft der Dichtefunktion zu Eins und gewährleistet, dass die ersten beiden Momente der risikoneutralen Verteilung mit den ersten beiden Momenten der Referenzverteilung übereinstimmen.[88]

Einen Spezialfall der beschriebenen Reihenentwicklung mit Hermite-Polynomen stellt die **Gram-Charlier-Reihenentwicklung** dar. Bei dieser Art der Reihenentwicklung werden die Koeffizienten b_k in Gleichung (3.29) durch die zentralen Momente μ_k der Verteilungsfunktion der Zufallsvariablen z determiniert:

$$(3.31) \qquad b_k=\frac{1}{k!}\int_{-\infty}^{\infty}H_k\, g(z)dz=\frac{1}{k!}\left(\mu'_k-\frac{k^{[2]}}{2\cdot 1!}\mu'_{k-2}+\frac{k^{[4]}}{2^2\cdot 2!}\mu'_{k-4}-\frac{k^{[6]}}{2^3\cdot 3!}\mu'_{k-6}+\ldots\right)$$

mit μ'_k als k-tem nichtzentralem Moment und $k^{[m]} := k(k-1)(k-2)(k-3)\ldots(k-(m-1))$.[89]

Die Koeffizienten bis zur vierten Ordnung sind somit:

$$(3.32) \qquad b_0=\frac{1}{0!}\mu_0=1,$$

$$b_1=\frac{1}{1!}\mu_1=0,$$

[87] Vgl. **Mandler** *(2003)*, S. 76.

[88] **Abken, Madan und Ramamurtie** *(1996)* zeigen, dass b_1 den Shift des Erwartungswerts der Rendite und b_1 und b_2 gemeinsam den Shift der Varianz der Rendite der risikoneutralen Verteilung im Vergleich zur Referenzdichte verursachen. Da aber der Erwartungswert μ und die Varianz σ der Referenzverteilung aus arbitragefreien Optionspreisen geschätzt werden, deren Bewertung bereits risikoneutral erfolgt, müssen infolgedessen die ersten beiden Momente der risikoneutralen Verteilung und der Referenzverteilung identisch sein. Somit muss der Shift in den ersten beiden Momenten der risikoneutralen Verteilung Null sein. Vgl. **Abken, Madan und Ramamurtie** *(1996)*, S. 28.

[89] Vgl. **Kendall und Stuart** *(1977)*, S. 168 ff.

$$b_2 = \frac{1}{2!}\left(\mu_2 - \frac{2^{[2]}}{2\cdot 1!}\right)\mu_0 = \frac{1}{2}\left(\mu_2 - \frac{2\cdot 1}{2\cdot 1!}\right) = \frac{1}{2}(\mu_2 - 1),$$

$$b_3 = \frac{1}{3!}\left(\mu_3 - \frac{3^{[2]}}{2\cdot 1!}\right)\mu_1 = \frac{1}{6}\mu_3,$$

$$b_4 = \frac{1}{4!}\left(\mu_4 - \frac{4^{[2]}}{2\cdot 1!}\mu_2 + \frac{4^{[4]}}{2^2\cdot 2!}\mu_0\right) = \frac{1}{24}\left(\mu_4 - \frac{4\cdot 3}{2}\mu_2 + \frac{4\cdot 3\cdot 2\cdot 1}{4\cdot 2}\right)$$

$$= \frac{1}{24}(\mu_4 - 6\mu_2 + 3).$$

Aufgrund dieser Vorgehensweise wird die Gram-Charlier-Reihenentwicklung auch als Quasi-Momente Reihenentwicklung bezeichnet.

Die risikoneutrale Dichtefunktion ergibt sich daher unter Berücksichtigung von (3.32) aus:

(3.33) $$q(z) = \frac{1}{\sqrt{2\pi}} e^{-z^2/2}\left[1 + \frac{\mu_2 - 1}{2} H_2 + \frac{\mu_3}{6} H_3 + \frac{\mu_4 - 6\mu_2 + 3}{24} H_4\right].$$ [90]

Durch Standardisierung dieser Dichtefunktion auf einen Erwartungswert $\mu_1 = 0$ und einer Varianz von $\mu_2 = 1$ erhält man eine risikoneutrale Dichtefunktion, die ausschließlich das 3. und 4. Moment der Dichtefunktion als zu schätzende Koeffizienten enthält:

(3.34) $$q(z) = \frac{1}{\sqrt{2\pi}} e^{-z^2/2}\left[1 + \frac{\mu_3}{6} H_3 + \frac{\mu_4 - 3}{24} H_4\right].$$

Diese Dichtefunktion hat somit die Momente $E(z) = 0$, $E(z^2) = 1$, $E(z^3) = \mu_3$, $E(z^4) = \mu_4$ und gewährleistet, dass die risikoneutrale Dichtefunktion ausschließlich im 3. und 4. Moment von der normalverteilten Referenzdichtefunktion abweicht. Hinter diesem Ansatz steht die Erkenntnis, dass eine von der Normalverteilung divergierende Schiefe und Kurtosis signifikant zur Abweichung vom klassischen Black-Scholes Optionsbewertungsmodell in Form des Volatility Smiles beitragen.[91] Corrado und Su (1996b) nutzen daher die Gram-Charlier-Reihenentwicklung in (3.34) zur Bestimmung der ri-

---

[90] Vgl. **Kendall und Stuart** *(1977)*, S. 169.

[91] Vgl. **Corrado und Su** *(1997)*.

sikoneutralen Dichtefunktion, um damit eine Optionsbewertungsformel C_{GC} zu entwickeln, welche die Black-Scholes Optionsbewertungsformel (C_{BS}) durch Korrekturterme für die Schiefe und die Kurtosis modifiziert.

Der theoretische Optionspreis ergibt sich infolgedessen aus:

(3.35) $$C_{GC} = C_{BS} + \mu_3 A_3 + (\mu_4 - 3) A_4$$

mit $$C_{BS} = S_t N(d_1) - K e^{-r\tau} N(d_2),$$

$$A_3 = \frac{1}{6} S_t \sigma \sqrt{\tau} \left((2\sigma\sqrt{\tau} - d_1) N(d_1) + \sigma^2 \tau \, N(d_1) \right),$$ [92]

$$A_4 = \frac{1}{24} S_t \sigma \sqrt{\tau} \left((d_1^2 - 1 - 3\sigma\sqrt{\tau} d_2) N(d_1) + \sigma^3 \tau^{3/2} N(d_1) \right),$$

$$d_1 = \frac{\ln\left(\frac{S_t}{K}\right) + \left(r + \frac{\sigma^2}{2}\right)\tau}{\sigma\sqrt{\tau}},$$

$$d_2 = d_1 - \sigma\sqrt{\tau}.$$

Der in dieser Form hergeleitete Optionspreis setzt sich somit aus dem Black-Scholes Optionspreis und zwei Korrekturtermen, deren Koeffizienten μ_3 und (μ_4-3) der Schiefe und der Kurtosis der risikoneutralen Dichtefunktion entsprechen, zusammen. A_3 und A_4 geben folglich den marginalen Einfluss der abweichenden Schiefe und Kurtosis von der Normalverteilung auf den Optionspreis an.[93]

Durch Minimierung des quadratischen Abstands zwischen den am Markt beobachteten Optionspreisen $C_{Beo,j}$ und den theoretischen Optionspreisen C_{GC}:

(3.36) $$\min_{\sigma,\mu_3,\mu_4} \sum_{j=1}^{n} \left[C_{Beo,j} - \left(C_{BS,j} + \mu_3 A_3 + (\mu_4 - 3) A_4 \right) \right]^2,$$

erhält man Schätzungen für die implizite Volatilität σ und für die impliziten Parameter

[92] Der hier verwendete Ausdruck für *A3* ist um den Vorzeichenfehler von **Corrado und Su** *(1996b)* korrigiert worden. Das dort angegebene Minus-Zeichen ist korrekterweise durch das Plus-Zeichen zu ersetzen. Vgl. hierzu **Brown und Robinson** *(2002)* und **Wilkens** *(2003)*, S. 444-449.

[93] Vgl. **Corrado und Su** *(1996b)*, S. 179.

μ_3 und μ_4. Durch Einsetzen dieser Schätzwerte in (3.34) und unter Substitution von

$$z = \frac{\ln(S_T) - \ln(S_t) - \left(r - \frac{\sigma^2}{2}\right)\tau}{\sigma\sqrt{\tau}} \tag{3.37}$$

wird dann die risikoneutrale Dichtefunktion berechnet.

Edgeworth-Reihenentwicklung

Bei der Edgeworth-Reihe handelt es sich um eine Reihenentwicklung der Differenz von zwei Wahrscheinlichkeitsdichtefunktionen p_1 und p_2, welche hinsichtlich ihrer Kumulanten κ_n ausgedrückt werden:[94]

$$p_1(x) - p_2(x) = \frac{(\kappa_2(p_1) - \kappa_2(p_2))}{2!}\frac{\partial^2 p_2}{\partial x^2} - \frac{(\kappa_3(p_1) - \kappa_3(p_2))}{3!}\frac{\partial^3 p_2}{\partial x^3} + \frac{\left(\kappa_4(p_1) - \kappa_4(p_2) + 3(\kappa_2(p_1) - \kappa_2(p_2))^2\right)}{4!}\frac{\partial^4 p_2}{\partial x^4} + \ldots. \tag{3.38}$$

Kumulanten dienen, ähnlich wie die Momente, der Charakterisierung einer Verteilung. Sie haben jedoch gegenüber den Momenten einige Vorteile.[95] Die kumulantenerzeugende Funktion ξ erhält man durch Logarithmieren der momenterzeugenden Funktion

---

[94] Vgl. **Cont** *(1999)*, S. 13.

[95] Als Vorteile sind zu nennen:

(i) Kumulanten werden ab der zweiten Ordnung translationsinvariant, d.h. die Kumulante ändert sich nicht, wenn eine Konstante c zur Zufallsvariablen X addiert wird: $\kappa_n(X + c) = \kappa_n(X)$ für $n \geq 2$. Kumulanten werden daher häufig als Semiinvarianten bezeichnet.

(ii) Die n-te Kumulante ist homogen vom Grad n, d.h. wenn c eine Konstante ist, gilt: $\kappa_n(c \cdot X) = c^n \cdot \kappa_n(X)$.

(iii) Für unabhängige Zufallsvariablen ist die Kumulante der Summe gleich der Summe der Kumulanten: $\kappa_n(X + Y) = \kappa_n(X) + \kappa_n(Y)$.

Vgl. **Spanos** *(1999)*, S. 112.

$M(t) = E(e^{tX})$:

(3.39) $$\ln E\left(e^{tX}\right) = \xi(t) = \sum_{n=1}^{\infty} \kappa_n (t)^n / n!,$$

wobei die n-te Kumulante durch die n-fache Differentiation nach t und anschließender Auswertung an der Stelle $t = 0$ definiert wird:

(3.40) $$\kappa_n = \frac{\partial^n K(0)}{\partial t^n}.$$

Die ersten vier Kumulanten ergeben sich in Relation zu den zentrierten Momenten:

(3.41) $$\kappa_1 = \mu_1,$$

$$\kappa_2 = \sigma^2,$$

$$\kappa_3 = \mu_3,$$

$$\kappa_4 = \mu_4 - 3\mu_2^2.$$ [96]

Die Edgeworth-Reihenentwicklung wird von Jarrow und Rudd (1982) benutzt, um die risikoneutrale Wahrscheinlichkeitsdichtefunktion um eine lognormalverteilte Wahrscheinlichkeitsdichtefunktion zu approximieren.[97] Durch Substitution der Kumulanten der Wahrscheinlichkeitsdichtefunktion p_1 durch die Kumulanten der risikoneutralen Dichtefunktion q und Substitution der Kumulanten der Wahrscheinlichkeitsdichtefunktion p_2 durch die Kumulanten der lognormalverteilten Referenzdichtefunktion l in Gleichung (3.38) ergibt sich die gesuchte Approximation der risikoneutralen Dichtefunktion. Jarrow und Rudd (1982) verwenden dazu eine Edgeworth-Reihenentwicklung vierter Ordnung, wobei die erste Kumulante der risikoneutralen Dichtefunktion mit der ersten Kumulante der lognormalverteilten Dichtefunktion gleichgesetzt wird $(\kappa_1(q) = \kappa_1(l))$:

---

[96] Vgl. **Mittelhammer** *(1996)*, S. 146.

[97] Durch die Lognormalverteilung wird gewährleistet, dass sich die gesuchte Dichtefunktion der beobachteten Optionspreise aus dem theoretischen Black-Scholes Optionspreismodell, in dem die Kurse des Basiswerts lognormalverteilt sind, und Korrekturtermen ergibt. Vgl. **Jarrow und Rudd** *(1982)*, S. 353.

(3.42) $$q(S_T)=l(S_T)+\frac{(\kappa_2(q)-\kappa_2(l))}{2!}\frac{\partial^2 l(S_T)}{\partial S_T^2}-\frac{(\kappa_3(q)-\kappa_3(l))}{3!}\frac{\partial^3 l(S_T)}{\partial S_T^3}$$
$$+\frac{\left((\kappa_4(q)-\kappa_4(l))+3(\kappa_2(q)-\kappa_2(l))^2\right)}{4!}\frac{\partial^4 l(S_T)}{\partial S_T^4}.$$

Gleichung (3.42) gibt somit die Abweichungen der risikoneutralen Dichtefunktion von der lognormalverteilten Referenzdichtefunktion durch die Differenz zwischen den höheren Kumulanten der risikoneutralen Dichtefunktion und den höheren Kumulanten der lognormalverteilten Referenzdichtefunktion an. Die Ableitungen der lognormalverteilten Dichtefunktion dienen dabei als Gewichtungsfaktoren.

Jarrow und Rudd (1982) nutzen diesen Ansatz zur Approximation eines modifizierten Black-Scholes Optionspreises, der sich aus dem lognormalverteilten Black-Scholes Optionspreis C_{BS} und Korrekturtermen für die Varianz, Schiefe und Kurtosis zusammensetzt:

(3.43) $$C=C_{BS}+e^{-r\tau}\frac{(\kappa_2(q)+\kappa_2(l))}{2!}l(S_T)\bigg|_{S_T=K}-e^{-r\tau}\frac{(\kappa_3(q)-\kappa_3(l))}{3!}\frac{\partial l(S_T)}{\partial S_T}\bigg|_{S_T=K}$$
$$+e^{-r\tau}\frac{(\kappa_4(q)-\kappa_4(l))+3(\kappa_2(q)-\kappa_2(l))^2}{4!}\frac{\partial^2 l(S_T)}{\partial S_T^2}\bigg|_{S_T=K}.$$

Die Kumulanten der Lognormalverteilung in (3.43) ergeben sich durch:

(3.44) $$\kappa_1(l)=S_t e^{-r\tau},$$
$$\kappa_2(l)=[\kappa_1(l)\delta]^2,$$
$$\kappa_3(l)=[\kappa_1(l)\delta]^3(3\delta+\delta^3),$$
$$\kappa_4(l)=[\kappa_1(l)\delta]^4(16\delta^2+15\delta^4+6\delta^6+\delta^8)$$

mit $\delta=\left(e^{\sigma^2\tau}-1\right)^{\frac{1}{2}}$ und unter Berücksichtigung der risikoneutralen Bewertung $\mu=r$.

Um eine möglichst genaue Anpassung der risikoneutralen Verteilung an die Lognormalverteilung zu gewährleisten, wird von Jarrow und Rudd (1982) vorgeschlagen, die Varianzen der beiden Verteilungen gleichzusetzen. Diese Vorgehensweise wird durch die Ergebnisse von Corrado und Su (1996a) bestätigt. Demnach besteht ohne diese Restriktion eine starke Korrelation zwischen dem Schätzwert des zweiten und des vierten Moments, welche zu Identifikationsproblemen der Parameter und damit verbunden zu instabilen Ergebnissen führt. Folglich wird der Black-Scholes Preis ausschließlich durch die Kumulanten der 3. und 4. Ordnung korrigiert:

$$C = C_{BS} - e^{-r\tau} \frac{(\kappa_3(q) - \kappa_3(l))}{3!} \left.\frac{\partial l(S_T)}{\partial S_T}\right|_{S_T=K} + e^{-r\tau} \frac{(\kappa_4(q) - \kappa_4(l))}{4!} \left.\frac{\partial^2 l(S_T)}{\partial S_T^2}\right|_{S_T=K} . \tag{3.45}$$

Corrado und Su (1996a) schätzen dennoch nicht die verbleibenden Kumulanten $\kappa_3(q)$ und $\kappa_4(q)$, sondern den darüber definierten Schiefekoeffizienten $\gamma_1(q)$ und den Kurtosiskoeffizienten $\gamma_2(q)$:

$$\gamma_1(q) = \frac{\kappa_3(q)}{[\kappa_2(q)]^{3/2}}, \qquad \gamma_2(q) = \frac{\kappa_4(q)}{[\kappa_2(q)]^2} . \tag{3.46}$$

Damit kann der gesuchte theoretische Calloptionspreis geschrieben werden als:

$$C = C_{BS} - e^{-r\tau} (\gamma_1(q) - \gamma_1(l)) \frac{\kappa_2^{3/2}(l)}{3!} \left.\frac{\partial l(S_T)}{\partial S_T}\right|_{S_T=K} + e^{-r\tau} (\gamma_2(q) - \gamma_2(l)) \frac{\kappa_2^2(l)}{4!} \left.\frac{\partial^2 l(S_T)}{\partial S_T^2}\right|_{S_T=K} . \tag{3.47}$$

Durch Minimierung des quadratischen Abstands zwischen den beobachteten Optionspreisen und den theoretischen Optionspreisen in Gleichung (3.47) werden die implizite Volatilität, die Schiefe und die Kurtosis mit der nichtlinearen Kleinst-Quadrate Technik geschätzt. Mit Hilfe dieser Schätzwerte ist dann die risikoneutrale Dichtefunktion auf zwei Arten herleitbar. Zum einen kann durch das Einsetzen der geschätzten Parameter σ^2, γ_1, γ_2 in Gleichung (3.45) bzw. (3.47) der korrigierte Optionspreis ermittelt und durch Anwendung des Ergebnisses von Breeden und Litzenberger (1978) durch zweimalige Differentiation nach K die risikoneutrale Dichtefunktion bestimmt werden. Zum anderen sind die Parameterschätzungen direkt in den Ausdruck für die risikoneutrale Dichtefunktion (3.42) mit $\kappa_2(q) = \kappa_2(l)$ substituierbar. Die benötigten partiellen

Ableitungen kann man iterativ bestimmen:

(3.48)
$$\frac{\partial l(S_T)}{S_T} = -\left(1 + \frac{\ln(S_T) - m}{\sigma^2 T}\right)\frac{l(S_T)}{S_T},$$

$$\frac{\partial l^2(S_T)}{S_T^2} = -\left(2 + \frac{\ln(S_T) - m}{\sigma^2 \tau}\right)\frac{1}{S_T}\frac{\partial l(S_T)}{\partial S_T} - \frac{1}{S_T^2\sigma^2\tau} l(S_T),$$

$$\frac{\partial l^3(S_T)}{S_T^3} = -\left(3 + \frac{\ln(S_T) - m}{\sigma^2 \tau}\right)\frac{1}{S_T}\frac{\partial^2 l(S_T)}{\partial S_T^2} - \frac{2}{S_T^2\sigma^2\tau}\frac{\partial l(S_T)}{\partial S_T} + \frac{1}{S_T^3\sigma^2\tau} l(S_T),$$

$$\frac{\partial l^4(S_T)}{S_T^4} = -\left(4 + \frac{\ln(S_T) - m}{\sigma^2 \tau}\right)\frac{1}{S_T}\frac{\partial^3 l(S_T)}{\partial S_T^3} - \frac{3}{S_T^2\sigma^2\tau}\frac{\partial^2 l(S_T)}{\partial S_T^2}$$

$$+ \frac{3}{S_T^3\sigma^3\tau}\frac{\partial l(S_T)}{\partial S_T} l(S_T) - \frac{1}{S_T^4\sigma^2\tau} l(S_T)$$

mit $m = \ln(S_t) + \left(r - \frac{\sigma^2}{2}\right)\tau$.[98]

3.4.1.2 Spezielle Dichte - und Verteilungsfunktionen

Bei der Approximation der risikoneutralen Dichtefunktion mit Hilfe spezieller Dichte- und Verteilungsfunktionen wird unterstellt, dass die unbekannte Dichtefunktion q des Basiswerts durch eine vorgegebene spezielle Verteilung beschrieben werden kann. Spezielle Verteilungen zeichnen sich im Vergleich zu den Normalverteilungen oder Lognormalverteilungen neben den zu ermittelnden Parametern für den Erwartungswert und der Varianz durch die Berücksichtigung zusätzlicher freier Parameter aus. Dadurch werden sowohl schiefe als auch leptokurtische Verteilungen möglich. Die Schätzung der Parameter erfolgt durch Minimierung des quadratischen Abstands zwischen den am Markt beobachteten Optionspreisen und den theoretischen Optionspreisen. Dabei ergeben sich als Spezialfälle bestimmter Parameterkonstellationen eine

[98] Vgl. **Jondeau und Rockinger** *(2000)*, S. 894.

Vielzahl bekannter Dichtefunktionen. Bei der Ermittlung der risikoneutralen Dichtefunktion bieten diese Ansätze daher im Vergleich zu den Reihenentwicklungsmethoden ein zusätzliches Flexibilisierungspotenzial.

Im Folgenden werden in der Literatur diskutierte spezielle Verteilungen zur Approximation der risikoneutralen Dichtefunktion erläutert. Aufgrund der Vielzahl der vorgeschlagenen Verteilungen erfolgt jedoch nur eine Betrachtung der wesentlichen Charakteristika.

Verallgemeinerte Beta-Verteilung

Die verallgemeinerte Beta-Verteilung zweiter Art (*GB*2) wurde erstmals von Mc Donald (1984) eingeführt und diente Bookstaber und Mc Donald (1987) zunächst zur Beschreibung von Renditen, bevor Mc Donald und Bookstaber (1996) diesen Ansatz bei der Optionsbewertung einsetzten. Aparicio und Hodges (1998) und Anagnou, Bedendo, Hodges und Tompkins (2002) verwenden schließlich die verallgemeinerte Beta-Verteilung zweiter Art zur Darstellung der risikoneutralen Dichtefunktion. Mit Hilfe von vier zu bestimmenden Parametern (a, b, p, q), werden verschiedene Kombinationen von Erwartungswert, Varianz, Schiefe und Kurtosis ermöglicht.[99] Dadurch kann die Dichtefunktion eine Vielzahl verschiedener Formen annehmen.[100] Die Beta-Verteilung zweiter Art wird folgendermaßen definiert:

$$(3.49) \qquad GB2(a,b,p,q;S_T) = \frac{|a|\, S_T^{ap-1}}{b^{ap} B(p,q) \left[1 + \left(\frac{S_T}{b}\right)^a\right]^{p+q}}, \quad S_T > 0,$$

wobei B die Beta-Funktion mit:

---

[99] Man beachte, dass hier das Symbol q für einen Parameter der *GB*2-Verteilung steht und nicht für die risikoneutrale Dichtefunktion.

[100] Für spezielle Parameterwerte beinhaltet die verallgemeinerte Beta-Verteilung zweiter Art unter anderem die verallgemeinerte Gammaverteilung, die Lognormalverteilung sowie die Weibull- und Exponentialverteilung. Vgl. **Mc Donald** *(1984)*, S. 648.

(3.50) $$B(p,q)=\int_0^1 t^{p-1}(1-t)^{q-1}\,dt$$

ist. Unter der Annahme, dass die risikoneutrale Dichtefunktion mit der *GB*2-Verteilung modelliert werden kann, ergeben sich daher folgende theoretischen Call- und Putoptionspreise:

(3.51) $$C(K)=e^{-r\tau}\int_K^{\infty}(S_T-K)\,GB2(a,b,p,q;S_T)\,dS_T$$

(3.52) $$P(K)=e^{-r\tau}\int_K^{\infty}(K-S_T)\,GB2(a,b,p,q;S_T)\,dS_T\,.$$

Die Schätzung der Parameter erfolgt mit der nichtlinearen Kleinst-Quadrate Schätzung über die Minimierung der Summe der quadrierten Abweichungen zwischen den beobachteten Optionspreisen $C_{Beo,i}(K)$ und $P_{Beo,j}(K)$ und den theoretischen Optionspreisen aus (3.51) und (3.52):

(3.53) $$\min_{a,b,p,q}\sum_{i=1}^{n}\left[C_{Beo,i}(K)-\hat{C}_i(K)\right]^2+\sum_{j=1}^{m}\left[P_{Beo,j}(K)-\hat{P}_j(K)\right]^2+\left[F-E^Q[S_T]\right]^2,$$

wobei über den letzten Ausdruck zusätzlich die Abweichung von der Martingaleigenschaft, nach welcher der Terminkurs F des Basiswerts mit dem Erwartungswert des Basiswerts übereinstimmt, berücksichtigt wird.

Burr-Verteilung

Eine andere verallgemeinerte Verteilung zur Approximation der risikoneutralen Dichtefunktion ist die Burr-Verteilung.[101] Sherrick, Garcia und Tirupattur (1996) benutzen die Burr III Verteilung aufgrund ihres umfangreichen Wertebereichs für die Schiefe-

[101] Die Burr-Verteilungen zur Beschreibung empirischer Verteilungen gehen auf **Burr** *(1942)* zurück. Dabei werden zwölf Typen I-XII unterschieden, deren Verteilungsfunktionen nicht nach einer einheitlichen Regel konstruiert sind. Vgl. **Rasch** *(1989)*, S. 212.

und Kurtosisparameter.[102] Die Dichtefunktion ist dabei folgendermaßen definiert[103]:

$$(3.54)\qquad f_{BR\,III}\left(a,\lambda,\tau;S_T\right)=\frac{a\lambda S_T^{a\lambda-1}\left(\tau^{\alpha}+S_T^{\alpha}\right)-\lambda a S_T^{\alpha(\lambda-1)}}{\left(\tau^{\alpha}+S_T^{\alpha}\right)^{(\lambda+1)}}.$$

Dagegen präferieren Sherrick, Irwin und Forster (1992) und Sherrick, Irwin und Forster (1996) die Burr XII Verteilung mit folgender Dichtefunktion:

$$(3.55)\qquad f_{BR\,XII}\left(a,\lambda,\tau;S_T\right)=\alpha\,\lambda^{\alpha}\,\tau\,S_T^{\tau-1}\left(S_T^{\tau}+\lambda\right)^{-(\alpha+1)}.$$

Die Schätzung der Parameter erfolgt auch hier über die Minimierung des quadratischen Abstands zwischen den beobachteten und den theoretischen Optionspreisen.

Johnson-Verteilung

Posner und Milevsky (1998) nutzen die auf Johnson (1946) zurückzuführende Verteilung zur Approximation der risikoneutralen Dichtefunktion. Dabei wird die unbekannte Wahrscheinlichkeitsverteilung der Zufallsvariablen S_T approximativ durch eine Überführung von S_T in eine standardnormalverteilte Zufallsvariable z ermittelt. Die Überführung erfolgt mit Hilfe einer linearen Transformation der standardnormalverteilten Zufallsvariablen z in Abhängigkeit von vier Parametern (a, b, c, d):

$$(3.56)\qquad S_T=c+df^{-1}\left(\frac{z-a}{b}\right)\quad\text{und}\quad z=a+bf\left(\frac{S_T-c}{d}\right).$$

Die Funktion f ist eine frei wählbare monotone Funktion, die selbst nicht von den Parametern abhängig ist.[104] In der Regel wird für diese Funktion die Logarithmusfunktion oder die inverse hyperbolische Sinusfunktion verwendet. Im ersten Fall wird die

---

[102] Vgl. **Sherrick, Garcia und Tirupattur** *(1996)*, S. 551.

[103] Das Symbol τ bezeichnet hier einen Parameter der Burr-Verteilung und nicht die Restlaufzeit einer Option. Bei allen Autoren wird die Burr-Verteilung ausschließlich auf amerikanische Optionen angewandt ohne die Möglichkeit einer Ausübung der Option vor dem Fälligkeitstag zu berücksichtigen.

[104] Vgl. **Kendall und Stuart** *(1977)*, S. 167.

generierte Verteilung als Typ I bezeichnet und ergibt sich als eine Lognormalverteilung mit Shift:

$$(3.57) \qquad S_T = c + d\exp\left(\frac{z-a}{b}\right) \quad \text{und} \quad z = a + b\ln\left(\frac{S_T - c}{d}\right).$$

Unter Verwendung der inversen hyperbolischen Sinusfunktion ergibt sich der Typ II als:

$$(3.58) \qquad S_T = c + d\sinh\left(\frac{z-a}{b}\right) \quad \text{und} \quad z = a + b\sinh^{-1}\left(\frac{S_T - c}{d}\right).$$

Posner und Milevsky (1998) nutzen beide Verteilungen[105] als mögliche Approximationsverteilungen für die risikoneutrale Dichtefunktion und ermitteln die Parameter über den Moment-Matching Ansatz von Hill, Hill und Holder (1976).[106]

Verallgemeinerte hyperbolische Verteilung

Die verallgemeinerte hyperbolische Verteilung[107] basiert auf einer Arbeit von Barndorff-Nielsen (1977) und wurde von Keller (1997) bezüglich ihrer Eignung bei der Optionsbewertung untersucht. Die Dichtefunktion der verallgemeinerten hyperbolischen Verteilung (*GH*) der Zufallsvariablen S_T wird dabei definiert als:[108]

---

[105] **Posner und Milevsky** *(1998)* begründen die Wahl des Typs I dadurch, dass eine Summe von Lognormalverteilungen häufig durch eine Lognormalverteilung mit Shift approximiert wird. Die Wahl der inversen hyperbolischen Sinusfunktion steht ebenfalls in Beziehung zur Lognormalverteilung, da $\sinh(x) = \left(e^{x} - e^{-x}\right)/2$ und sich durch Inversion $\sinh^{-1}(x) = \ln\left(x + \sqrt{x^2+1}\right)$ ergibt. Vgl. **Posner und Milevsky** *(1998)*, S. 114.

[106] Beim Moment-Matching Verfahren wird versucht die Parameter der unbekannten Verteilung über einen Algorithmus derart zu bestimmen, dass diese mit den Momenten der empirischen Verteilung übereinstimmen. Vgl. zur Verwendung des Moment-Matching Ansatzes **Posner und Milevsky** *(1998)*, S. 123.

[107] Der Name der hyperbolischen Verteilung ist auf die Form der logarithmierten Dichtefunktion der Verteilung zurückzuführen, welche die Form einer Hyperbel aufweist.

[108] Vgl. **Prause** *(1998)*, S. 2.

(3.59) $$GH(\lambda,a,b,\delta,\mu;S_T)=\gamma(a,b,\lambda,\delta)\left(\delta^2+(S_T-\mu)^2\right)^{\frac{1}{2}\left(\lambda-\frac{1}{2}\right)} \cdot B_{\lambda-\frac{1}{2}}\left(a\sqrt{\delta^2+(S_T-\mu)^2}\right)e^{b(S_T-\mu)}$$

mit

$$\gamma(a,b,\lambda,\delta)=\frac{\left(a^2-b^2\right)^{\frac{1}{2}\lambda}}{\sqrt{2\pi}\,a^{\lambda-1/2}\delta^\lambda B_\lambda\left(\delta\sqrt{a^2-b^2}\right)},$$

wobei B_λ eine modifizierte Bessel-Funktion der 3. Ordnung mit dem Index λ darstellt[109] und für die Variation der Parameter gilt:

$\mu \in \mathrm{IR}$,

$\delta \geq 0$ und $|\beta| < a$ für $\lambda > 0$,

$\delta > 0$ und $|\beta| < a$ für $\lambda = 0$,

$\delta \geq 0$ und $|\beta| \leq a$ für $\lambda < 0$.

Der Parameter α stellt den Kurtosisparameter dar, β gibt die Schiefe an, δ ist ein Skalierungsparameter und μ ein Lokalisationsparameter.

Der verallgemeinerten hyperbolischen Verteilung bzw. der inversen Normalverteilung (*NIG*) als deren Grenzverteilung[110] wird aufgrund ihrer Flexibilität von Anagnou, Bedendo, Hodges und Tompkins (2002) besondere Bedeutung bei der Approximation der risikoneutralen Dichtefunktion beigemessen.[111] Die Schätzung der Parameter erfolgt

---

[109] Eine modifizierte Bessel-Funktion 3. Ordnung ist die Lösung der modifizierten Differentialgleichung $x^2y''+xy'-(x^2+n^2)y=0$, wobei n die Ordnung angibt. Vgl. **Spiegel und Liu** *(1998)*, S. 136.

[110] Weitere Grenzverteilungen sind unter anderem die hyperbolische Verteilung, die Student-*t*-Verteilung, die Gammaverteilung oder die Normalverteilung.

[111] „Despite its ability to account for crucial features of the distributions of financial asset returns such as semi-heavy tails and asymmetry, and its parsimony in the number of parameters to be estimated, the Normal Inverse Gaussian has never been proposed in the past as a possible parametric specification for the RNDs implied from option prices. We believe that the flexibility and tractability of such distribution make it appropriate for our proposes." **Anagnou, Bedendo, Hodges und Tompkins** *(2002)*, S. 14.

bei den Autoren gleichfalls durch Berechnung der theoretischen Optionspreise über die Lösung des Minimierungsproblems in (3.53).

Verallgemeinerte Lambda-Verteilung

Die ursprünglich zur Generierung von Zufallszahlen bei Monte Carlo Simulationen eingesetzte verallgemeinerte Lambda-Verteilung wird von Corrado (2001) zur Bestimmung der risikoneutralen Dichtefunktion verwendet. Die Beschreibung der verallgemeinerten Lambda-Verteilung (*GLD*) mit Erwartungswert $\mu = 0$ und Varianz von $\sigma^2 = 1$ erfolgt dabei zunächst über ihre Perzentilfunktion $s(p)$:

(3.60) $$s(p) = \frac{1}{\lambda_2(\lambda_3, \lambda_4)}\left(p^{\lambda_3} - (1-p)^{\lambda_4} + \frac{1}{\lambda_4 + 1} - \frac{1}{\lambda_3 + 1}\right).$$

Die Dichtefunktion der *GLD* ergibt sich anschließend aus der invertierten 1. Ableitung von $s(p)$ nach p:

(3.61) $$GLD(\lambda_2, \lambda_3, \lambda_4, p) = \frac{\partial p}{\partial s} = \frac{\lambda_2(\lambda_3, \lambda_4)}{\lambda_3 p^{\lambda_3 - 1} + \lambda_4 (1-p)^{\lambda_4 - 1}},$$

wobei λ_3 und λ_4 die Form der Dichtefunktion, also die Schiefe und Kurtosis bestimmen, während λ_2 eine Skalierungsfunktion und p ein Wahrscheinlichkeitsmaß sind. Die Perzentilfunktion aus Gleichung (3.60) wird nun entsprechend der Anwendung bei Optionspreisen mit dem Erwartungswert $S_t e^{r\tau}$ und der Varianz $(S_t e^{r\tau})^2 (e^{\sigma^2 \tau} - 1)$ des Black-Scholes Modells konkretisiert, wodurch jedoch nicht die Form der Dichtefunktion beeinflusst wird. Mit dieser spezifizierten Perzentilfunktion werden dann die theoretischen Optionspreise berechnet, indem auch hier die Schätzung der Parameter σ, λ_3 und λ_4 durch die Minimierung des quadratischen Abstands zwischen den theoretischen und den beobachteten Optionspreisen erfolgt.

Weibull-Verteilung

Die Modellierung der risikoneutralen Dichtefunktion mittels der Weibull-Verteilung wird von Savickas (2002) vorgeschlagen, da die Weibull-Verteilung eine negative Schiefe für die meisten Parameterkonstellationen impliziert und somit dem empirischen Phänomen eines oft negativen dritten Moments bei der Verteilung des Basiswerts Rechnung getragen wird.[112]

Die Dichtefunktion der zweiparametrigen Weibull-Verteilung für die Zufallsvariable S_T wird folgendermaßen definiert:

$$WB(a,b;S_T) = abS_T^{\,b-1}e^{-aS_T^{\,b}}, \qquad S_T \in (0,\infty), \quad a>0, \quad b>0. \tag{3.62}$$

Mit Hilfe dieser Dichtefunktion als Approximation für die risikoneutrale Dichtefunktion werden auch hier die theoretischen Optionspreise berechnet und die Parameter a und b über Optimierungsverfahren bestimmt.[113] Die Evaluierung dieser risikoneutralen Optionspreisformel erfolgt bei Savickas (2002) anschließend durch einen Vergleich zwischen diesen theoretischen Optionspreisen und gehandelten Optionspreisen auf den S&P 500.

3.4.1.3 Mischung mehrerer Dichtefunktionen

Bei dieser Vorgehensweise wird die risikoneutrale Dichtefunktion als gewichtete Summe bekannter Dichtefunktionen modelliert, wodurch eine größere Flexibilität bei der Anpassung der Daten im Vergleich zu einer allgemeinen Verteilung gewährleistet wird.[114] Eine ökonomische Begründung dieser Vorgehensweise besteht darin, dass

---

[112] Vgl. hierzu die Ausführungen im Abschnitt über die Reihenentwicklungsmethoden, bei denen der Black-Scholes Optionspreis aufgrund der Ergebnisse von **Corrado und Su** *(1997)* ebenfalls durch Korrekturterme für das 3. und 4. Moment angepasst wurde.

[113] Vgl. zu den Optimierungsverfahren **Savickas** *(2002)*, S. 224 ff.

[114] Vgl. **Jackwerth** *(1999)*, S. 69

zum Bewertungszeitpunkt verschiedene Entwicklungsszenarien des Basiswerts mit verschiedenen Wahrscheinlichkeitsfunktionen in Abhängigkeit eines Ereignisses denkbar sind.[115]

Ein in der Literatur häufig zu findender Ansatz zur Bestimmung der risikoneutralen Dichtefunktion besteht in der endlichen Mischung von k Dichtefunktionen der Lognormalverteilung[116]:

$$q(S_T) = \sum_{i=1}^{k} \theta_i \, l(\mu_i, \sigma_i; S_T), \qquad \sum_{i=1}^{k} \theta_i = 1, \qquad \theta_i \geq 0 \tag{3.63}$$

mit

$$l(\mu_i, \sigma_i; S_T) = \frac{1}{\sqrt{2\pi}\ \sigma_i\ S_T} \exp\left[-\frac{1}{2}\left(\frac{\ln(S_T) - \mu_i}{\sigma_i}\right)^2\right].$$

Dabei müssen die Gewichtungsfaktoren θ_i und die zwei Parameter μ_i und σ_i für jede hinzugefügte Dichtefunktion der Lognormalverteilung l geschätzt werden. Die Anzahl der kombinierten Dichtefunktionen k ist somit wesentlich von der Anzahl der zur Verfügung stehenden Optionspreise abhängig, da jede Hinzunahme einer weiteren Dichtefunktion die Schätzlast um $3k$ - 1 Parameter erhöht.[117] In der Literatur wird daher die Mischung von zwei oder drei Dichtefunktionen vorgeschlagen.[118]

Somit kann der theoretische Optionspreis von Call – und Putoptionen unter der Mischverteilungshypothese folgendermaßen dargestellt werden:

---

[115] Diese Situation kann beispielsweise bei einer wichtigen Entscheidung seitens der Regierung oder der Zentralbank gegeben sein.

[116] Durch die Mischung mehrerer Dichtefunktionen der Lognormalverteilung wird auf das Black-Scholes Modell Bezug genommen, bei dem die risikoneutrale Dichtefunktion eine Lognormalverteilung ist. Vgl. hierzu die Ausführungen in Kapitel 2.

[117] Aufgrund der Summationsbedingung, dass die Gewichtungsfaktoren zusammen Eins ergeben müssen, geht für den letzten Gewichtungsfaktor ein Freiheitsgrad verloren. Daher müssen nur $3k$-1 Parameter geschätzt werden.

[118] **Bahra** *(1997)*, **Anagnou, Bedendo, Hodges und Tompkins** *(2002)*, verwenden $k = 2$ Dichtefunktionen, während **Melick und Thomas** *(1997)* $k = 3$ Dichtefunktionen kombinieren.

(3.64) $$C_t = e^{-r\tau} \int_K^{\infty} (S_T - K) \sum_{i=1}^{k} \theta_i \, l\,(\mu_i, \sigma_i; S_T)\, dS_T$$

(3.65) $$P_t = e^{-r\tau} \int_K^{\infty} (K - S_T) \sum_{i=1}^{k} \theta_i \, l\,(\mu_i, \sigma_i; S_T)\, dS_T .$$

Der zu schätzende Parametervektor $\eta = (\mu_i,..., \mu_k, \sigma_i,..., \sigma_k, \theta_i,..., \theta_k)$ wird durch die Minimierung der Summe der quadratischen Abweichung der beobachteten Optionspreise von den theoretischen Optionspreisen bestimmt. Durch Substitution dieser Schätzergebnisse in (3.63) wird dann die risikoneutrale Dichtefunktion ermittelt. Für die Kombination von zwei Dichtefunktionen findet sich bei Bahra (1997) ein geschlossener Ausdruck zur Bewertung der Calloption gemäß (3.64) und der Putoption gemäß (3.65). Demnach ergibt sich der Optionspreis als gewichtetes arithmetisches Mittel aus zwei Black-Scholes Bewertungen für die unterschiedlichen Volatilitäten:[119]

(3.66) $$C(K) = e^{-r\tau} \{\theta[e^{\mu_1 + 0,5\sigma_1^2} N(d_1) - K\, N(d_2)] + (1-\theta)[e^{\mu_2 + 0,5\sigma_2^2} N(d_3) - K\, N(d_4)]\}$$

(3.67) $$P(K) = e^{-r\tau} \{\theta[-e^{\mu_1 + 0,5\sigma_1^2} N(-d_1) + K\, N(-d_2)] + (1-\theta)[-e^{\mu_2 + 0,5\sigma_2^2} N(-d_3) + K\, N(-d_4)]\},$$

mit

$$d_1 = \frac{-\ln(K) + \mu_1 + \sigma_1^2}{\sigma_1},$$

$$d_2 = d_1 - \sigma_1,$$

$$d_3 = \frac{-\ln(K) + \mu_2 + \sigma_2^2}{\sigma_2},$$

$$d_4 = d_3 - \sigma_2 .$$

[119] Vgl. **Cont** *(1999)*, S. 20.

Beispiele für die Anwendung dieses Mischungsansatzes finden sich bei Melick und Thomas (1997), Ritchey (1990) und Bahra (1997).[120]

Vorteile der Modellierung der risikoneutralen Verteilung mit Hilfe des Mischungsansatzes liegen in der Vielzahl möglicher Verteilungsformen, die dargestellt werden können. Dadurch wird eine hohe Flexibilität bei der Darstellung der risikoneutralen Dichtefunktion erreicht. Außerdem wird die Parameterschätzung aufgrund der geschlossenen Bewertungsformeln erleichtert. Des Weiteren ist das in Theorie und Praxis weitgehend anerkannte Black-Scholes Modell als Spezialfall für $\theta = 1$ enthalten.

Ein Nachteil des Mischungsansatzes besteht jedoch in der starken Zunahme der zu schätzenden Parameter durch das Hinzufügen einer weiteren Mischungskomponente. Dies kann zu einem Overfitting, d.h. einer zu starken Anpassung des Modells an die beobachteten Daten, führen. Ein weiterer Schwachpunkt dieser Methode ist darin zu sehen, dass die geschätzte Form der Dichtefunktion starke Spitzen und dünne Enden aufweisen kann. Dahinter steht die Problematik einer zu gering geschätzten Standardabweichung einer Verteilungskomponente und einer zu hoch geschätzten Standardabweichung der anderen Komponente. Durch entsprechende Restriktion der Schätzwerte für die Standardabweichungen kann dieses Problem jedoch vermieden werden.[121]

3.4.1.4 Modellierung des stochastischen Prozesses des Basiswerts

Bei dieser Methode wird die risikoneutrale Dichtefunktion durch die Spezifikation eines stochastischen Modells für die Preisentwicklung des Basiswerts impliziert.[122]

---

[120] **Melick und Thomas** *(1997)* wenden die Methodik auf amerikanische Optionen an. Aufgrund der möglichen Ausübung amerikanischer Optionen während der gesamten Laufzeit erfolgt hier eine Bestimmung des theoretischen Optionswerts als gewichteter Mittelwert unterer und oberer Grenzwerte der amerikanischen Optionspreise. Bei **Ritchey** *(1990)* findet sich ein Beispiel für die Kombination von Normalverteilungen zur Modellierung der Renditen bei der Optionsbewertung.

[121] Vgl. **Syrdal** *(2002)*, S. 31, der das Verhältnis der Standardabweichungen der zwei Lognormalverteilungen nach einem Vorschlag von **Andersson und Lomakka** *(2001)* auf Werte zwischen 0,25 und 4 restringiert.

[122] Vgl. hierzu die Ausführungen in Kapitel 2, wonach der unterstellte Preisprozess des Basiswerts im Black-Scholes Modell einer geometrischen Brownschen Bewegung folgt und dadurch eine lognormalverteilte risikoneutrale Dichtefunktion impliziert.

Malz (1996) nutzt diesen Ansatz indem er Bates (1991) folgend für den zugrunde liegenden Wechselkurs von Devisenoptionen einen Sprungdiffusionsprozess[123] annimmt:

$$dS_t = \left(r - r^* - \lambda E[k]\right) S\, dt + \sigma\, S\, dB + S\, k\, dp\,, \tag{3.68}$$

wobei r den inländischen Zinssatz, r^* den Fremdwährungszins und p einen Poissonprozess darstellen. Die Intensitätsrate λ des Prozesses gibt die erwartete Häufigkeit von Sprüngen pro Zeiteinheit an und die stetige Variable k repräsentiert die stochastische Sprunggröße im Falle des Eintretens eines Poisson-Ereignisses. Malz (1996) verwendet die Bernoulli-Version des Diffusionsprozesses, bei der eine nichtstochastische und diskrete Sprunggröße angenommen wird, so dass genau ein oder kein Sprung während der Laufzeit der Option realisiert wird, also $\lambda = 1$ oder $\lambda = 0$ ist.[124] Die entsprechenden Optionsbewertungsformeln zu diesem Modell wurden bei Merton (1976) und Bates (1991) hergeleitet mit:

$$\begin{aligned} C(K) = (1-\lambda\tau)&\left[\frac{S_t e^{-r^*\tau}}{1+\lambda k\tau} N\left(d_0 + \sigma\sqrt{\tau}\right) - K e^{-r\tau} N(d_0)\right] \\ +\lambda\tau&\left[\frac{S_t e^{-r^*\tau}}{1+\lambda k\tau}(1+k) N\left(d_1 + \sigma\sqrt{\tau}\right) - K e^{-r\tau} N(d_1)\right] \end{aligned} \tag{3.69}$$

für eine Calloption und

[123] Sprungdiffusionsprozesse basieren auf der Annahme, dass die Veränderung eines Finanzwerts aus zwei Komponenten besteht, die additiv miteinander verknüpft werden. Der erste Teil entspricht einer Brownschen Bewegung und beinhaltet normale kontinuierliche Kursänderungen im Zeitablauf. Die zweite Komponente hingegen erfasst über einen Poisson-Prozess außergewöhnliche Informationen, die zu einer über das gewöhnliche Maß hinausgehenden Preisänderung führen.

[124] **Malz** *(1996)* schätzt die vom Markt wahrgenommene Wahrscheinlichkeit eines Realignments für das Pfund-Sterling. Die Verwendung der Bernoulli-Version bietet sich dementsprechend an, um die weit verbreitete Meinung, dass das Risiko für das Pfund-Sterling in einem Realignment besteht, welches zu einer einmaligen außergewöhnlichen Änderung des Pfund-Sterling Wechselkurses bei gleich bleibender Volatilität führt, abzubilden. Vgl. **Malz** *(1996)*, S. 729.

$$(3.70) \qquad P(K) = (1-\lambda\tau)\left[Ke^{-r\tau}N(-d_0) - \frac{S_t e^{-r^*\tau}}{1+\lambda k\tau} N\left(-d_0 - \sigma\sqrt{\tau}\right)\right]$$

$$+\lambda\tau\left[Ke^{-r\tau}N(-d_1) - \frac{S_t e^{-r^*\tau}}{1+\lambda k\tau} N\left(-d_1 - \sigma\sqrt{\tau}\right)\right]$$

für eine Putoption,

mit

$$d_0 = \frac{\ln(S_t / K) - \ln(1+\lambda k\tau) + \left(r - r^* - \sigma^2/2\right)\tau}{\sigma\sqrt{\tau}}$$

$$d_1 = \frac{\ln(S_t / K) - \ln(1+\lambda k\tau) + \ln(1+k) + \left(r - r^* - \sigma^2/2\right)\tau}{\sigma\sqrt{\tau}}.$$

Die von diesem Basiswertprozess induzierten Optionsbewertungen ergeben sich somit ohne Sprung als gewöhnliche Black-Scholes Preise und im Falle eines Sprungs als gewichtetes arithmetisches Mittel aus Black-Scholes Preisen, wobei die Gewichtungsfaktoren den Sprungwahrscheinlichkeiten entsprechen.[125] Die freien Parameter λ, k, und σ können anhand dieser Bewertungsgleichungen mit Hilfe der beobachteten Optionspreise geschätzt werden. Dabei verwendet Malz (1996) die empirischen Optionspreise von am-Geld Optionen, Risk Reversals und Strangels. Die simultane Schätzung der drei Parameter λ, k, und σ führt jedoch zu Problemen, wenn die Diffusionsvolatilität σ nur geringfügig von der impliziten Black-Scholes Volatilität abweicht. In diesem Fall werden die Werte für k und λ sehr klein und sind bei der Schätzung nicht mehr unterscheidbar, da sie in den Bewertungsformeln (3.69) und (3.70) häufig als Produkt erscheinen. Um dieses Problem zu beseitigen, wendet Malz (1996) eine zweistufige Schätztechnik an. Dabei wird σ auf der ersten Stufe konstant gehalten und λ und k geschätzt. Auf der zweiten Stufe erfolgt dann die Schätzung für ein Volatilitätsgitter.[126] Schließlich wird das Schätzergebnis ausgewählt, welches die quadratische Abweichung zwischen den Black-Scholes Preisen und den induzierten Optionspreisen des

---

[125] Vgl. **Malz** *(1996)*, S. 728.

[126] Das Volatilitätsgitter beginnt bei **Malz** *(1996)* mit dem niedrigsten Volatilitätswert der „Am Geld" Option und wird dann sukzessive in 0,0005 Schritten erhöht.

Diffusionsprozesses minimiert.

Die Bernoulli-Variante des Sprungdiffusionsprozesses für den Basiswert führt dabei zu einer Mischung aus zwei Lognormalverteilungen für die risikoneutrale Verteilungsfunktion $Q(K)$:

$$Q(K) = (1-\lambda)N\left[\frac{\ln\left(\frac{K}{F}\right) + \ln(1+\lambda k) + \frac{\sigma^2}{2}}{\sigma}\right] + \lambda N\left[\frac{\ln\left(\frac{K}{F}\right) + \ln(1+\lambda k) - \ln(1+k) + \frac{\sigma^2}{2}}{\sigma}\right]. \tag{3.71}$$

Die risikoneutrale Wahrscheinlichkeit wird nun durch Substitution der geschätzten Werte für λ, σ und k und des Terminkurses F in Gleichung (3.71) berechnet.

3.4.2 Nichtparametrische Verfahren

3.4.2.1 Methoden zur Kurvenanpassung

Methoden zur Kurvenanpassung basieren entweder auf der direkten Darstellung der impliziten Volatilitätsfunktion oder auf der direkten Darstellung der risikoneutralen Verteilung. Da die erstgenannte Methodik in Abschnitt 3.2 ausführlich dargestellt wurde, wird hier nur die direkte Approximation der risikoneutralen Verteilung erläutert. Bei dieser Methodik wird versucht die unbekannte risikoneutrale Dichtefunktion durch eine bekannte Dichtefunktion, bspw. die Log-Normalverteilung zu ersetzen und damit theoretische Optionspreise zu berechnen. Durch die anschließende Minimierung zwischen den modelltheoretischen Optionspreisen und den beobachteten Optionspreisen werden die risikoneutralen Wahrscheinlichkeiten bestimmt. Dieser Ansatz wird von Rubinstein (1994) angewendet, indem er die risikoneutralen Wahrscheinlichkeiten q_j für diskrete Ausübungspreise über einen Optimierungsalgorithmus schätzt. Dabei wird der quadratische Abstand[127] zwischen den risikoneutralen Wahrscheinlichkeiten und den Wahrscheinlichkeiten einer vorgegebenen Dichtefunktion[128] π_j so minimiert:

(3.72) $$\min_{q_j} \sum_{j=0}^{n} \left(q_j - \pi_j\right)^2 ,$$

dass die resultierenden risikoneutralen Wahrscheinlichkeiten den Beobachtungswert des Basiswerts S implizieren und alle mit diesen Wahrscheinlichkeiten berechneten Optionspreise C_i in die simultan beobachteten Geld-Briefspannen fallen:[129]

(3.73) $$S = \frac{\sum_{j=0}^{n} q_j S_j}{(1+r)^\tau}, \qquad C_i = \frac{\sum_{j=0}^{n} q_j \max[0, S_j - K_j]}{(1+r)^\tau}$$

$$S^{Geld} \leq S \leq S^{Brief}, \qquad C_i^{Geld} \leq C_i \leq C_i^{Brief} .$$

Außerdem werden die Nebenbedingungen, dass die risikoneutralen Wahrscheinlichkeiten größer oder gleich Null sind und sich zu Eins addieren, berücksichtigt.

Problematisch bei der Vorgehensweise von Rubinstein (1994) erscheint die häufig auftretende mangelnde Glätte, die die resultierende Dichtefunktion aufweist.[130] Aufgrund dieser Unzulänglichkeit wird von Jackwerth und Rubinstein (1996) in einem Folgebeitrag eine Methodik entwickelt, die die Maximierung der Glätte der risikoneutralen Dichtefunktion zum Ziel hat und ohne eine Abstandsminimierung bezüglich einer vorgegebenen Verteilung auskommt. Bei diesem Ansatz wird die Maximierung der Glätte durch die Minimierung der Krümmung der risikoneutralen Dichtefunktion sicherge-

---

[127] Bei **Jackwerth und Rubinstein** *(1996)* findet sich eine Vergleichsuntersuchung der für die Optimierung relevanten Abstandsmaße. Die Analyse zeigt, dass verschiedene Abstandsmaße, wie die quadratische oder die absolute Abweichung oder die Kreuzentropie, sich nur auf die Wahrscheinlichkeiten von Optionen mit sehr niedrigen Ausübungspreisen auswirken. In diesem Fall ist die Datenbasis gering, da nur wenige weit „im Geld" liegende Optionen gehandelt werden. Dadurch ist die resultierende risikoneutrale Dichtefunktion stärker von der gewählten Schätztechnik, also von der Abstandsmessung, abhängig.

[128] Die vorgegebene Wahrscheinlichkeitsverteilung wird bei **Rubinstein** *(1994)* durch den Binomialbaum von **Cox, Ross und Rubinstein** *(1979)* determiniert und entspricht bei ausreichender Anzahl von Knoten approximativ der Lognormalverteilung. Vgl. **Rubinstein** *(1994)*, S. 782.

[129] Vgl. **Rubinstein** *(1994)*, S. 782-783.

[130] Vgl. **Jackwerth und Rubinstein** *(1996)*, S. 1621.

stellt. Dazu verwenden Jackwerth und Rubinstein (1996) die folgende diskrete Zielfunktion:

$$\min_{q_j} \sum_{j=0}^{n} \left(q_{j-1} - 2q_j + q_{j+1}\right)^2, \qquad \text{mit } q_{-1} = q_{n+1} = 0, \tag{3.74}$$

welche der Minimierung der zweiten Ableitung der risikoneutralen Wahrscheinlichkeit nach dem Basiswert entspricht.[131] Die Ermittlung der risikoneutralen Wahrscheinlichkeiten geschieht auch hier unter der Restriktion, dass die theoretischen Optionspreise in der beobachteten Geld- und Briefspanne liegen. Dieser Ansatz von Jackwerth und Rubinstein (1996) führt jedoch nicht zu ausschließlich positiven risikoneutralen Wahrscheinlichkeiten, so dass die Positivitätsbedingung gegebenenfalls erst nach mehrmaliger Anwendung einer Iterationsprozedur sichergestellt werden kann.[132]

Die Maximierung der Glätte ist auch das Ziel von Mayhew (1995), der jedoch kontinuierliche Ausübungspreise verwendet und die risikoneutrale Dichtefunktion über die Anpassung der beobachteten Optionspreise mittels kubischer Splinefunktionen approximiert.

3.4.2.2 Nichtparametrische Kernregression

Die nichtparametrische Kernregression ist konzeptionell an der parametrischen Regression angelehnt, da gleichfalls versucht wird, einen funktionalen Zusammenhang zwischen einer endogenen und einer oder mehreren exogenen Variablen anhand von Beobachtungswerten aufzustellen. Im Gegensatz zur parametrischen Regression wird die Funktionalform des Zusammenhangs jedoch nicht spezifiziert.[133] Infolgedessen werden nichtparametrische Regressionen gerade dann verwendet, wenn die Art des

---

[131] Vgl. **Jackwerth und Rubinstein** *(1996)*, S. 1622. Dies ist leicht erkennbar, wenn der Ausdruck $(q_{j-1} - 2q_j + q_{j+1})$ folgendermaßen umgeschrieben wird $(q_{j+1} - q_j) - (q_j - q_{j-1})$. Somit ist die Zielfunktion ein Proxy für die Abweichungen von einer glatten risikoneutralen Dichtfunktion q_j.

[132] Vgl. **Jackwerth und Rubinstein** *(1996)*, S. 1626.

[133] Daher gibt es auch keine zu interpretierenden Parameter, was zu der Bezeichnung nichtparametrisch geführt hat. Vgl. **Poddig und Petersmeier** *(2002)*, S. 634.

Zusammenhangs zwischen der endogenen und den exogenen Variablen unbekannt und nichtlinear ist.

Die Idee der Kernregression besteht darin, dass jeder beobachtete Datenpunkt als das Zentrum einer Region aufgefasst wird, in der die wahre Funktion liegen könnte.[134] Die Regressionsfunktion in diesem Bereich wird dann an einer vorgegebenen Stelle x mit Hilfe der Beobachtungswerte geschätzt. Wären die Beobachtungspunkte dabei rein deterministischer Art, wäre eine einfache Interpolation zwischen den zwei benachbarten Beobachtungswerten um x möglich. Da jedoch die Beobachtungsdaten in der Regel eine stochastische Komponente beinhalten, ist auch die Einbeziehung entfernter liegender Beobachtungswerte sinnvoll. Die Beobachtungspunkte werden dementsprechend in Abhängigkeit ihrer Entfernung gewichtet, wobei Datenpunkten im unmittelbaren Umfeld von x der größte Gewichtungsfaktor zugewiesen wird. Die Gewichte werden mit Hilfe einer Kernfunktion k bestimmt, welche die Eigenschaften einer Dichtefunktion aufweist.[135] Über einen zusätzlichen Parameter h wird die Bandbreite des Beobachtungsintervalls festgelegt. Dabei wird mit einer zunehmenden Bandbreite eine stärker geglättete Funktion mit einer geringeren Anpassungsgüte ermittelt.[136] Außerhalb des Intervalls $[-h, h]$ nimmt die Kernregression den Wert Null an und die Beobachtungswerte in diesem Bereich werden in der Schätzung nicht berücksichtigt.

Mit Hilfe des so genannten Nadaraya-Watson Schätzers und der Beobachtungswerte H_i und x_i lässt sich schließlich der unbekannte Funktionswert H an der Stelle x ermitteln:[137]

---

[134] Vgl. **Jackwerth** *(1999)*, S. 70.

[135] Die Eigenschaften einer Kernfunktion sind konkret k: $\mathbb{R} \rightarrow [0, \infty)$ mit $\int k(u)\, du = 1$. Die häufigsten verwendeten Kerne sind zudem symmetrisch und sind in einem bestimmten Intervall um den Nullpunkt definiert. Vgl. **Franke, Härdle und Hafner** *(2001)*, S. 247. Eine häufig verwendete Kernfunktion ist die Normalverteilung. Da die verwendete Kernfunktion jedoch nur geringen Einfluss auf das Schätzergebnis hat, wird deren Auswahl in der Praxis nur wenig Beachtung beigemessen. Vgl. **Härdle, Müller, Sperlich und Werwatz** *(2004)*, S. 61.

[136] In der Literatur finden sich daher verschiedene Ansätze, um das Verhältnis zwischen Datenanpassung und Glätte der Funktion zu optimieren. Vgl. hierzu **Härdle, Müller, Sperlich und Werwatz** *(2004)*, S. 51 ff.

[137] Der Nadaraya-Watson Schätzer wurde von **Nadaraya** *(1964)* und **Watson** *(1964)* unabhängig voneinander hergeleitet. Voraussetzung für die Anwendung dieses Schätzers ist, dass die endogenen und die exogenen Variablen Zufallsvariablen sind.

(3.75) $$\hat{H}(x) = \frac{\sum_{i=1}^{n} k\left(\frac{x-x_i}{h}\right) \cdot H_i}{\sum_{i=1}^{n} k\left(\frac{x-x_i}{h}\right)}.$$

Anhand dieser Schätzfunktion wird deutlich, dass die Schätzung dem gewichteten arithmetischen Mittel der Beobachtungswerte H_i entspricht.

Die nichtparametrische Regression wird bei der Ermittlung der risikoneutralen Wahrscheinlichkeitsdichtefunktion eingesetzt, um die Optionspreisfunktion oder die implizite Volatilitätsfunktion zu schätzen. Ait-Sahalia und Lo (1998) schätzen zunächst die Optionspreisfunktion C in Abhängigkeit der fünf Einflussgrößen Preis des Basiswerts S, Ausübungspreis K, Restlaufzeit τ, Dividendenrendite δ und Zinssatz r der beobachteten Optionen C_i. Somit ergibt sich die geschätzte Optionspreisfunktion aus einer multivariaten Kernfunktion, die sich aus dem Produkt der fünf univariaten Kernfunktionen k zusammensetzt:

(3.76) $$C(S_t, K, \tau, \delta_{t,\tau}, r_{t,\tau})$$
$$= \frac{\sum_{i=1}^{n} k_S\left(\frac{S_t - S_{t_i}}{h_S}\right) k_K\left(\frac{K-K_i}{h_K}\right) k_\tau\left(\frac{\tau-\tau_i}{h_\tau}\right) k_\delta\left(\frac{\delta_{t,\tau} - \delta_{t_i,\tau_i}}{h_\delta}\right) k_r\left(\frac{r_{t,\tau} - r_{t_i,\tau_i}}{h_r}\right) C_i}{\sum_{i=1}^{n} k_S\left(\frac{S_t - S_{t_i}}{h_S}\right) k_K\left(\frac{K-K_i}{h_K}\right) k_\tau\left(\frac{\tau-\tau_i}{h_\tau}\right) k_\delta\left(\frac{\delta_{t,\tau} - \delta_{t_i,\tau_i}}{h_\delta}\right) k_r\left(\frac{r_{t,\tau} - r_{t_i,\tau_i}}{h_r}\right)}.$$

Da eine zunehmende Anzahl zu berücksichtigender Regressoren zu einer verlangsamten Konvergenz der geschätzten Funktion bezüglich der wahren Funktion führt, wird von Ait-Sahalia und Lo (1998) anschließend die Reduktion der Dimension der Regressionsfunktion diskutiert.[138] Neben weiteren Vorschlägen zur Dimensionsreduktion wird insbesondere ein semiparametrischer Ansatz von Ait-Sahalia und Lo (1998) angewendet, der die Dimension auf drei Regressoren reduziert. Dazu wird nicht die Optionspreisfunktion selbst, sondern die implizite Volatilitätsfunktion, welche lediglich vom Terminkurs, dem Ausübungspreis und der Restlaufzeit abhängt, auf nichtparametrische Weise geschätzt:

---

[138] Vgl. zu den Konvergenzproblemen **Ait-Sahalia und Lo** *(1998)*, Anhang A, S. 535 ff.

(3.77) $$\hat{\sigma}(F_{t,\tau},K,\tau)=\frac{\sum_{i=1}^{n}k_F\left(\frac{F_{t,\tau}-F_{t_i,\tau_i}}{h_F}\right)k_K\left(\frac{K-K_i}{h_K}\right)k_\tau\left(\frac{\tau-\tau_i}{h_\tau}\right)\sigma_i}{\sum_{i=1}^{n}k_F\left(\frac{F_{t,\tau}-F_{t_i,\tau_i}}{h_F}\right)k_K\left(\frac{K-K_i}{h_K}\right)k_\tau\left(\frac{\tau-\tau_i}{h_\tau}\right)}.$$

Mit dieser Volatilitätsfunktion wird anschließend die Optionspreisfunktion über das Black-Scholes Modell berechnet:

(3.78) $$C(S_t,K,\tau,\delta_{t,\tau},r_{t,\tau})=C^{BS}(S_t,K,\tau,\delta_{t,\tau},r_{t,\tau};\hat{\sigma}(F_{t,\tau},K,\tau)).$$

Durch die zweifache Differentiation dieser Optionspreisfunktion erfolgt dann die Bestimmung der risikoneutralen Wahrscheinlichkeiten:

(3.79) $$q(S_T)=e^{r\tau}\left(\frac{\partial^2 C(S_t,K,\tau,\delta_{t,\tau},r_{t,\tau})}{\partial K^2}\right).$$

Eine ähnliche Vorgehensweise wird auch von Rookley (1997) gewählt. Jedoch wendet Rookley (1997) eine bivariate Regression des Volatility Smiles in Abhängigkeit der Moneyness und der Restlaufzeit an.

Neben dem Vorteil der nicht vorgegebenen Funktionalform bei der nichtparametrischen Regression liegen Nachteile in der Vielzahl benötigter Daten und in dem hohen rechnerischen Aufwand begründet.[139] Zudem wird von Jackwerth (1999) ein „ non-intitutive way" zur Interpolation fehlender Daten kritisiert, welcher unplausible Datensprünge impliziert[140]

3.4.2.3 Maximierung der Entropie

Das Prinzip der maximalen Entropie gehört zu den informationstheoretischen Verfahren und wurde zur Bestimmung der risikoneutralen Dichtefunktion erstmals von

[139] **Ait-Sahalia und Lo** *(1998)* verwenden beispielsweise 14.000 Beobachtungswerte.

[140] Vgl. **Jackwerth** *(1999)*, S. 70.

Buchen und Kelly (1996) und Stutzer (1996) verwendet.[141] Das Verfahren der maximalen Entropie ermöglicht die Bestimmung einer eindeutigen Dichtefunktion, wenn mehrere potentielle Dichtefunktionen in Betracht kommen, die mit den beobachteten Optionspreisen kompatibel sind. Dieses mathematische Problem wird durch eine begrenzte Anzahl verfügbarer Optionspreise verursacht, die mit unendlich vielen Dichtefunktionen vereinbar sein können.[142] Das Kriterium der maximalen Entropie selektiert aus diesen möglichen Wahrscheinlichkeitsverteilungen die Funktion, bei der unter gegebenen Nebenbedingungen die geringsten Annahmen bezüglich unbekannter Informationen getroffen werden und die somit am vorurteilsfreisten ist.[143] Das Entropiemaß für die risikoneutrale Wahrscheinlichkeitsdichtefunktion $q(S_T)$ ist dabei definiert als:

$$\text{(3.80)} \qquad \mathrm{E}(q) = -\int_0^\infty q(S_T)\ln(q(S_T))\,dS_T\,.$$

Als Nebenbedingungen fungieren die Integrierbarkeit der Dichtefunktion zu Eins und die korrekte Bewertung der beobachteten Callpreise C_i:

$$\text{(3.81)} \qquad \int_0^\infty q(S_T)dS_T = 1$$

$$\text{(3.82)} \qquad \int_0^\infty c_i(S_T)\,q(S_T)dS_T = e^{r\tau}C_i\,,$$

wobei c_i die Auszahlung der Calloption $S_T - K$ darstellt.

Die Maximierung der Entropie (3.80) unter den Nebendingungen (3.81) und (3.82) erfolgt in drei Schritten. Zunächst wird die Hamilton-Funktion $H(q)$[144] aufgestellt:

---

[141] Die Entropie wird in der Informationstheorie als Maß für den Informationsgehalt einer Wahrscheinlichkeitsverteilung verstanden. Vgl. zum Entropiebegriff **Shannon** *(1948)* und zum Maximum-Entropie-Verfahren als Schätztechnik **Jaynes** *(1957)*.

[142] Vgl. **Cont** *(1999)*, S. 18.

[143] Vgl. **Jackwerth** *(1999)*, S. 70.

[144] Die Hamilton-Funktion wird allgemein zur Lösung von Maximierungsproblemen in stetiger Zeit verwendet und stellt damit das Pendant zum Lagrangeansatz dar, der für Lösungen von Maximierungsproblemen in diskreter Zeit verwendet wird.

(3.83) $$H(q) = -\int_0^\infty q(S_T)\ln(q(S_T))\,dS_T + (1+\lambda_0)\left(\int_0^\infty q(S_T)\,dS_T - 1\right)$$

$$+\sum_{i=0}^{m}\lambda_i\left(\int_0^\infty c_i(S_T)\,q(S_T)\,dS_T - e^{r\tau}C_i\right),$$

wobei $\lambda_0, \ldots, \lambda_m$ die Lagrange-Parameter sind. Im nächsten Schritt wird die Bedingung 1. Ordnung aufgestellt, wonach das totale Differential[145] von $H(q)$ Null sein muss:

(3.84) $$\delta H = \int_0^\infty \left[-\ln(q(S_T)) + \lambda_0 + \sum_{i=0}^{m}\lambda_i\, c_i(S_T)\right]\delta q(S_T)\,dS_T = 0\,.$$

Durch Lösung dieser Gleichung erhält man im dritten Schritt die risikoneutrale Dichtefunktion:

(3.85) $$q(S_T) = \frac{1}{\xi}\exp\left(\sum_{i=1}^{m}\lambda_i\, c_i(S_T)\right) \quad \text{mit} \quad \xi \equiv \frac{1}{e^{\lambda_0}} = \int_0^\infty \exp\left(\sum_{i=1}^{m}\lambda_i\, c_i(S_T)\right) dS_T\,.$$

Die maximale Entropie ergibt sich damit unter Beachtung von (3.85) aus:

(3.86) $$\mathrm{E}(\lambda_0,\ldots,\lambda_m) = \int_0^\infty q(S_T)\left[-\ln(\xi) + \sum_{i=1}^{m}\lambda_i\, c_i(S_T)\right] dS_T$$

$$= -\ln(\xi) + \sum_{i=1}^{m}\lambda_i e^{r\tau}C_i\,.$$

Die Lösung der Lagrangeparameter in Gleichung (3.86) erfolgt bei Buchen und Kelly (1996) unter Berücksichtigung der Integrationseigenschaft (3.81) und der Bewertungsrestriktion (3.82). Dazu wird Gleichung (3.85) in die Nebenbedingungen (3.81)(3.82) eingesetzt und das resultierende nichtlineare Gleichungssystem numerisch geschätzt.[146]

Eine Verallgemeinerung des beschriebenen einfachen Entropiemaßes ist durch die Vorgabe bzw. Kenntnis einer Wahrscheinlichkeitsverteilung möglich. Dazu wird die

---

[145] **Buchen und Kelly** *(1996)* verwenden hier den synonymen Ausdruck Frêchet-Ableitung.

[146] Vgl. für Details zu diesem Schätzverfahren **Buchen und Kelly** *(1996)*, S. 150 ff.

Kreuzentropie[147] zwischen der geschätzten und der a-priori gegebenen Wahrscheinlichkeitsfunktion $p(S_T)$ maximiert:

$$(3.87) \qquad E(q,p) = -\int_0^\infty q(S_T)\ln\left[\frac{q(S_T)}{p(S_T)}\right]dS_T .$$

Handelt es sich bei der vorgegebenen Verteilung um eine gleichförmige Verteilung, reduziert sich die Kreuzentropie zur einfachen Entropie. Als a-priori Wahrscheinlichkeitsverteilungen fungieren bei Buchen und Kelly (1996) die gleichförmige Verteilung und die Lognormalverteilung, während Stutzer (1996) die historische Wahrscheinlichkeitsverteilung als Vorgabe präferiert.

Ein Vorteil der vorgestellten informationstheoretischen Entropiemaße liegt in ihrem objektiven Charakter als Optimierungskriterium begründet. Da aber keine Anforderungen an die Glätte der Funktion gestellt werden, ist die Verwendung der Entropiemaße auch mit entsprechenden Nachteilen verbunden. In der Praxis kann es beispielsweise zu multimodalen risikoneutralen Dichtefunktionen kommen, die theoretisch nicht fundiert sind. Ein Lösungsversuch dieses Problems findet sich in Jackwerth und Rubinstein (1996). Über eine Bestrafungsfunktion berücksichtigen die Autoren starke Variationen der Funktion und implementieren Anforderungen an die Glätte. Hierbei ist die relative Gewichtung zwischen Entropie und Glätte für die Ergebnisse von entscheidender Bedeutung.[148]

3.4.2.4 Implizite Bäume

Die Grundidee impliziter Bäume besteht darin, den Preisprozess des Basiswertes über beobachtete Optionspreise diskret zu approximieren, wobei die Abhängigkeit impliziter Volatilitäten von der Laufzeit und dem Ausübungspreis einer Option berücksichtigt wird. Insofern modifizieren implizite Baumverfahren das binomiale Optionspreismo-

---

[147] Die Kreuzentropie wird auch häufig in Anlehnung an ihre Begründer als Kullback-Leibler Informationskoeffizient oder Kullback-Leibler-Distanz bezeichnet.

[148] Vgl. **Cont** *(1999)*, S. 19.

dell von Cox, Ross und Rubinstein (1979), welches als diskretes Analogon zum stetigen Black-Scholes Modell eine konstante Volatilität unterstellt. In der Literatur werden verschiedene Ansätze zur Konstruktion eines impliziten Baums anhand von Optionsdaten diskutiert. Grundsätzlich lassen sich die Verfahren danach unterscheiden, ob sie den Preisprozess des Basiswerts vorwärts oder rückwärts gerichtet induzieren. Bei der erstgenannten Technik werden ausgehend von der Wurzel des Baums die nachfolgenden Knotenpunkte und deren Pfadwahrscheinlichkeiten auf Basis eines festgelegten Startwerts iterativ bestimmt. Diese Vorgehensweise findet sich in den Arbeiten von Derman und Kani (1994a), sowie in den darauf basierenden Modifikationen von Barle und Cakici (1998). Rückwärtsgerichtete Bäume hingegen berechnen ausgehend von den Endwerten des klassischen Binomialbaums von Cox, Ross und Rubinstein (1979) sukzessive die vorgelagerten Werte des impliziten Baums. Diese Technik ist auf Rubinstein (1994) zurückzuführen und wurde von Jackwerth (1997) an einigen Schwachstellen verbessert.[149]

Eine Weiterentwicklung der Binomialbäume stellen die so genannten Trinomialbäume dar, welche zusätzlich die Möglichkeit einer konstanten Entwicklung des Basiswerts berücksichtigen. Nennenswerte Beiträge zu diesem Thema sind die Arbeiten von Derman, Kani und Chriss (1996) und Dupire (1994). Zudem wird in neueren Forschungsbeiträgen eine stochastische Volatilitätskomponente bei der Konstruktion impliziter Bäume integriert. Beispiele zu dieser Forschungsrichtung finden sich bei Britten-Jones und Neuberger (2000) und Derman und Kani (1998).

Die folgende Darstellung der Konstruktion eines impliziten Binomialbaums folgt aufgrund seiner Popularität dem vorwärtsgerichteten Derman und Kani (1998) Algorithmus.[150] Im Anschluss daran werden die wichtigsten Modifikationen dieses Ansatzes beschrieben.

Ein impliziter Baum besteht aus der Konstruktion des Entwicklungsprozesses des Basiswerts S, den damit verbundenen Wahrscheinlichkeiten p und den dazugehörigen

[149] Bei **Jackwerth** *(1997)* werden auch die Informationen exotischer oder amerikanischer Optionen bei der Berechnung der Knotenpunkte integriert, während das ursprüngliche Verfahren von **Rubinstein** *(1994)* ausschließlich europäische Optionen betrachtet.

[150] Für einen ähnlichen, jedoch rückwärtsgerichteten Binomialbaum mit konkretem Zahlenbeispiel vgl. **Jackwerth** *(1999)*, S. 73 ff.

Arrow-Debreu-Preisen λ. Die Knoten des Baums werden iterativ unter Berücksichtigung der Informationen des vorherigen Zeitpunkts und unter Bezugnahme auf die Informationen beobachteter Optionspreise und Basiswerte induziert. Die Erzeugung des impliziten Baums im Intervall $[t_n, t_{n+1}]$ erfordert zunächst die Unterteilung der Restlaufzeit der Option in äquidistante Zeitperioden Δt. Es wird angenommen, dass sich der Basiswert zum Zeitpunkt t_n ausgehend vom Wert $S_{n,i}$ auf der n-ten Stufe des Baums im i-ten Knoten entweder mit der Wahrscheinlichkeit $p_{n,i}$ ansteigend zum Knotenpunkt $S_{n+1,i+1}$ oder absteigend mit der Komplementärwahrscheinlichkeit $1 - p_{n,i}$ zum Knotenpunkt $S_{n+1,i}$ im Zeitpunkt t_{n+1} entwickelt (vgl. Abbildung 3.9).

Die Aktienkurse und die risikoneutralen Wahrscheinlichkeiten für ein Steigen oder ein Sinken des Ausgangswerts werden dabei unter der Restriktion bestimmt, dass die diskontierten Aktien-und Optionspreise die Martingaleigenschaft erfüllen. Der Erwartungswert des Basiswerts muss infolgedessen mit seinem Terminkurs $F_{n,i}$ übereinstimmen:

(3.88) $$E[S_{n,i}] = p_{n,i}S_{n+1,i+1} + (1 - p_{n,1})S_{n+1,i} = F_{n,i} = e^{r\Delta t} S_{n,i},$$

wobei r die risikolose Verzinsung und Δt die Zeitperiode zwischen t_n und t_{n+1} darstellt. Eine entsprechende Umstellung dieser Gleichung führt direkt zu einem Ausdruck zur Berechnung der Wahrscheinlichkeiten $p_{n,i}$:

(3.89) $$p_{n,i} = \frac{F_{n,i} - S_{n+1,i}}{S_{n+1,i+1} - S_{n+1,i}}.$$

Zudem gilt aufgrund der zu erfüllenden Martingaleigenschaft der Optionspreise, dass n Optionswerte – $C(K, t_{n+1})$ und $P(K, t_{n+1})$ mit Fälligkeit in t_{n+1} und einem Ausübungspreis von $K = S_{n,i}$ – vom Markt korrekt bewertet werden und folglich mit ihren theoretischen Werten übereinstimmen. Der Marktwert dieser Optionen wird durch die Interpolation des Volatility-Smile zum Zeitpunkt t_{n+1} auf Basis des Modells von Cox, Ross und Rubinstein (1979) bestimmt.

Abbildung 3.9: Konstruktion eines impliziten Baumes

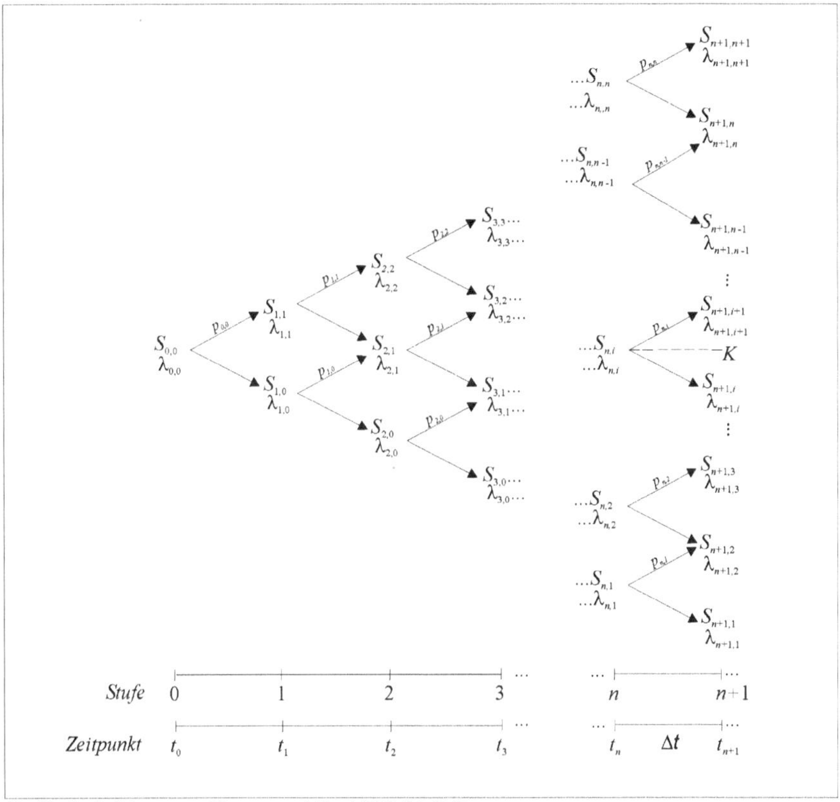

Quelle: In Anlehnung an Derman und Kani (1994b), S. 2.

Der theoretische Optionswert ergibt sich als die diskontierte Summe aller Produkte zwischen den risikoneutralen Wahrscheinlichkeiten und der Auszahlung jeder Option auf der Stufe $n+1$:

(3.90) $$C(K,\, t_{n+1}) = e^{-r\Delta t} \sum_{i=1}^{n+1} \{\lambda_{n,i} p_{n,i} + \lambda_{n,i+1}(1 - p_{n,i+1})\} \max(S_{n+1,i+1} - K, 0)$$

(3.91) $$P(K,\, t_{n+1}) = e^{-r\Delta t} \sum_{i=1}^{n+1} \{\lambda_{n,i} p_{n,i} + \lambda_{n,i+1}(1 - p_{n,i+1})\} \max(K - S_{n+1,i+1}, 0).$$

Diese Konstruktion des Baums führt zu n Gleichungen zur Bestimmung des Erwartungswerts des Basiswerts und n Gleichungen zur Bestimmung der theoretischen Optionspreise. Beim Übergang von Stufe n zur Stufe $n+1$ müssen jedoch $n+1$ Basiswerte determiniert werden. Der somit verbleibende Freiheitsgrad wird von Derman und Kani (1994a) genutzt, um im ersten Schritt den mittleren Knoten der neuen Stufe zu fixieren. Die Festlegung dieses Knotens ist von der gesamten Anzahl der Knoten auf dieser neuen Stufe abhängig. Ist die Anzahl der Knoten ungerade, wird der mittlere Knoten $S_{n+1,i}$ mit dem aktuellen Kassakurs $S = S_{0,0}$ gleichgesetzt.

Ist die Anzahl der Knoten gerade, werden die zwei mittleren Knoten $S_{n+1,i}$ und $S_{n+1,i+1}$ unter der Bedingung $S_{n+1,i} = S^2/S_{n+1,i+1}$ festgelegt.[151]

Dadurch wird gewährleistet, dass die logarithmische Spannweite sowohl zwischen $S_{n,i}$ und $S_{n+1,i+1}$ als auch zwischen $S_{n,i}$ und $S_{n+1,i}$ identisch ist. Der Wert des ansteigenden mittleren Knotens ergibt sich in diesem Fall aus:

$$(3.92) \qquad S_{n+1,i+1} = \frac{S\left\{e^{r\Delta t}C(S,t_{n+1}) + \lambda_{n,i}S - \sum_{j=i+1}^{n}\lambda_{n,j}\left(F_{n,j} - S_{n,i}\right)\right\}}{\lambda_{n,i}F_{n,i} - e^{r\Delta t}C(S,t_{n+1}) + \sum_{j=i+1}^{n}\lambda_{n,j}\left(F_{n,j} - S_{n,i}\right)}.$$

Der niedrigere mittlere Knoten ist anschließend über $S_{n+1,i} = S^2/S_{n+1,i+1}$ ableitbar.

Die Kenntnis des mittleren Knotens bzw. der beiden mittleren Knoten ermöglicht nun die Bestimmung aller Knoten oberhalb und unterhalb des mittleren Knotens. Dabei werden alle höheren Knoten durch den Wert der interpolierten Calloption $C(S_{n,i}, t_{n+1})$ und dem Terminkurs $F_{n,i}$ determiniert:

$$(3.93) \qquad S_{n+1,i+1} = \frac{S_{n,i}\left\{e^{r\Delta t}C(S_{n,i},t_{n+1}) - \sum_{j=i+1}^{n}\lambda_{n,j}\left(F_{n,j} - S_{n,i}\right)\right\} - \lambda_{n,i}S_{n,i}\left(F_{n,i} - S_{n+1,i}\right)}{\left[e^{r\Delta t}C(S_{n,i},t_{n+1}) - \sum_{j=i+1}^{n}\lambda_{n,j}\left(F_{n,j} - S_{n,i}\right)\right] - \lambda_{n,i}\left(F_{n,i} - S_{n+1,i}\right)}.$$

Analog lässt sich die Formel für das Erreichen niedriger Knoten unterhalb des mittle-

[151] Diese Festlegung der mittleren beiden Knoten ist mit der Vorgehensweise von **Cox, Ross und Rubinstein** *(1979)* identisch.

ren Knotens über den Wert der interpolierten Putoption $P(S_{n,i}, t_{n+1})$ und dem Terminkurs $F_{n,i}$ induzieren:

$$(3.94)\qquad S_{n+1,i} = \frac{S_{n,i+1}\left\{e^{r\Delta t}P(S_{n,i},t_{n+1}) - \sum_{j=i}^{i-1}\lambda_{n,j}(S_{n,i}-F_{n,j})\right\} + \lambda_{n,i}S_{n,i}(F_{n,i}-S_{n+1,i+1})}{\left[e^{r\Delta t}P(S_{n,i},t_{n+1}) - \sum_{j=1}^{i-1}\lambda_{n,j}(S_{n,i}-F_{n,j})\right] + \lambda_{n,i}(F_{n,i}-S_{n+1,i+1})}.$$

Über diese Gleichungen kann jeder einzelne Knoten der Entwicklung des Basiswerts und die dazu gehörigen Wahrscheinlichkeiten sukzessive hergeleitet werden. Die Berechnung der Arrow-Debreu Preise, welche den diskontierten risikoneutralen Wahrscheinlichkeiten entsprechen, erfolgt anschließend mit Hilfe der ermittelten Wahrscheinlichkeiten. Dazu werden ausgehend von der Wurzel des Baums die mit dem risikolosen Zinssatz diskontierten Produkte der einzelnen Wahrscheinlichkeiten und der jeweiligen bekannten Arrow-Debreu Preise aller Knoten bis zu dem gesuchten Knoten kumuliert:

$$(3.95)\qquad \lambda_{n+1,1} = e^{-r\Delta t}\left[(1-p_{n,1})\lambda_{n,1}\right]$$

$$\lambda_{n+1,i+1} = e^{-r\Delta t}\left[(\lambda_{n,i}p_{n,i}) + \lambda_{n,i+1}(1-p_{n,i+1})\right] \quad \text{für } 2 \le i \le n$$

$$\lambda_{n+1,n+1} = e^{-r\Delta t}\lambda_{n,n}p_{n,n},$$

wobei $\lambda_{1,1} = 1$ definiert wird. Die diskontierten risikoneutralen Wahrscheinlichkeiten können sodann anhand der Arrow-Debreu Preise von dem konstruierten Baum abgelesen werden.

Ein Problem des Derman-Kani Algorithmus besteht darin, dass Wahrscheinlichkeiten auftreten können, die nicht zwischen Null und Eins liegen. In diesem Fall entspricht der Erwartungswert des künftigen Basiswerts nicht mehr dem Terminkurs. Dabei führt eine Wahrscheinlichkeit $p_{n,i} > 1$ zu einem ansteigenden Basiswert $S_{n+1,i+1}$, der unterhalb des Terminkurses $F_{n,i}$ liegt und eine Wahrscheinlichkeit $p_{n,i} < 0$ zu einem fallenden Basiswert $S_{n+1,i}$, der oberhalb des Terminkurses $F_{n,i+1}$ liegt. Durch diese Verletzung der Martingaleigenschaft wird risikolose Arbitrage ermöglicht. Zur Behebung dieses Problems wird von Derman und Kani (1994b) vorgeschlagen, bei einem induzierten Basiswert, der nicht in den Intervallgrenzen $F_{n,i} < S_{n+1,i+1} < F_{n,i+1}$ liegt, den Basiswert so zu bestimmen, dass das logarithmische Verhältnis zwischen den beiden

Nachbarknoten mit dem logarithmischen Verhältnis der beiden Nachbarknoten der vorherigen Stufe identisch ist:

$$\ln\left(\frac{S_{n+1,i+1}}{S_{n+1,i}}\right) = \ln\left(\frac{S_{n,i}}{S_{n,i-1}}\right). \tag{3.96}$$

Auch Barle und Cakici (1998) versuchen in ihrer Arbeit dem Problem der Nichtarbitragefreiheit entgegenzuwirken, indem sie den Ansatz von Derman und Kani (1994b) in verschiedenen Punkten modifizieren. Dazu wird einerseits der mittlere Knotenpunkt bzw. die mittleren beiden Knoten mit dem Terminkurs und nicht mit dem Kassakurs fixiert. Bei einer ungeraden Anzahl von Knoten auf der neuen Stufe gilt $S_{n+1,i} = S_{n,i}e^{r\Delta t} = F_{n,i}$, bei einer geraden Anzahl von Knoten erfolgt die Festlegung unter der Restriktion $S_{n+1,i} = F_{n,i}^2 / S_{n+1,i+1}$. Dadurch weisen die verwendeten interpolierten Optionen einen Ausübungspreis auf, der dem Terminkurs des Vorgängerknotens entspricht. Andererseits verwenden Barle und Cakici (1998) das weniger rechenintensive Black-Scholes Modell zur Interpolation der benötigten Optionen und nicht den Binomialbaum von Cox, Ross und Rubinstein (1979).

Auch das zu Beginn des Abschnitts erwähnte Trinomialbaummodell von Derman, Kani und Chriss (1996) begegnet dem Problem negativer Wahrscheinlichkeiten und Wahrscheinlichkeiten über Eins. Durch die zusätzliche Berücksichtigung einer möglichen konstanten Entwicklung des Basiswerts entstehen weitere Freiheitsgrade, die von Derman, Kani und Chriss (1996) dazu genutzt werden, die Basiswerte der Knotenpunkte, unter Berücksichtigung eines angemessenen Abstands zwischen den unterschiedlichen Basiswerten, unabhängig von den tatsächlichen Daten festzulegen. Mit Hilfe der beobachteten Optionspreise werden schließlich die Übergangswahrscheinlichkeiten berechnet. Dadurch werden negative Wahrscheinlichkeiten und Wahrscheinlichkeiten über Eins weitgehend vermieden.

4 Anwendungsgebiete risikoneutraler Wahrscheinlichkeitsdichtefunktionen

Risikoneutrale Wahrscheinlichkeitsdichtefunktionen haben sich außer bei der Bewertung von Zahlungsströmen[152] zunehmend auch als wissenschaftliches Analyseinstrument etabliert, um wichtige Erkenntnisse über die Risikoeinschätzungen sowie über die Erwartungen und Reaktionen der Marktteilnehmer zu gewinnen. Daneben können die Informationen risikoneutraler Verteilungen auch bei der Analyse der Terminkursverzerrung neue Erkenntnisse bringen. Die Informationen risikoneutraler Verteilungen wurden daher auch in der jüngeren Vergangenheit verstärkt von Zentralbanken bei der Implementierung geldpolitischer Entscheidungen genutzt.[153] So konstatiert die Deutsche Bundesbank (2001):„Finanzmarktpreise erschließen der Notenbank Informationen über die jeweils aktuellen Zukunftseinschätzungen der Marktteilnehmer. Diese Kenntnisse sind für die praktische Geldpolitik wichtig. Eine mechanische Ausrichtung an den neuen Indikatoren ist allerdings weder sinnvoll noch möglich."[154]

In dem folgenden Literaturüberblick wird zunächst die Anwendung risikoneutraler Verteilungen zur Erfassung von Reaktionen und Erwartungen im Rahmen von Ereignisstudien dargestellt. Es folgt ein Einblick in neuere Arbeiten, welche die risikoneutralen Wahrscheinlichkeiten zur Bestimmung von Risikopräferenzen nutzen.

---

[152] Mit Hilfe risikoneutraler Wahrscheinlichkeitsdichtefunktionen ist es möglich jede potentielle Zahlung mit der gleichen Fälligkeit wie die der Option selbst, zu bewerten. Die Extrahierung der risikoneutralen Dichtefunktion aus liquiden Optionen ermöglicht dadurch die arbitragefreie Bewertung illiquider oder exotischer Optionen. Wichtig ist dabei, dass es sich um eine Option europäischen Typs handelt. Dadurch wird gewährleistet, dass die Möglichkeit einer vorzeitigen Ausübung, wie im Falle amerikanischer Optionen, nicht berücksichtigt werden muss. So nutzen beispielsweise **Posner und Milevsky** *(1998)* die sich aus der Johnson-Verteilung ergebende risikoneutrale Wahrscheinlichkeitsdichtefunktion zur Herleitung einer analytischen Bewertungsformel für exotische Calloptionen europäischen Typs.

[153] Vgl. z.B. **Gereben** *(2002)*, S. 51-52, der die Einbeziehung von Optionspreisen in die makroökonomischen Beobachtungsindikatoren der neuseeländischen Zentralbank diskutiert. Eine allgemeine Einschätzung zum Nutzen risikoneutraler Wahrscheinlichkeitsdichtefunktionen in der Geldpolitik findet sich bei **Bahra** *(1997)*, S. 44 ff. Ein konkretes Beispiel für die geldpolitische Analyse mittels risikoneutraler Verteilungen stellt die Untersuchung der **Deutschen Bundesbank** *(2003)* dar, bei der die Veränderung der Markterwartungen über den US-Dollar/Euro-Wechselkurs im Umfeld des G7 Treffens am 20.09.2003 analysiert wird

[154] **Deutsche Bundesbank** *(2001)*, S. 46.

4.1 Markterwartungen und monetäre Schocks

Ein breites Anwendungsgebiet risikoneutraler Wahrscheinlichkeitsdichtefunktionen stellt inzwischen die Untersuchung von Markterwartungen im Rahmen von Ereignisstudien dar. Durch Vergleiche der risikoneutralen Verteilungen vor und nach einem ökonomisch oder politisch bedeutsamen Ereignis können Rückschlüsse auf die Veränderungen bzw. die Reaktionen der Markterwartungen im Umfeld von „News" gezogen werden. Dabei ist der Informationsgehalt deutlich höher als bei traditionellen Ereignisstudien, die nur über abnormale Renditen die Auswirkungen eines Ereignisses quantifizieren.[155] Die Untersuchung risikoneutraler Verteilungen ermöglicht über den Erwartungswert hinausgehende Aussagen, da sich über die Betrachtung der Standardabweichung, der Schiefe und der Kurtosis auch Hinweise zu Veränderungen der Risikoeinschätzungen ergeben. So deutet beispielsweise eine zunehmende (sinkende) Standardabweichung auf eine gestiegene (gesunkene) Risikoeinschätzung seitens der Marktteilnehmer hin. Die Schiefe hingegen gibt an, ob positive (= rechtsschiefe Dichtefunktion) oder negative (= linksschiefe Dichtefunktion) Abweichungen vom Mittelwert als wahrscheinlicher erachtet werden. Die Kurtosis zeigt die Spitzigkeit der Dichtefunktion sowie deren Wölbung an den Verteilungsenden und gibt daher Hinweise auf die zugemessene Eintrittswahrscheinlichkeit von Extremereignissen. Hierbei bewirkt eine zunehmende Kurtosis eine stärker ausgeprägte Spitzigkeit der Dichtefunktion und damit verbundene größere Wölbungen der Verteilungsenden, die als erhöhte Wahrscheinlichkeit für das Auftreten von Extremereignissen in beide Richtungen interpretierbar sind.

Zahlreiche Arbeiten der Literatur nutzen mittlerweile die umfassenderen Erkenntnismöglichkeiten durch die Einbeziehung von Aspekten der risikoneutralen Verteilung. Besonders interessant im Rahmen dieser Arbeit sind solche Studien, die Wirkungen von Zentralbankaktionen auf Wechselkurse und Zinsen untersuchen. Ereignisstudien bzw. längerfristige Regressionsanalysen dieser Art bilden daher den Anfang des folgenden Überblicks. Anschließend erfolgt die Darstellung von Ereignisstudien, die sich auf die Untersuchung länderspezifischer und politischer Ereignisse konzentrieren.

---

[155] Vgl. zur Vorgehensweise traditioneller Ereignisstudien **MacKinlay** *(1997)*.

4.1.1 Zentralbankentscheidungen -und ankündigungen

Die Wirkung der Geldpolitik auf reale Größen vollzieht sich in erheblichem Maße über die Beeinflussung von Erwartungen.[156] Daher ist es wichtig die Reaktionen der Marktteilnehmer auf Zentralbankentscheidungen zu verstehen. Als Analyseinstrument der Markterwartungen fungierten bisher die Terminpreise von Wechselkursen und Zinsen, die jedoch nur Aufschluss über den Erwartungswert geben können. Durch die Analyse der risikoneutralen Verteilung von Optionen wird es nun möglich auch die Veränderung der Risikoeinschätzungen seitens der Marktteilnehmer zu erfassen.

Levin, McManus und Watt (1998) untersuchen die Markterwartungen über den Wechselkurs Kanadischer Dollar/US-Dollar im Kontext der Veröffentlichung von drei kanadischen *Monetary Policy Reports* sowie verschiedener Ereignisse während der mexikanischen Pesokrise und Ereignissen während der Asienkrise mit Hilfe der über den Lognormalverteilungsmischansatz gewonnenen risikoneutralen Verteilung. Es kann festgestellt werden, ob geldpolitische Entscheidungen den Markt überraschen und zu starken Veränderungen der Risikoeinschätzungen geführt haben. Diese Analysemöglichkeit geht damit über eine einfache Schätzung des Erwartungswerts mit Hilfe von Terminkursen hinaus und ist daher auch in der Diskussion um die Transparenz in der Geldpolitik aufschlussreich. Die Autoren stellen eine große Reaktion der Markterwartungen fest, wenn der geldpolitische Bericht eine Politikwende aufgrund neuer Fundamentalfaktoren signalisiert und wenn während der Währungskrisen ein überraschender Politikwechsel eintritt. In diesen Fällen sind die Ereignisse mit einem signifikanten Anstieg der Volatilität und Kurtosis verbunden. Dieses Ergebnis zeigt, dass nichtantizipierte Ereignisse bei den Marktteilnehmern zu einer größeren Unsicherheit führen und Extremereignisse mit einer erhöhten Wahrscheinlichkeit erwartet werden.

Ähnlich analysiert Bahra (1997) den Einfluss des Inflationsberichts der englischen Zentralbank am 14. Mai 1996, die Bekanntgabe der Geldmenge M3 der deutschen Bundesbank am 23. Februar 1996 und die Zinssenkung der *Bank of England* am 06. Juni 1996 auf die Zinserwartungen der Marktteilnehmer. Er stellt fest, dass sich im Zuge des Inflationsreports, welcher eine Inflationsprognose von 2,5% in den nächsten

---

[156] Vgl. **Woodford** *(2005)*, der Geldpolitik als „management of expectations" bezeichnet.

zwei Jahren und damit verbundene konstante Zinsen beinhaltete, die risikoneutrale Verteilung zu Gunsten eines höheren Erwartungswerts mit ausgeprägteren rechten Verteilungsenden verändert hat. Ähnliche Anpassungen stellt er auch bei der risikoneutralen Verteilung der deutschen Dreimonatszinsen nach Bekanntgabe der Geldmenge M3 fest. Die überraschende Zinssenkung im Juni 1996 führte zu einer offensichtlichen Anpassung der Zinserwartungen mit einem 25 Basispunkte niedrigeren Erwartungswert und gestiegenen Volatilitäten.[157]

Ebenso betrachtet Mandler (2003) die Zinserwartungen im Kontext von Zentralbanksitzungen, wobei er auf die Sitzungen der *Europäischen Zentralbank* (*EZB*) von Januar 2000 bis August 2001 fokussiert. Über die Anpassung eines Volatility Smiles mittels kubischer Splinefunktionen nach der Technik von Bliss und Panigirtzoglou (2002) extrahiert er die risikoneutralen Wahrscheinlichkeitsdichtefunktionen vor und nach zehn ausgewählten Zentralbankratssitzungen. Dabei beobachtet der Autor, dass antizipierte Entscheidungen der *EZB* zu einer geringeren Unsicherheit der Marktteilnehmer führen, wobei dieser Effekt bei korrekt antizipierten Zinserhöhungen besonders ausgeprägt ist.

Auch Castrén (2005) analysiert die Veränderungen der risikoneutralen Dichtefunktionen im Umfeld von Zinsentscheidungen der Zentralbanken. Der Autor untersucht jedoch im Gegensatz zu Mandler (2003) die risikoneutralen Verteilungen von Wechselkursen, wobei erstmals der Wechselkurs des Polnischen Zloty, der Tschechischen Krone und des Ungarischen Forint gegenüber dem Euro und gegenüber dem US-Dollar betrachtet werden. Castrén (2005) schätzt zunächst an ausgewählten Tagen zwischen dem 2. September 2003 und dem 12. Mai 2004[158] die risikoneutralen Wahrscheinlichkeitsdichtefunktionen mit der Methode von Malz (1997a) und untersucht anschließend durch eine Regressionsanalyse die systematischen Veränderungen der impliziten Momente der risikoneutralen Verteilungen.[159] Dabei stellt er fest, dass Änderungen der Geldpolitik zu systematischen Anpassungen der Momente der risikoneutra-

[157] Diese 25 Basispunkte entsprechen genau der Zinssenkung.

[158] Obwohl dieser Zeitraum relativ kurz erscheint, sei angemerkt, dass in dieser Periode acht Zinssenkungen in Polen, drei Zinssenkungen und eine Zinserhöhung in der Tschechischen Republik sowie drei Zinserhöhungen und eine Abwertung des Forints stattgefunden haben. In Euroland gab es hingegen im gleichen Zeitraum zwei Zinssenkungen und in den USA eine Zinssenkung.

[159] Vgl. zu den Details der Regressionsanalyse **Castrén** *(2005)*, S. 19 ff.

len Wahrscheinlichkeitsdichtefunktionen der Tschechischen Krone und des Ungarischen Forints führen, während der Einfluss auf den Polnischen Zloty gering ist. So weisen insbesondere die risikoneutralen Verteilungen von CZK/USD und HUF/USD vor inländischen (ausländischen)[160] geldpolitischen Entscheidungen zunehmende Standardabweichungen auf, welche auf cine erhöhte Unsicherheit der Marktteilnehmer vor Zinsentscheidungen hindeuten. Die weitergehende Untersuchung für den Wechselkurs HUF/EUR mit Hilfe eines Logit-Modells ergibt, dass sich alle impliziten Momente am Tag vor Zinssenkungen signifikant ändern. So zeigt die steigende implizite Standardabweichung eine zunehmende Verunsicherung der Marktteilnehmer, während die Schiefe und somit die Wahrscheinlichkeit einer Schwächephase des Forints ebenso wie die Kurtosis und damit verbunden die Wahrscheinlichkeit extremer Wechselkursauschläge sinkt.

4.1.2 Devisenmarktinterventionen

Auch in der seit Beginn der 80-er Jahre kontrovers geführten Diskussion über die Auswirkungen von sterilisierten Devisenmarktinterventionen[161] auf den Wechselkurs versprechen die risikoneutralen Dichtefunktionen neue Erkenntnisse im Vergleich zu klassischen Analysemethoden.[162] So stand anfänglich nur das Wechselkursniveau im Mittelpunkt der Analysen. Dominguez und Frankel (1993) finden für den Yen/US-Dollar-Wechselkurs und den DM/US-Dollar-Wechselkurs zwischen 1984 und 1990 einen signifikanten Einfluss von sterilisierten Devisenmarktinterventionen auf das Wechselkursniveau. Catte, Galli und Rebecchini (1994) bestätigen in einer Untersuchung von 17 koordinierten Interventionen diesen Zusammenhang. Zu gegensätzlichen Ergebnissen kommen Baillie und Osterberg (1997), die für Interventionen der Fed

---

[160] Mit ausländischen geldpolitischen Entscheidungen sind hier die Zinsänderungen der *EZB* und der *Fed* gemeint.

[161] Bei sterilisierten Interventionen wird einer Veränderung der Geldbasis durch gegenläufige Geschäfte gegenüber dem Bankensystem neutralisiert. So wäre bspw. ein Devisenankauf mit einer Zunahme der Geldbasis und einer Zinssenkung verbunden, wenn nicht gleichzeitig durch eine Kreditverknappung gegenüber dem Bankensektor der Anstieg der Geldbasis ausgeglichen würde.

[162] Vgl. als eine der ersten Arbeiten zum Einfluss von Devisenmarktinterventionen **Jurgenson** *(1984)*.

zwischen 1985 und 1990 keine Auswirkungen auf den DM/US-Dollar-Wechselkurs und den Yen/US-Dollar-Wechselkurs feststellen.

Mitte der 90-er Jahre konzentrierte sich die Forschung zunehmend auf die Auswirkung von Devisenmarktinterventionen auf die Wechselkursvolatilität. Dabei finden Connolly und Taylor (1994) und Baillie und Humpage (1992) anhand eines GARCH-Modells eine positive Korrelation zwischen Devisenmarktinterventionen und der Wechselkursvolatilität. Dominguez (1993) differenziert diesen Zusammenhang, indem sie zwischen offiziell angekündigten Interventionen und versteckten Interventionen unterscheidet. Bei öffentlich bekannt gegebenen Devisenmarktinterventionen stellt sie eine Verringerung der Wechselkursvolatilität fest, während versteckte Interventionen einen Volatilitätsanstieg zur Folge haben.

Eine Weiterentwicklung der Analyse des Effektes von Devisenmarktinterventionen auf die Volatilität stellt der Rückgriff auf die Volatilität von Devisenoptionen dar. Die Risikoeinschätzung des Marktes wird hierdurch möglicherweise deutlich zutreffender erfasst als dies über GARCH-Modellierungen möglich ist. So zeigen die Arbeiten von Bonser-Neal und Tanner (1996), Murray, Zelmer und Mc Manus (1997), Dominguez (1998) und Aguilar und Nydahl (2000), dass die Unsicherheit der Marktteilnehmer nach Devisenmarktinterventionen zunimmt. Cooper und Talbot (1999) nutzen erstmals die vollständige risikoneutrale Wahrscheinlichkeitsdichtefunktion, um auch die Auswirkungen von Devisenmarktinterventionen auf die höheren Momente zu untersuchen. Neben der Volatilität sind dadurch asymmetrische Markterwartungen und die Veränderung von erwarteten extremen Kursausschlägen analysierbar.

Cooper und Talbot (1999) konzentrieren sich in ihrer Studie auf das Wechselkursverhältnis Yen/Dollar im Jahr 1998, als der Yen bis August abwertete und zwischen dem 06. Oktober und dem 08. Oktober um 14% aufwertete. Über die modifizierte Anpassung des Volatility Smiles nach der Methodik von Malz (1997a) extrahieren die Autoren die risikoneutrale Verteilung aus Yen/US-Dollar Währungsoptionen. Dabei stellen sie fest, dass sich die Form und die Lage der risikoneutralen Verteilung zwischen dem 06. Oktober und dem 09. Oktober signifikant geändert haben. Während zu Beginn der Aufwertungsphase eine fast symmetrische Verteilung mit einer 5%-igen Wahrscheinlichkeit eines Wechselkurses unter 120 Yen zu beobachten war, wies die Verteilung am 9. Oktober nach der deutlichen Aufwertung des Yens eine größere Standardabweichung und eine deutlich negative Schiefe auf. Gleichzeitig änderte sich der Terminkurs von 132 Yen auf 117 Yen. Aufgrund dieser Änderungen kommen Cooper und Talbot (1999) zu dem Schluss, dass die Aufwertung des Yens im Oktober für die Marktteilnehmer überraschend eintrat. Die unilaterale Intervention der *Bank of Japan* im April und die koordinierte Intervention mit der *Fed* im Juni zur Stützung des Yens hatten hingegen kaum einen Einfluss auf die risikoneutralen Wahrscheinlichkeitsdichtefunktionen und haben somit keine signifikanten Änderungen der Markterwartungen hervorgerufen.

Die Veränderung risikoneutraler Dichtefunktionen im Kontext von Zentralbankinterventionen stehen auch bei Galati und Melick (2002) im Mittelpunkt. Für den Zeitraum September 1993 bis April 1996 analysieren die Autoren die impliziten Markterwartungen für den Wechselkurs Japanischer Yen/US-Dollar vor Interventionen der *Fed* und der *Bank of Japan* anhand von OTC-Optionsdaten. In einer Regressionsanalyse werden dazu die Momente der ermittelten risikoneutralen Wahrscheinlichkeitsdichtefunktionen auf verschiedene Kontrollvariablen und eine Dummyvariable, die die Wahrnehmung einer Intervention repräsentiert, regressiert. Dabei stellen Galati und Melick (2002) einen signifikanten Einfluss des Interventionsdummys auf die Volatilität der risikoneutralen Verteilung fest, woraus auf eine zunehmende Verunsicherung der Marktteilnehmer bei erwarteten Interventionen geschlossen wird.

Der Währungsoptionsmarkt im Kontext von Yen/US-Dollar Interventionen bildet ebenfalls den Fokus in der Studie von Castrén (2004). Der Autor nutzt dazu die Technik von Malz (1997a) und analysiert, wie sich die Momente risikoneutraler Wahrscheinlichkeitsdichtefunktionen von Yen/Euro, US-Dollar/Euro und Yen/US-Dollar Optionen im Umfeld von Interventionen der *Bank of Japan* und der *Federal Reserve Bank* zwischen April 1992 und Dezember 2003 verändert haben. Dabei findet er Evidenzen dafür, dass sich der Erwartungswert und die Schiefe der risikoneutralen Verteilungen der Yen/US-Dollar und Yen/Euro Optionen bei Yen-Käufen (Verkäufen) der *Federal Reserve Bank* zu einer weiteren Aufwertungserwartung (Abwertungserwartung) des Yens mit höheren Standardabweichungen und einer niedrigeren Kurtosis entwickeln. In den meisten Fällen waren diese Veränderungen der impliziten Momente jedoch nicht persistent, sondern entwickelten sich häufig bereits am Tag nach der Intervention zurück.

In den gewürdigten Ereignisstudien standen die kurzfristigen Veränderungen risikoneutraler Verteilungen nach einem bedeutsamen Ereignis im Mittelpunkt. Im Allgemeinen konnte dabei festgestellt werden, dass unerwartete Ereignisse und wahrgenommene Devisenmarktinterventionen mit einem deutlichen Anstieg der Unsicherheit bei den Marktteilnehmer verbunden sind. Dies spiegelt sich in einem deutlichen Anstieg der Volatilität, einer veränderten Schiefe sowie in einem Anstieg der Kurtosis wider. In vielen Fällen stellt sich durch die Betrachtung der höheren Momente ein deutlich modifiziertes Bild ein. Während bestimmte Ereignisse im Hinblick auf das erste Moment unbedeutend zu sein scheinen, zeigen die höheren Momente und damit die Risikoeinschätzung der Marktteilnehmer deutliche Reaktionen.

4.1.3 Glaubwürdigkeit von Wechselkurszielzonen

Die Idee von Wechselkurszielzonen stammt von Williamson (1985)[163] und wurde erstmals von Krugman (1991) in einem theoretischen Modell abgebildet, welches den Ausgangspunkt für eine vielfältige empirische Literatur zur Glaubwürdigkeit von Wechselkurszielzonen bildet[164] Die Vorgehensweise zur empirischen Überprüfung der Glaubwürdigkeit von Wechselkurszielzonen basierte dabei überwiegend auf dem „simplest test“ von Svensson (1991) oder auf den „drift adjustment test“ von Bertola und Svensson (1993). Bei der ersten Methode wird angenommen, dass ein Glaubwürdigkeitsproblem besteht, wenn der Terminkurs außerhalb der Wechselkurszielzone liegt. Bei der zweiten Methode wird die Realignment-Erwartung berechnet, indem die Abwertungserwartung innerhalb der Schwankungsbreite („Drift“) vom Zinsdifferential subtrahiert wird. In empirischen Arbeiten zur Glaubwürdigkeit des Europäischen Währungssystems (EWS) stellen Svensson (1993), Bertola und Svensson (1993), Lindberg, Svensson und Söderlind (1993) und Rose und Svensson (1994) in mehreren Perioden mangelnde Glaubwürdigkeit der Wechselkurszielzonen fest, finden aber keine Eviden-

[163] Man beachte, dass es sich bei **Williamson** *(1985)* sowie in einem Folgebeitrag von **Williamson und Miller** *(1987)* um eine sehr weit gefasste Zielzone für *reale* Wechselkurse handelte.

[164] Vgl. hierzu auch **Svensson** *(1992),* der einen Überblick zu den verschiedenen Untersuchungen zu Wechselkurszielzonen bietet.

zen, dass die EWS-Krise im September 1992 mit dem Austritt verschiedener Währungen antizipiert wurde.[165]

Zu anderen Ergebnissen kommen hingegen Campa und Chang (1996), die mit Hilfe von Währungsoptionen auf die Wechselkurse von Deutsche Mark/Italiensche Lira, Deutsche Mark/Britisches Pfund und Deutsche Mark/Französischer Franc den Grad der Glaubwürdigkeit der Wechselkurszielzonen des EWS untersuchen.[166] Dazu schätzen die Autoren die erwartete prozentuale Realignmentintensität (G_t), wobei sowohl das Ausmaß eines Realignments ($S_t - \overline{S}$) beim Überschreiten des oberen Zielwerts ($\overline{S}$) als auch die damit verbundene Wahrscheinlichkeit $q(S_t)$ erfasst wird[167]:

$$(4.1) \qquad G_t = \int_{\overline{S}}^{\infty} \left(S_t - \overline{S}\right) q\left(S_t\right) dS_t \,.$$

Zur Berechnung der so definierten Realignmentintensität nutzen Campa und Chang (1996) die Analogie zur risikoneutralen Bewertung europäischer Calloptionen:

$$(4.2) \qquad C(S_t, K) = e^{-r\tau} \int_{K}^{\infty} (S_t - K) q(S_t) dS_t$$

mit einem Ausübungspreis $K = \overline{S}$. Damit kann die Realignmentintensität direkt aus dem verzinsten Callpreis berechnet werden:

$$(4.3) \qquad G_t = e^{r\tau} C(S_t, K = \overline{S}).$$[168]

---

[165] Dies führte dazu, dass die fehlende Glaubwürdigkeit in den folgenden Wechselkurszielzonenmodellen explizit berücksichtigt wurde. Vgl. hierzu die Arbeiten von **Bertola und Svensson** *(1993)*, **Bertola und Caballero** *(1992)* oder **Chen und Giovannini** *(1992)*.

[166] In einer anderen Untersuchung von **Campa, Chang und Reider** *(1998)* wird neben den genannten Währungen auch jeweils das Verhältnis zwischen Spanischer Peseta, Portugiesischem Escudo, der Finnmark, der Dänischen Krone und der Schwedischen Krone zur Deutschen Mark betrachtet und *hypothetische* Wechselkurszielzonen mittels der risikoneutralen Verteilungen bestimmt.

[167] Es wird dabei angenommen, dass die untere Grenze glaubwürdig ist und nur eine Überschreitung nach oben, d.h. eine Aufwertung der Deutschen Mark, möglich ist.

[168] Da häufig keine Optionen mit einem Ausübungspreis existieren, der mit dem oberen Zielzonenwert exakt übereinstimmt, wenden **Campa und Chang** *(1996)* eine Interpolationstechnik mit Ausübungspreisen zwischen dem Wert der unteren und oberen Schranke an, um die minimale Realignmentintensität zu bestimmen. Liegen nur Ausübungspreise oberhalb des oberen Grenzwerts vor, resultiert daraus die maximale Realignmentintensität. Vgl. hierzu **Campa und Chang** *(1996)*, S. 735.

Die Realignmentintensität ist also zu interpretieren als erwartete Auszahlung eines Calls mit dem oberen Zielwert als Ausübungspreis. Bei vollständiger Glaubwürdigkeit wäre die erwartete Auszahlung eines solchen Calls gleich Null. Bei Betrachtung der Krise des EWS im September 1992, in der Italien und Großbritannien aus dem Wechselkursverbund austraten, stellen die Autoren fest, dass das EWS schon vor dem tatsächlichen Ausscheiden der Lira und des britischen Pfunds aus dem Wechselkurssystem an Glaubwürdigkeit verloren hatte, da in dem Zeithorizont vor September 1992 bereits ein Anstieg der Realignmentintensitäten vorlag. So weist die Realignmentintensität der Lira zunächst ab November 1991 einen positiven Wert von 1% auf, der ab Juni 1992 bis zur Abwertung und dem anschließenden Austritt der Lira am 12. September auf 4,5% ansteigt. Ein ähnliches Bild zeigt sich auch beim Britischen Pfund, für das sich in den letzten Wochen vor dessen Austritt aus dem EWS am 16. September die Realignmentintensität auf 6 bis 8% erhöht.[169] Im Gegensatz dazu bleibt die Realignmentintensität beim französischen Franc, der erst im August 1993 austrat, in diesem Zeitraum immer unter 2%. Daraus schließen Campa und Chang (1996), dass die EWS-Zielzonen für die Lira und das Pfund bereits vor der eigentlichen Krise an Glaubwürdigkeit verloren hatten.

In einer weiterführenden Studie von Campa und Chang (1998) werden minimale Realignmentintensitäten für die Verhältnisse von Lira/Deutsche Mark, Pfund/Deutsche Mark, Franc/Deutsche Mark und spanischer Peseta/Deutsche Mark für verschiedene Zeiträume zwischen 1991 und 1995 ermittelt. Über eine anschließend durchgeführte Regression der Realignmentintensitäten auf die makroökonomischen Größen Geldbasis, Inflation, Bruttoinlandsprodukt und Handelsbilanzdefizit versuchen Campa und Chang (1998) die Einflussfaktoren der Realignmentintensitäten zu analysieren. Die Ergebnisse zeigen jedoch nur einen signifikant positiven Einfluss der Geldbasis.

Eine ähnliche Analyse von Campa, Chang und Refalo (1999) fokussiert auf die Markterwartungen für das Wechselkursverhältnisses zwischen Brasilianischem Real und

---

[169] Auch **Söderlind** *(2002)*, der die Entwicklung des Britischen Pfunds zur Deutschen Mark während der EWS-Krise von Juli bis August 1992 untersucht, kommt zu dem Ergebnis, dass die Marktteilnehmer die Abwertung des Pfunds und damit verbunden höhere Zinssätze in Großbritannien vor dem Ausscheiden des Pfunds aus dem EWS antizipiert hatten. Ebenso zeigt **Malz** *(1996)* in einem Sprungdiffusionsmodell, dass sich die Wahrscheinlichkeit eines Wechselkurssprungs von Anfang bis Ende August 1992 bedeutend erhöht hat.

US-Dollar von Oktober 1994 bis Juli 1997. Mit Hilfe risikoneutraler Wahrscheinlichkeitsdichtefunktionen wird die Glaubwürdigkeit des in dieser Zeit bestehenden geldpolitischen Regimes, einer Kombination aus kurzfristigem „Crawling Peg" und einer langfristigen Wechselkurszielzone, untersucht.[170] In einer Regressionsanalyse der berechneten Realignmentintensitäten des Crawling Peg erweist sich neben dem Handelsbilanzdefizit und den Zentralbankreserven auch hier das Geldmengenwachstum als signifikant. Außerdem stellen Campa, Chang und Refalo (1999) fest, dass die risikoneutralen Verteilungen eine zunehmende Schiefe und eine sinkende Kurtosis im Zeitablauf aufweisen. Diese Merkmale deuten auf ein höher eingeschätztes Abwertungspotenzial des Real verbunden mit einer geringeren Wahrscheinlichkeit extremer Wechselkursänderungen hin. Des Weiteren nutzen Campa, Chang und Refalo (1999) die berechneten risikoneutralen Verteilungen zur Identifizierung von Divergenzen bezüglich des Abwertungspotenzials zwischen den Markterwartungen und dem Crawling Peg. Dabei stellen die Autoren fest, dass die Wahrscheinlichkeit einer den Crawling Peg übersteigenden Abwertung von 2% in einem Monat und 5% in drei Monaten im Zeitverlauf sinkt und sich damit die Glaubwürdigkeit des Crawling Peg Wechselkursregimes kontinuierlich im Zeitablauf verbessert hat.

4.2 Länderspezifische und politische Ereignisse

Länderspezifische politische Ereignisse, wie bspw. Wahlen oder weitreichende politische Entscheidungen wirken sich auf die wirtschaftliche Entwicklung eines Landes aus und beeinflussen die Erwartungsbildung an den Finanzmärkten. Um die Konsequenzen politischer Entscheidungen auf die Markterwartungen zu analysieren wurden bisher Meinungsumfragen oder Terminkurse beobachtet. Dabei konnte die mit den gebildeten Erwartungen verbundene Unsicherheit nicht erfasst werden. Durch die Analyse der vollständigen Wahrscheinlichkeitsverteilung ist es nun möglich auch die Auswirkungen politischer Unsicherheiten auf die Risikowahrnehmung an den Finanzmärkten zu ermitteln.

---

[170] Ein Crawling Peg ist ein Wechselkurssystem, bei dem eine Wechselkursbindung mit zuvor festgelegten Auf-oder Abwertungen stattfindet.

Jondeau und Rockinger (2000) untersuchen die Auswirkungen der politischen Ereignisse in den Jahren 1996/1997 in Frankreich auf die Wechselkurserwartungen für den französischen Franc gegenüber der Deutschen Mark. In diesem Zeitraum erfolgte die Auflösung der Nationalversammlung in Frankreich, was zu Neuwahlen führte. Zudem gab es im Sommer 1996 Unsicherheiten, ob das Defizitkriteriums von Maastricht erfüllt werden kann. Dazu extrahieren die Autoren die risikoneutrale Verteilung über den Lognormalverteilungsmischansatz und konstruieren anschließend zu verschiedenen Zeitpunkten zwischen Mai 1996 bis Juli 1997 das 90% Konfidenzintervall für den Terminkurs des Wechselkurses. Dabei stellen sie fest, dass die Abwertung des Franc und die Unsicherheit über die Erfüllung des Defizitkriteriums von Maastricht im Sommer 1996 sowie die Festsetzung von Neuwahlen im Sommer 1997 mit einer signifikanten Ausweitung des Intervalls verbunden war. Diese Beobachtungen reflektieren somit die Unsicherheit der Marktteilnehmer über die künftige Entwicklung des Wechselkurses im Kontext der politischen Entwicklungen.

Zu ähnlichen Ergebnissen gelangen auch Coutant, Jondeau und Rockinger (2001), welche die kurz- und langfristigen Zinserwartungen im Umfeld der überraschenden französischen Neuwahlen im Jahr 1997 analysieren. Die Autoren zeigen, dass die Volatilität der mittels Hermite-Polynomen hergeleiteten risikoneutralen Verteilung von Zinsoptionen bereits vor der Bekanntgabe der französischen Neuwahlen anstieg und nach der offiziellen Ankündigung konstant blieb, was auf die Antizipation der Neuwahlen hindeutet. Im weiteren Verlauf der politischen Ereignisse als ein Regierungswechsel zugunsten der Sozialisten absehbar wird, stellen Coutant, Jondeau und Rockinger (2001) außerdem einen weiteren Anstieg der Volatilität fest. Diese erhöhte Unsicherheit der Marktteilnehmer bleibt auch nach dem Wahlsieg der Sozialisten größtenteils bestehen.

Leahy und Thomas (1996) verwenden den Lognormalverteilungsmischansatz zur Untersuchung von Währungsoptionen, um die Markterwartungen für die Entwicklung des kanadischen Dollars im Rahmen des Quebec-Unabhängigkeits-Referendums im Oktober 1995 zu analysieren. Dabei ermitteln sie eine erhöhte Volatilität, die die große Verunsicherung über den Ausgang des Referendums widerspiegelt.

Neben länderspezifischen politischen Ereignissen wirken sich auch insbesondere geopolitische Ereignisse auf die Erwartungen und Risikoeinschätzungen der Marktteilnehmer aus. Melick und Thomas (1997) nutzen eine Mischung aus drei Lognormalverteilungen, mit der sie die Markterwartungen der Rohölpreise während des Golfkriegs analysieren. Dabei kommen sie zu dem Ergebnis, dass die Optionsmärkte die allgemeine Marktmeinung zunehmender Ölpreisschwankungen aufgrund militärischer Angriffe widergespiegelt haben.

Ferner wurden auch die Auswirkungen der Terroranschläge vom 11. September 2001 in den USA auf die Markterwartungen des US Dollar/Euro-Wechselkurses und des Dreimonats-Euribors untersucht. So finden Andersen und Wagener (2002) einen signifikanten Einfluss der Anschläge auf die Unsicherheit der Marktteilnehmer über die künftige Zinsentwicklung. Dementsprechend weist die über einen modifizierten Volatility Smile Ansatz hergeleitete risikoneutrale Dichtefunktion nach diesem geopolitisch bedeutsamen Ereignis eine signifikant höhere Standardabweichung mit niedrigerem Erwartungswert der Dreimonatszinsen und einer zunehmenden Linksschiefe auf.

Ebenso ermittelt die Deutsche Bundesbank (2001) mit der Methode von Malz (1997a), dass die Erwartungen für den US-Dollar/Euro-Wechselkurs nach den Anschlägen revidiert wurden. So zeigt die risikoneutrale Verteilung nach den Anschlägen, dass die Marktteilnehmer eine Aufwertung des Euro erwarteten, wobei jedoch die allgemeine Risikoeinschätzung und die wahrgenommene Wahrscheinlichkeit extremer Wechselkursbewegungen zugenommen hat.[171]

Ein zusammenfassender Überblick der zuvor vorgestellten Studien findet sich in Tabelle 4.1.

[171] Ähnliche Ergebnisse findet auch **Gereben** *(2002)* in einer Untersuchung der Auswirkungen der Terroranschläge auf das Wechselkursverhältnis Neuseeländischer Dollar/US Dollar.

Tabelle 4.1: Literaturüberblick zur Bestimmung von Markterwartungen mit risikoneutralen Wahrscheinlichkeitsdichtefunktionen

Autor(en)	**Methodik/Daten**	**Untersuchungsgegenstand**	**Ergebnis**
Levin/ McManus/ Watt (1998)	Lognormalverteilungsmischansatz/ Währungsfuturesoptionen	Markterwartungen über Wechselkurs CD/USD im Kontext der Veröffentlichung kanadischer *Monetary Policy Reports*, verschiedener Ereignisse während der mexikanischen Pesokrise und während der Asienkrise	Größere Reaktion der Markterwartungen, wenn der geldpolitische Bericht eine Politikwende signalisiert und wenn während der Währungskrisen ein überraschender Politikwechsel eintritt
Bahra (1997)	Lognormalverteilungsmischansatz/ Zinsoptionen	Einfluss eines Inflationsberichts der englischen Zentralbank, der Bekanntgabe der Geldmenge M3 der deutschen Bundesbank und einer Zinssenkung der *Bank of England* auf die Zinserwartungen der Marktteilnehmer	Inflationsbericht und Geldmengenbekanntgabe führten zu höheren Zinserwartungen. Zinssenkung kam überraschend und führte zu niedrigeren Zinserwartungen und höherer Unsicherheit
Mandler (2003)	Volatility Smile mittels kubischer Splinefunktionen/ Zinsoptionen	Untersuchung der Zinserwartungen im Kontext von zehn Zentralbanksitzungen	Antizipierte Entscheidungen der *EZB* führen zu einer geringeren Unsicherheit der Marktteilnehmer, insbesondere bei antizipierten Zinsanhebungen.
Castrén (2005)	Volatility Smile nach Malz (1997a)/ Währungsoptionen	Einfluss von Zinsentscheidungen auf Wechselkurserwartungen der Wechselkursverhältnisse des Zloty, tschechischer Krone und ungarischer Forint zum Euro und zum US Dollar	Änderungen der Geldpolitik führen zu systematischen Anpassungen der Momente risikoneutraler Wahrscheinlichkeitsdichtefunktionen der Krone und des Forints, während der Einfluss auf den Zloty gering ist
Cooper und Talbot (1999)	Volatility Smile nach Malz (1997a)/ Währungsoptionen	Reaktionen der Marktteilnehmer auf die Ab-und Aufwertungen des Yens zum US-Dollar im Rahmen von Devisenmarktinterventionen 1998	Aufwertung des Yens im Oktober trat für Marktteilnehmer überraschend ein, während Interventionen zur Stützung des Yens keine nachhaltigen Auswirkungen auf die Markterwartungen hatten

Galati und Melick (2002)	Lognormalverteilungsmischansatz/ Währungsoptionen	Einfluss von Zentralbankinterventionen der *Bank of Japan* und der *Fed* auf die Markterwartungen im Zeitraum 1993-1996	Wahrgenommene Zentralbankinterventionen hatten keinen signifikanten Einfluss auf den Erwartungswert und die Schiefe der risikoneutralen Verteilung, führten aber zu einer erhöhten Unsicherheit der Marktteilnehmer
Castrén (2004)	Volatility Smile nach Malz (1997a)/ Währungsoptionen	Einfluss von Zentralbankinterventionen der *Bank of Japan* und der *Fed* auf die Markterwartungen im Zeitraum 1992-2003	Yen-Käufe (Verkäufe) der *Fed* zeigen kurzfristig eine Aufwertungserwartung (Abwertungserwartung) des Yens in den risikoneutralen Verteilungen von JPY/USD und JPY/EUR.
Campa und Chang (1996)	Risikoneutrale Bewertung von Optionen/ Währungsoptionen	Glaubwürdigkeit der Wechselkurszielzonen des europäischen Wechselkurssystems (EWS) für das britische Pfund, die italienische Lira und den französischen Franc	Bereits vor dem Austritt Großbritanniens und Italiens aus dem EWS waren die Wechselkurszielzonen für das Pfund und die Lira nicht mehr glaubwürdig, während die Zielzone für den Franc weiterhin glaubwürdig war
Campa und Chang (1998)	Risikoneutrale Bewertung von Optionen/ Währungsoptionen	Bestimmung der Einflussfaktoren der Realigmentintensitäten über eine Regressionsanalyse	Geldbasis hat signifikant positiven Einfluss auf die Realignmentintensitäten
Campa, Chang und Refalo (1999)	Risikoneutrale Bewertung von Optionen/ Währungsoptionen	Glaubwürdigkeit des kurzfristigen Crawling Peg und der langfristigen Wechselkurszielzone des brasilianischen Real zum US Dollar im Zeitraum Oktober 1994 bis Juli 1997, sowie Bestimmung der Einflussfaktoren der Realignmentintensitäten	Glaubwürdigkeit des Wechselkurssystems hat sich im Zeitverlauf verbessert; Realignmentintensitäten werden von Handelsbilanzdefizit Zentralbankreserven und dem Geldmengenwachstum signifikant beeinflusst

Jondeau und Rockinger (2000)	Lognormalverteilungsmischansatz/ Währungsoptionen	Wechselkurserwartungen im Umfeld der politische Ereignisse 1996/ 1997 in Frankreich	Wechselkurserwartungen reflektieren Unsicherheit über die Erfüllung des Defizitkriteriums und die Verunsicherung im Zuge des Regierungswechsels
Coutant, Jondeau und Rockinger (2001)	Hermite-Polynome/ Zinsoptionen	Zinserwartungen im Umfeld der überraschenden französischen Neuwahlen im Jahr 1997	Neuwahlen wurden antizipiert, Volatilität stieg mit der Absehbarkeit eines Regierungswechsels an und blieb weitgehend auch nach den Wahlen bestehen
Leahy/ Thomas (1996)	Lognormalverteilungsmischansatz/ Währungsfuturesoptionen	Markterwartungen über die Entwicklung des kanadischen Dollars im Rahmen des Quebec-Unabhängigkeitsreferendums im Oktober 1995	Signifikant erhöhte Volatilität vor dem Referendum, welche auf die Unsicherheit der Marktteilnehmer über den Ausgang des Referendums zurückzuführen ist
Melick und Thomas (1997)	Lognormalverteilungsmischansatz/ Optionen auf Rohöl	Markterwartungen der Rohölpreise während des Golfkriegs	Optionsmärkte reflektieren die allgemeine Marktmeinung zunehmender Ölpreisschwankungen aufgrund militärischer Angriffe
Andersen und Wagener (2002)	Modifiziertes Volatility Smile/ Zins-optionen	Auswirkungen der Terroranschläge vom 11. September 2001 auf europäische Zinsen	Signifikanter Einfluss der Anschläge auf die Unsicherheit der Marktteilnehmer über die künftige Zinsentwicklung
Deutsche Bundesbank (2001)	Volatility Smile nach Malz (1997a)/ Währungsoptionen	Auswirkungen der Terroranschläge vom 11. September 2001 auf die Wechselkurserwartung USD/EUR	Erwartung eines höheren Eurokurses bei gleichzeitiger Zunahme der Risikoeinschätzung

Quelle: Eigene Darstellung.

4.3 Bestimmung der Risikoaversion

In den letzten Jahren wurden risikoneutrale Wahrscheinlichkeitsdichtefunktionen zunehmend zur Bestimmung der Risikoaversion von Marktteilnehmern eingesetzt. Dabei wird der Zusammenhang zwischen der risikoneutralen Wahrscheinlichkeitsdichtefunktion und der tatsächlichen Wahrscheinlichkeitsdichtefunktion in den Mittelpunkt der Betrachtung gestellt. Die risikoneutrale Wahrscheinlichkeitsdichtefunktion resultiert, wie die Ausführungen in Kapitel 2 zeigen, aus den erwarteten Preisbewegungen des Basiswerts und den damit verbundenen Risikoeinschätzungen der Marktteilnehmer, während die (tatsächliche) statistische Wahrscheinlichkeitsdichtefunktion aus den realisierten Renditen geschätzt werden kann und somit keine Risikopräferenzen beinhaltet. Sind die Marktteilnehmer risikodifferent, ergibt sich eine Abweichung zwischen den beiden Verteilungen. Der Unterschied zwischen der statistischen und der risikoneutralen Wahrscheinlichkeitsdichtefunktion resultiert demnach aus der Risikoaversion der Marktteilnehmer, wobei ein größerer Unterschied zwischen den Verteilungen eine größere Risikoaversion impliziert. Sind die risikoneutrale und die statistische Wahrscheinlichkeitsdichtefunktion bekannt, ermöglicht dieser Zusammenhang die Schätzung der Risikoaversion und bietet damit einen alternativen Analyserahmen zu konsumbasierten Modellen zur Bestimmung der Risikoaversion.[172] Während die risikoneutrale Wahrscheinlichkeitsdichtefunktion mit Hilfe der vorgestellten Methoden in Kapitel 3 geschätzt werden kann, wird die statistische Wahrscheinlichkeitsdichtefunktion über die historische Wahrscheinlichkeitsdichtefunktion als Proxy ermittelt.

Basierend auf dieser Grundidee leiten Ait-Sahalia und Lo (2000) in einem allgemeinen Gleichgewichtsmodell einer dynamischen Tauschwirtschaft[173] über den Zusammenhang zwischen der geschätzten statistischen Wahrscheinlichkeitsdichtefunktion $\hat{f}_t(S_T)$

---

[172] Konsumbasierte Methoden haben den Nachteil, dass die Spezifikation der Nutzenfunktion bereits eine Annahme über die Entwicklung der Risikoaversion (konstante, fallende oder steigende) impliziert. Außerdem bestanden bei den konsumbasierten Methoden lange Zeit Schwierigkeiten, die Entwicklung der Risikoaversion in Abhängigkeit des Vermögens zu schätzen, da dazu die Analyse von Verhaltensänderungen und Vermögensänderungen im Lebenszyklus eines Wirtschaftssubjekts notwendig war. Vgl. **Pérignon und Villa** *(2002)*, S. 497.

[173] Vgl. zu einer dynamischen Tauschwirtschaft **Lucas** *(1978)*.

und der risikoneutralen Wahrscheinlichkeitsdichtefunktion $\hat{q}_t(S_T)$ ein Maß zur Bestimmung der impliziten relativen Risikoaversion $\hat{RRA}_t(S_T)$ her:

$$(4.4) \qquad \hat{RRA}_t(S_T) = -\frac{U''(S_T)}{U'(S_T)} \cdot S_T = \frac{\hat{f}_t'(S_T)}{\hat{f}_t(S_T)} S_T - \frac{\hat{q}_t'(S_T)}{\hat{q}_t(S_T)} S_T .$$ [174]

Ait-Sahalia und Lo (2000) nutzen dieses Maß, um die Risikoaversion der Marktteilnehmer mittels Tagesnotierungen von Indexoptionen auf den S&P 500 im Zeitraum 04. Januar 1993 bis 31. Dezember 1993 zu schätzen. Dabei wird sowohl die risikoneutrale als auch die statistische Wahrscheinlichkeitsdichtefunktion mit der nichtparametrischen Kernregression bestimmt.[175] Die Autoren stellen einen U-förmigen Verlauf der relativen Risikoaversion in Abhängigkeit vom Basiswert fest. Bei sehr hohen und sehr niedrigen Indexwerten des S&P 500 impliziert dies eine höhere Risikoaversion des repräsentativen Investors.[176] Ait-Sahalia und Lo (2000) schlussfolgern aus diesem Zusammenhang, dass „... CRRA [constant relative risk aversion; Anm. d. Verf.] preferences are quite misspecified: the CRRA best-fitted line is quite far from the nonparametrically estimated risk-aversion curve."[177]

Bei der Berechnung ökonomischer Value-at-Risk (VaR) Kennzahlen auf Basis risikoneutraler Verteilungen wenden Ait-Sahalia und Lo (2000) die Ermittlung der risikoneutralen Wahrscheinlichkeiten im praktischen Risikomanagement an.[178] Im Vergleich zu den üblichen statistischen VaR-Modellen, die mittels historisch-statistischer Verteilungen berechnet werden, beinhalten diese ökonomischen Value-at-Risk Kennzahlen die Markterwartungen über die zukünftige Entwicklung des Basiswerts.[179] Sie berück-

---

[174] Im Anhang zu diesem Kapitel wird das Maß für die implizite relative Risikoaversion in Anlehnung an **Ait-Sahalia und Lo** *(2000)* hergeleitet.

[175] Vgl. zur Anwendung der nichtparametrischen Kernregression zur Schätzung der tatsächlichen Renditen die Ausführungen bei **Ait-Sahalia und Lo** *(2000)*, S. 23-24.

[176] **Ait-Sahalia und Lo** *(2000)* stellen hier eine Spannweite des Indikators zwischen 1 als Minimalwert und 60 als Maximalwert fest.

[177] **Ait-Sahalia und Lo** *(2000)*, S. 38.

[178] Der Value-at-Risk wird definiert als der Wertverlust eines Vermögenswerts, der mit einer bestimmten Wahrscheinlichkeit innerhalb eines definierten Zeithorizonts nicht überschritten wird.

[179] Vgl. hierzu die Argumentation von **Ait-Sahalia und Lo** *(2000)*, S. 10.

sichtigen somit von der historisch-statistischen Einschätzung abweichende ökonomische Bewertungen künftiger Zustände. Dadurch werden die Risikoaversion, Zeitpräferenzen, Korrelationen und ähnliche ökonomische Einflussfaktoren erfasst. In der empirischen Anwendung vergleichen Ait-Sahalia und Lo (2000) anschließend den statistischen VaR mit dem analogen ökonomischen VaR des S&P 500 im Jahr 1993 und stellen dabei deutliche Unterschiede bei der Schiefe fest. Während die positive Schiefe der statistischen Verteilung auf steigende Renditen schließen lässt, deutet die negative Schiefe der risikoneutralen Verteilung darauf hin, dass eine sinkende Rendite erwartet wurde. Aufgrund dieses Unterschieds in den Risikoeinschätzungen fordern die Autoren eine zunehmende Berücksichtigung der Informationen aus Optionspreisen im Risikomanagement, um Risikobewertungen marktgerecht vornehmen zu können.

Pérignon und Villa (2002) leiten in Anlehnung an Ait-Sahalia und Lo (2000) ein geometrisches Maß der relativen Risikoaversion her. Mit diesem schätzen die Autoren anhand von Tagesdaten die relative Risikoaversion des französischen Aktienmarktes zwischen April 1999 und Dezember 1999.[180] Dazu nutzen sie nichtparametrische Schätztechniken und finden einen weitgehend positiven U-förmigen Verlauf der relativen Risikoaversion. Die Ergebnisse der Untersuchung des amerikanischen Aktienmarktes durch Ait-Sahalia und Lo (2000) und Jackwerth (2000) werden damit bestätigt. Bei sehr hohen Indexwerten weist der Indikator jedoch negative Werte auf, die auf eine abnehmende relative Risikoaversion hindeuten.

Im Gegensatz zu den bisher betrachteten Arbeiten schätzt Jackwerth (2000) nicht die relative sondern die absolute Risikoaversion $\hat{ARA}_t(S_T)$:

$$\hat{ARA}_t(S_T) = -\frac{U''(S_T)}{U'(S_T)} = \frac{\hat{RRA}_t}{S_T} = \frac{\hat{f}_t'(S_T)}{\hat{f}_t(S_T)} - \frac{\hat{q}_t'(S_T)}{\hat{q}_t(S_T)} \tag{4.5}$$

geschätzt. Unter Verwendung von Optionen auf den S&P 500 untersucht Jackwerth (2000) die absolute Risikoaversion am amerikanischen Markt zwischen April 1986 und Dezember 1995. Die Schätzung der risikoneutralen Dichtefunktion erfolgt dabei

[180] **Pérignon und Villa** *(2002)* wählen diese Untersuchungsperiode, da in diesem Zeitraum der französische Aktienindex CAC 40 um mehr als 40% von 4230 auf 5960 Punkten gestiegen ist.

über die Maximierung der Glätte[181], während die statistische Wahrscheinlichkeitsdichtefunktion über die nichtparametrische Kernregression[182] geschätzt wird. Jackwerth (2000) stellt bei der resultierenden Risikoaversionsfunktion eine signifikante Änderung im Zeitablauf fest. Während die Funktion vor dem Aktienmarktcrash 1987 noch positive Werte aufweist und U-förmig verläuft, zeigt die Risikoaversionsfunktion nach 1987 negative Werte, die mit zunehmendem Indexstand steigen und schließlich wieder positiv werden. Diese Inkonsistenz zur ökonomischen Theorie führt Jackwerth (2000) darauf zurück, dass der Aktienmarktcrash im Jahre 1987 eine erhöhte Crashangst (sog. Crash-o-phobie) verursacht hat, was eine Anpassung sowohl der statistischen als auch der risikoneutralen Wahrscheinlichkeitsdichtefunktion zur Folge hatte. Die Wahrscheinlichkeit eines Crashs wird damit zu hoch eingeschätzt, wodurch zum Einen die statistische und zum Anderen die risikoneutrale Wahrscheinlichkeitsdichtefunktion eine stärkere Linksschiefe aufweisen. Diese überhöhte Crasheinschätzung spiegelt sich jedoch nicht in den lognormalverteilten historisch realisierten Renditen wider, die als Proxy für die tatsächliche Wahrscheinlichkeitsdichtefunktion fungieren. Die risikoneutrale Wahrscheinlichkeitsdichte beinhaltet aber die Crashanpassung, die sich in überteuerten Putoptionen äußert. Infolgedessen ergibt sich bei der Ermittlung der Risikoaversion aus den angepassten Optionspreisen und den nichtangepassten Renditen eine im Verhältnis zur statistischen Verteilung zu starke linksschiefe risikoneutrale Verteilung, wodurch sich die untypische negative Risikoaversion erklären lässt.[183]

In einer Untersuchung der Risikoaversion des französischen Marktes verwendet Coutant (1999) ebenfalls die absolute Risikoaversion als Indikator. Die risikoneutrale und die statistische Wahrscheinlichkeitsdichtefunktion werden dabei durch Hermite-Polynome approximiert.[184] Da im Untersuchungszeitraum von Januar 1995 bis Juni 1997 nur amerikanische Optionen auf den CAC 40 gehandelt wurden, modifiziert Coutant (1999) die Optionspreise nach einem Verfahren von Melick und Thomas (1997), welches die mögliche Ausübung während der gesamten Laufzeit der Option

---

[181] Vgl. zu dieser Methode von **Jackwerth und Rubinstein** *(1996)* die Ausführungen in Abschnitt 3.4.2.1.

[182] Vgl. zur Methodik **Jackwerth** *(2000)*, S. 440.

[183] Vgl. **Jackwerth** *(2000)*, S. 446.

[184] Vgl. zu dieser Methode die Ausführungen in Abschnitt 3.4.1.1.

adäquat berücksichtigt.[185] Des Weiteren geht die Autorin von einer konstanten relativen Risikoaversionsfunktion (CRRA) aus, welche durch $U(S_T) = \frac{S_T^{1-\lambda}}{1-\lambda}$ gegeben ist. Der Grad der Risikoaversion wird durch den Parameter λ angegeben. Damit ergibt sich bei Coutant (1999) der folgende Indikator der absoluten Risikoaversion:

$$(4.6) \qquad \hat{ARA}_t(S_T) = \frac{\hat{f}_t'(S_T)}{\hat{f}_t(S_T)} - \frac{\hat{q}_t'(S_T)}{\hat{q}_t(S_T)} = \frac{\lambda_t}{S_T}.$$

Coutant (1999) schätzt mit Hilfe dieses Indikators eine Zeitreihe für den Risikoaversionskoeffizienten λ und analysiert diesen zu vier verschiedenen Zeitpunkten, an denen sich der CAC 40 zuvor unterschiedlich entwickelt hat. Dabei stellt sie fest, dass die Risikoaversion von der Entwicklung des Basiswerts abhängt. Ein steigender Index geht dabei mit einer abnehmenden Risikoaversion einher.

In einer Studie des deutschen Aktienmarktes misst Scheicher (2003) die Risikoaversion als Differenz zwischen der risikoneutralen und der statistischen Wahrscheinlichkeitsdichtefunktion. Die risikoneutrale Wahrscheinlichkeitsdichtefunktion wird dabei aus der Mischung von zwei Lognormalverteilungen geschätzt, während die tatsächliche Wahrscheinlichkeitsdichtefunktion auf einem asymmetrischen GARCH-Modell basiert.[186] Scheicher (2003) schätzt mit Hilfe dieser Komponenten die tägliche Veränderung der Risikoaversion am deutschen Aktienmarkt zwischen Dezember 1995 bis Mai 2002. Der deutsche Aktienmarkt wird in dieser Studie durch den DAX dargestellt. Die Ergebnisse des Autors zeigen in der ersten Hälfte des Untersuchungszeitraums eine sinkende Risikoaversion, die im Juni 1998 ihr Minimum erreicht und anschließend stetig zunimmt. Der Risikoaversionsindikator ist dabei mit den beobachteten Marktentwicklungen[187] stark positiv korreliert. Im Anschluss an diese Ergebnisse versucht Scheicher (2003) die Einflussfaktoren für die Risikoaversion zu bestimmen. Die Er-

[185] Bei diesem Verfahren werden dic Optionspreise als gewichtete Durchschnitte zwischen unteren und oberen Grenzen, die durch europäische Optionen determiniert sind, gebildet.

[186] Das asymmetrische GARCH-Modell verbindet eine anhaltende Volatilität und eine zunehmende Volatilität bei sinkenden Renditen. Dies sind zwei wichtige Eigenschaften von Vermögensrenditen. Eine genauere Beschreibung des GARCH-Modells erfolgt in Kapitel 5 in Abschnitt 5.3.2.

[187] Als besondere Marktentwicklungen, die mit einem sprunghaften Anstieg der Risikoaversion einhergehen, werden der Zusammenbruch des LCTM-Hedgefonds am 30.09.1998 und die Terroranschläge des 11.09.2001 genannt. Vgl. **Scheicher** *(2003)*, S. 78.

gebnisse der von Scheicher (2003) durchgeführten Regressionsanalyse der Risikoaversion in Abhängigkeit von fünf Faktoren[188] deuten darauf hin, dass die deutsche Renditestrukturkurve, die Volatilität des US-Aktienmarktes sowie die Abwertung des US Dollars einen signifikanten Einfluss auf die Risikoaversion haben. Den signifikantesten Einfluss auf die Risikoaversion hat dabei die Volatilität des amerikanischen Aktienmarktes.

In einer ähnlichen Studie zur Risikoaversion untersucht Tarashev, Tsatsaronis und Karampatos (2003) die Risikoaversion, die sich im deutschen Aktienindex DAX, im amerikanischen S&P 500 Index und im englischen FTSE 100 Index widerspiegelt. Die Untersuchungsperiode umfasst monatliche Daten im Zeitraum Dezember 1995 bis Dezember 2002. Die risikoneutrale Wahrscheinlichkeitsdichtefunktion wird über die Interpolation der Volatilitätsfunktion und anschließender zweifacher Differentiation zum Ausübungspreis geschätzt[189], während die statistische Wahrscheinlichkeitsdichtefunktion über ein asymmetrisches GARCH-Modell spezifiziert wird. Die resultierenden länderspezifischen Risikoaversionsindikatoren, die hier aus dem Verhältnis zwischen der risikoneutralen und der statistischen Wahrscheinlichkeitsdichtefunktion ermittelt werden, zeigen dabei eine weitgehend gleichgerichtete Entwicklung. Im Widerspruch zu den Ergebnissen von Scheicher (2003) ist jedoch bereits ab 1995 ein langsamer Anstieg der Risikoaversion erkennbar, der Ende 1997 sein Maximum erreicht.[190] Die Ergebnisse von Tarashev, Tsatsaronis und Karampatos (2003) für den Herbst 1998 und für den September 2001 deuten auf einen Anstieg der Risikoaversion hin und unterstreichen damit die Resultate von Scheicher (2003). Darüber hinaus untersuchen Tarashev, Tsatsaronis und Karampatos (2003) den Zusammenhang zwischen der Änderung von Vermögenswerten und der Risikoaversion. Es zeigt sich deutlich, dass eine höhere Risikoaversion mit niedrigeren Renditen und hoher Volatilität positiv korreliert

---

[188] Bei diesen fünf Faktoren handelt es sich um die Volatilität des amerikanischen Aktienmarktes, Renditeaufschläge an den amerikanischen Kapitalmärkten, negativen S&P 500 Renditen, Abwertung des US-Dollars sowie der deutschen Renditenstrukturkurve. Vgl. zur Auswahl dieser Faktoren **Scheicher** *(2003)*, S. 78-79.

[189] Vgl. zu dieser Methodik die Ausführungen in Abschnitt 3.4.2.1.

[190] Diese Unterschiede werden von **Scheicher** *(2003)* auf die unterschiedlichen Verfahren zur Schätzung der statistischen Wahrscheinlichkeitsdichtefunktion zurückgeführt. Während Scheicher diesbezüglich eine rollende Stichprobe verwendet, nutzt **Tarashev, Tsatsaronis und Karampatos** *(2003)* eine expandierende Stichprobe mit Startpunkt Januar 1988. Vgl. **Scheicher** *(2003)*, S. 77.

ist. In Perioden zunehmender Risikoaversion findet außerdem eine Portfolioumschichtung von risikobehafteten Aktien zugunsten sicherer Anleihen statt.

Während alle bisher vorgestellten Untersuchungen zur Risikoaversion von stationären statistischen Wahrscheinlichkeitsdichtefunktionen ausgehen, wird in der Untersuchung von Bliss und Panigirtzoglou (2004) erstmals die Risikoaversionsfunktion als stationär betrachtet und eine zeitvariierende statistische Wahrscheinlichkeitsdichtefunktion induziert. Bliss und Panigirtzoglou (2004) kritisieren, dass Stationarität der statistischen Wahrscheinlichkeitsfunktion ein zeitvariierendes Pricing Kernel[191] oder irrationale Investoren voraussetzt. Irrationale Investoren generieren einerseits nichtstationäre risikoneutrale Wahrscheinlichkeitsfunktionen andererseits jedoch stationäre statistische Wahrscheinlichkeitsfunktionen. Zudem sind die resultierenden U-förmigen Risikoaversionsfunktionen nicht mit der Theorie einer monoton fallenden Risikoaversionsfunktion vereinbar.[192] Die Grundidee der Autoren besteht somit darin, zunächst die Nutzenfunktion des Basiswerts zu spezifizieren und den Risikoaversionsparameter unter der Stationaritätsannahme zu schätzen.[193] Im Anschluss daran werden die risikoneutralen Wahrscheinlichkeitsdichtefunktionen geschätzt und diese unter Kenntnis des stationären Risikoaversionsparameters in die zeitvariierende statistische Wahrscheinlichkeitsdichtefunktion[194] überführt. Durch diese Vorgehensweise verfolgen die Autoren das Ziel, risikoneutrale Dichtefunktionen zu finden, welche mit der Nutzentheorie und rationaler Erwartungsbildung vereinbar sind.[195] Bliss und Panigirtzoglou (2004) stellen dabei eine sinkende relative Risikoaversion bei einem längeren Investitionshorizont und bei einer zunehmenden Volatilität fest.[196]

---

[191] Das Pricing Kernel entspricht dem stochastischen Diskontierungsfaktor, der als zustandsabhängige Funktion Auszahlungen in Abhängigkeit von Zeit- und Risikopräferenzen diskontiert.

[192] Vgl. **Bliss und Panigirtzoglou** *(2004)*, S. 410.

[193] **Bliss und Panigirtzoglou** *(2004)* verwenden dazu die Potenznutzenfunktion und die exponentielle Nutzenfunktion.

[194] Diese „utility-adjusted PDFs" werden als subjektive Wahrscheinlichkeitsdichtefunktionen bezeichnet. Vgl. **Bliss und Panigirtzoglou** *(2004)*, S. 419.

[195] **Bliss und Panigirtzoglou** *(2004)*, S. 410.

[196] Zur Begründung dieses überraschenden Ergebnisses einer sinkenden Risikoaversion bei hoher Volatilität argumentieren **Bliss und Panigirtzoglou** *(2004)*, dass der verwendete Proxy der Vermögenspreisrisiken für das Konsumrisiko weniger stabil ist als das Konsumrisiko selbst. Dadurch wird das Konsumrisiko durch den Proxy in Phasen hoher Vermögensvolatilität zu hoch geschätzt,

Ein komprimierter Literaturüberblick der zuvor diskutierten Untersuchungen zur Bestimmung von Risikopräferenzen mit risikoneutralen Verteilungen findet sich in Tabelle 4.2.

Tabelle 4.2: Literaturüberblick zur Bestimmung der Risikoaversion mit risikoneutralen Wahrscheinlichkeitsdichtefunktionen

Autor(en)	**Methodik/Daten**	**Untersuchungsgegenstand**	**Ergebnis**
Ait-Sahalia und Lo (2000)	Nichtparametrische Kernregression bei risikoneutraler und statistischer Verteilung/ Indexoptionen	Relative Risikoaversion am amerikanischen Aktienmarkt im Jahr 1993; Berechnung eines ökonomischen VaR	U-förmiger Verlauf der relativen Risikoaversion beim S&P 500; ökonomischer VaR führt zu marktgerechterer Bewertung von Ausfallrisiken
Pérignon und Villa (2002)	Nichtparametrische Kernregression bei risikoneutraler und statistischer Verteilung/ Indexoptionen	Relative Risikoaversion am französischen Aktienmarkt zwischen April und Dezember 1999	U-förmiger Verlauf der relativen Risikoaversion beim CAC 40
Jackwerth (2000)	Maximierung der Glätte bei risikoneutraler Verteilung, nichtparametrische Kernregression bei statistischer Verteilung/ Indexoptionen	Absolute Risikoaversion am amerikanischen Aktienmarkt (S&P 500) zwischen April 1986 und Dezember 1995	Vor dem Aktienmarktcrash 1987 U-förmiger, positiver Verlauf der Risikoaversion, anschließend temporär negative Werte, welche auf Crashanpassungen bei Optionspreisen hindeuten

was sich wiederum in der abnehmenden Risikoaversion manifestiert. Darüber hinaus erklären **Bliss und Panigirtzoglou** *(2004)* das Phänomen mit einem Rückzug der stark risikoaversen Investoren in Phasen erhöhter Volatilität, wodurch das Durchschnittsniveau der Risikoaversion abnimmt. Vgl. **Bliss und Panigirtzoglou** *(2004)*, S. 434.

Coutant (1999)	Risikoneutrale und statistische Verteilung durch Hermite- Polynome/ Indexoptionen	Absolute Risikoaversion am französischen Aktienmarkt (CAC 40) von Januar 1995 bis Juni 1997	Abhängigkeit der Risikoaversion vom Basiswert, wobei ein höherer Basiswert mit einer niedrigeren Risikoaversion einhergeht
Scheicher (2003)	Risikoneutrale Verteilung durch Lognormalverteilungsmischansatz, statistische Verteilung durch GARCH- Modell/ Indexoptionen	Risikoaversion am deutschen Aktienmarkt (DAX) zwischen Dezember 1995 und Mai 2002, sowie Bestimmung der Einflussfaktoren der Risikoaversion	Risikoaversion sinkt bis 1998 und steigt dann stetig; insbesondere Anstieg im Herbst 1998 und im September 2001; Risikoaversion ist von deutscher Renditestrukturkurve, der Volatilität des US-Aktienmarktes und der Abwertung des US Dollars abhängig
Tarashev, Tsatsaronis und Karampatos (2003)	Risikoneutrale Verteilung durch Volatility Smile, statistische Verteilung durch GARCH - Modell/ Indexoptionen	Risikoaversion am deutschen (DAX), englischen (FTSE 100) und amerikanischen Aktienmarkt (S&P 500) zwischen Dez. 1995 und Dez. 2002, sowie Bestimmung der Einflussfaktoren der Risikoaversion	Risikoaversion steigt bis Ende 1997 und bildet sich nur teilweise zurück; Risikoaversion steigt zudem im Herbst 1998 und im Sept. 2001; erhöhte Risikoaversion ist mit niedrigeren Renditen und höherer Volatilität, sowie stärker divergierenden Entwicklung verschiedener Anlageinstrumente verbunden
Bliss und Panigirtzoglou (2004)	Risikoneutrale Verteilung durch modifiziertes Volatility Smile, statistische Verteilung nach Schätzung der Risikoaversion über Nutzenfunktion/ Indexoptionen	Relative Risikoaversion am amerikanischen Markt bei verschiedenen Optionslaufzeiten	Relative Risikoaversion sinkt mit zunehmendem Investitionshorizont und ist niedriger in Phasen erhöhter Volatilität

Quelle: Eigene Darstellung.

4.4 Zusammenfassung

Im vorliegenden Kapital wurde eine Vielzahl von Anwendungsmöglichkeiten für die in risikoneutralen Verteilungen von Optionspreisen enthaltenen Informationen präsentiert, wodurch neue Erkenntnisse in den verschiedenen Forschungsrichtungen generiert werden konnten. Die zahlreichen Ereignisstudien zu den Auswirkungen von Zentralbankaktionen und politischen Ereignissen auf die Erwartungen bezüglich Zinsen und Wechselkursen haben gezeigt, dass antizipierte Ereignisse wie die Veröffentlichung von erwarteten Wirtschaftsdaten oder erwartete Zinsentscheidungen nur geringfügige Marktreaktionen hervorrufen, während überraschende Ereignisse wie eine Politikwende oder nicht antizipierte Zinsänderungen starke Veränderungen der risikoneutralen Verteilung zur Folge haben.

Insbesondere ein deutlicher Anstieg der impliziten Volatilität spiegelt dabei die gestiegene Unsicherheit der Marktteilnehmer wider. Vor diesem Hintergrund ist es notwendig eine transparente und nachvollziehbare geldpolitischen Strategie zu verfolgen.

Neben den kurzfristigen Ereignisstudien ist auch die Berücksichtigung der Informationen in längerfristigen Analysen möglich. Hier wurde insbesondere auf die Untersuchungen zur Glaubwürdigkeit von Wechselkurszielzonen eingegangen. Im Rahmen der Glaubwürdigkeitsstudien stellte sich mit Hilfe der Optionsdaten heraus, dass das EWS bereits vor der eigentlichen Krise im September 1992 an Glaubwürdigkeit verloren hatte; ein Ergebnis, das konventionelle Studien mit Hilfe von „simplest tests“ oder „drift adjusted tests“ nicht feststellen konnten.

Ein anderer Forschungszweig, der im zweiten Teil des Kapitels erörtert wurde, nutzt den Unterschied zwischen den risikoneutralen Verteilungen und der statistischen Wahrscheinlichkeitsdichtefunktion, um daraus die Risikoaversion der Marktteilnehmer abzuleiten. Dabei zeigt sich, dass die Risikoaversion häufig in Abhängigkeit von Vermögensgröße, wie bspw. Aktienindizes, schwankt.

Die vorliegende Arbeit ist in den zu Beginn des Kapitels erwähnten Anwendungsbereich zur Analyse der Terminkursverzerrung einzuordnen. Die ausführliche Darstellung dieses Anwendungsgebiets, sowie eine Einordnung in die Literatur, erfolgt daher im folgenden Kapitel.

Anhang: Herleitung der relativen Risikoaversion

Die dynamische Tauschwirtschaft ist durch die Existenz eines Konsumgutes, einer risikobehafteten Aktie und eines risikolosen Bonds mit einem konstanten risikolosen Zinssatz charakterisiert. Es gibt kein exogenes Einkommen und alle Investoren versuchen ihre Nutzenfunktion im Rahmen der Budgetrestriktionen zu maximieren. Ein repräsentativer Investor[197], der in der Anfangsperiode t eine Einheit der risikobehafteten Aktie x_s besitzt und in t oder in T konsumieren kann, maximiert nun seine Nutzenfunktion U. Dazu teilt er sein investiertes Vermögen W zu jedem Zeitpunkt optimal zwischen der risikobehafteten Aktie, deren Preisprozess einer geometrischen Brownschen Bewegung folgt, und der risikolosen Anlage auf. Dabei ist das Optimierungsproblem nach Merton (1971) zu lösen:

(4.7) $$\max_{\{x_s | t \le s \le T\}} E[U(W_T)]$$

s.t. $$dW_s = \{rW_s + x_s(\mu - r)\}\,ds + x_s \sigma\, dB_s$$
$$W_s \geq 0, \quad t \leq s \leq T,$$

wobei r der risikofreie Zinssatz, μ der Driftparameter, σ der Volatilitätsparameter und B die geometrische Brownsche Bewegung sind. Vor T investiert der Investor im Gleichgewicht sein gesamtes Vermögen in Aktien, so dass gilt $W_s = S_S$. Im Zeitpunkt T konsumiert er $C_T = S_T$. Durch partielle Differentiation der indirekten Nutzenfunktion $J(W, S, t)$ nach W erhält man die Gleichgewichtsbedingung (= Bedingung 1. Ordnung):

(4.8) $$\frac{\partial J(W_s, S_s, s)}{\partial W} = e^{-r(s-t)} \frac{\partial J(W_t, S_t, t)}{\partial W} \xi_s$$

mit S_s als Aktienkurs zum Zeitpunkt s und ξ_s als Radon-Nikodym-Dichte:

(4.9) $$\xi_s = \exp\left\{ \int_t^s \left(\frac{\mu(S_u, u) - r}{\sigma(S_u, u)} \right) dB_u - \frac{1}{2} \int_t^s \left(\frac{\mu(S_u, u) - r}{\sigma(S_u, u)} \right)^2 du \right\}.$$

[197] Die zuvor charakterisierte Vollständigkeit des Marktes impliziert die Existenz homogener Investoren mit homogenen Erwartungen und somit eines repräsentativen Investors. Vgl. **Constantinides** *(1982)*.

Unter Substitution von s durch T ergibt sich somit die Nebenbedingung

$$(4.10) \qquad U'(S_T) = e^{-r(T-t)} U'(S_t) \xi_T$$

$$\Leftrightarrow \xi_T = e^{r(T-t)} \frac{U'(S_T)}{U'(S_t)}.$$

Der Wert eines Wertpapiers V zum Zeitpunkt t mit einer Auszahlung in Höhe von $g(W_T)$ ergibt sich in diesem Modell aus dem Erwartungswert der Auszahlung und der marginalen Substitutionsrate[198] des Konsums $M_{t,T}$ zwischen Konsum heute (t) und Konsum morgen (T) $M_{t,T} \equiv \frac{U'(W_T)}{U'(W_t)}$:

$$(4.11) \qquad V_t = E_t\left[g(W_T) M_{t,T}\right].$$

Wird nun die risikoneutrale Wahrscheinlichkeitsdichtefunktion unter Berücksichtigung der marginalen Substitutionsrate als

$$(4.12) \qquad q_t(S_T) = f_t(S_T) \cdot E\left[\xi_T \middle| S_t, S_T\right] = f(S_T)_t \cdot \xi_T$$

definiert, ergibt sich die folgende Auszahlungsfunktion V_t:

$$(4.13) \qquad V_t = E_t\left[g(W_T) M_{t,T}\right] = \int_0^\infty g(W_T) \frac{U'(W_T)}{U'(W_t)} f_t(S_T) dW_T$$

$$= e^{-r(T-t)} \int_0^\infty g(W_T) q_t(S_T) dW_T$$

$$= e^{-r(T-t)} E^Q\left[g(W_T)\right].$$

Aus der Definition der risikoneutralen Wahrscheinlichkeitsdichtefunktion in (4.12) und der Nebenbedingung in (4.10) geht hervor, dass ξ proportional zu der verzinsten marginalen Substitutionsrate ist:

$$(4.14) \qquad \xi_T \equiv \frac{q_t(S_T)}{f_t(S_T)} = e^{r(T-t)} \frac{U'(S_T)}{U'(S_t)} = e^{r(T-t)} M_{t,T}.$$

---

[198] Die marginale Substitutionsrate wird auch als stochastischer Diskontfaktor bezeichnet.

Damit gibt das Verhältnis zwischen $q_t\,(S_T)$ und $f_t\,(S_T)$ einen Schätzwert für die diskontierte marginale Substitutionsrate an. Die Differentiation von ξ nach S_T, welche die Bedingung 1. Ordnung aus (4.10) für das Optimierungsproblem darstellt, führt zu:

$$(4.15) \qquad \xi_T' = e^{rt}\frac{U''(S_T)}{U'(S_t)} = \left(\frac{q_t(S_T)}{f_t(S_T)}\right)' = \frac{q_t'(S_T)\,f_t(S_T) - q_t(S_T)\,f_t'(S_T)}{f_t^2(S_T)}.$$

Wird nun das Verhältnis zwischen (4.15) und (4.14) gebildet und mit - S_T multipliziert, erhält man das Arrow (1971)-Pratt (1964) Maß für die relative Risikoaversion (RRA):

$$(4.16) \qquad -\frac{\xi'_T}{\xi_T}S_T = -\frac{\dfrac{U''(S_T)}{U'(S_t)}}{\dfrac{U'(S_T)}{U'(S_t)}} = -\frac{U''(S_T)}{U'(S_T)}S_T = RRA_t.$$

Durch Schätzungen für $q_t\,(S_T)$ und $f_t\,(S_T)$ kann schließlich auf die RRA geschlossen werden:

$$(4.17) \qquad \hat{RRA}_t(S_T) = -\frac{\hat{\xi}'_T}{\xi_T}S_T = \frac{\hat{f}_t'(S_T)}{\hat{f}_t(S_T)}S_T - \frac{\hat{q}_t'(S_T)}{\hat{q}_t(S_T)}S_T.$$

5 Empirische Untersuchungen

In diesem Teil der Arbeit erfolgt die Anwendung der zuvor gelegten theoretischen Grundlagen zur Ermittlung und Analyse risikoneutraler Dichtefunktionen. Dazu werden die risikoneutralen Dichtefunktionen aus US-Dollar/Euro Optionen und deren Momente berechnet und hinsichtlich verschiedener Fragestellungen untersucht.

Der erste Abschnitt ist deskriptiv und beschreibt anhand der ermittelten Momente der risikoneutralen Verteilung Zusammenhänge zwischen der Entwicklung des US-Dollar/Euro-Wechselkurses und Risikoeinschätzungen der Marktteilnehmer.

Im zweiten Teil dieses Kapitels steht die dynamische Beziehung zwischen den risikoneutralen Momenten und der Wechselkursentwicklung im Mittelpunkt. Dabei soll die Frage beantwortet werden, ob die Veränderungen der risikoneutralen Momente der Wechselkursentwicklung zeitlich vorgelagert sind und somit als Prognoseinstrument künftiger Wechselkursentwicklungen geeignet sind.

Der dritte Abschnitt beschäftigt sich daran anknüpfend mit der Prognosefähigkeit der risikoneutralen Verteilung für die künftig realisierte Verteilung. Dabei werden bisher häufig verwendete zeitreihenbasierte Prognosemodelle mit den Prognosen der risikoneutralen Verteilung verglichen.

Im letzten Abschnitt wird schließlich mit Hilfe der risikoneutralen Verteilungen untersucht, inwiefern die Abweichung von der ungedeckten Zinsparität beim Dollar/Euro-Wechselkurs auf ein Pesoproblem zurückzuführen ist.

5.1 Die Einführung des Euro und deren Einfluss auf die Markterwartungen

5.1.1 Ziel der Untersuchung

Am 01. Januar 1999 hat die Europäische Zentralbank (EZB) die geldpolitische Verantwortung für das Euro-Währungsgebiet übernommen. Dadurch wurde die bis dahin nationale geldpolitische Verantwortung der derzeit zwölf Mitgliedsstaaten durch eine einheitliche Geldpolitik ersetzt. Die Entwicklung der neuen Gemeinschaftswährung Euro gegenüber dem US-Dollar erwies sich in den Folgejahren als äußerst volatil (vgl. Abbildung 5.1).

Abbildung 5.1: US-Dollar/Euro-Wechselkursentwicklung von Januar 1990 bis Dezember 2004 (Monatsdurchschnitte)[199]

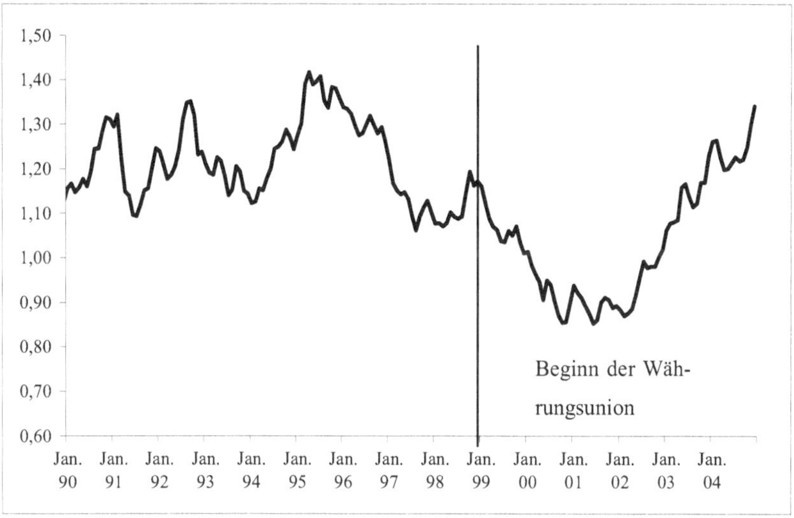

Quelle: Eigene Darstellung.

Während zu Beginn der Währungsunion im Januar 1999 der Wechselkurs durchschnittlich bei 1,1608 USD/EUR lag und daher mit dem umgerechneten durchschnittlichen DM/USD Wechselkursverhältnis der Neunziger Jahre weitgehend übereinstimmte, kam es in den folgenden drei Jahren zu einer deutlichen Abwertung des Euro, die die bereits seit 1995 erkennbare Abwertungsphase der DM massiv fortsetzte. Ab Mai 2002 kehrte sich diese Entwicklung jedoch in eine ausgeprägte Aufwertungstendenz um, und der Wechselkurs stabilisierte sich vorerst auf dem Niveau des DM/USD Wechselkurses von 1995.

Als Ursache dieser erhöhten Wechselkursvolatilität kann eine Änderung der Fundamentalfaktoren in Folge des Regimewechsels im Zusammenhang mit der neuen geld-

[199] Die Darstellung basiert auf Daten der Deutschen Bundesbank. Vor der Einführung des Euro im Januar 1999 wurden die DM-Kurse der Deutschen Bundesbank verwendet und mit dem Euro-Umrechnungskurs (1 € = 1,95583 DM) umgerechnet.

politischen Zuständigkeit der EZB in Betracht kommen. Gleichwohl ist auch die Existenz eines sog. Exchange Rate Disconnect Puzzles denkbar, welches nichtfundamentale Entwicklungen als Erklärung für die erhöhte Wechselkursvolatilität impliziert. Dabei wird der empirischen Beobachtung Rechnung getragen, dass sich der Wechselkurs häufig nicht mit makroökonomischen Fundamentalfaktoren erklären lässt, sondern sich von diesen abzukoppeln scheint und somit „a life of its own“ führt.[200] Um Erkenntnisse über diese beiden möglichen Quellen erhöhter Wechselkursvolatilität zu erhalten, formuliert Anker (2001) drei Hypothesen[201], die die Abweichungen von Wechselkursprognosen von dem tatsächlich eingetretenen Wechselkursverlauf erklären können:

Real shock hypothesis: Nach der Real shock hypothesis ist der erhöhte Abwertungsdruck des Euro auf reale Schocks, wie beispielsweise den Anstieg des Ölpreises zu Beginn der Währungsunion, zurückzuführen.

Monetary reaction hypothesis: Nach der Monetary reaction hypothesis kann die geldpolitische Reaktion seitens der EZB auf aufgetretene Schocks die Wechselkursbewegungen ab 1999 erklären.

Credibility problem hypothesis: Nach der Credibility problem hypothesis ist für die Euro-Schwäche zu Beginn der Währungsunion nicht die faktische Geldpolitik der EZB verantwortlich, sondern die seitens der Marktteilnehmer erwartete Geldpolitik.

Die drei Hypothesen werden bei Anker (2005) mit Hilfe eines vektorautoregressiven (VAR) Systems, das die strukturellen Gegebenheiten vor der Währungsunion zwischen 1981 und 1998 berücksichtigt, überprüft.[202] Durch die lange Stützperiode wird gewährleistet, dass auch nichtfundamentale Entwicklungen, wie beispielsweise die

---

[200] Vgl. **Duarte und Stockman** *(2005)*, S. 4.

[201] Vgl. auch **Anker** *(2005)*, S. 6 ff.

[202] Das VAR-System umfasst hier zehn Variablen, welche die wesentlichen makroökonomischen Einflussfaktoren Deutschlands und der USA widerspiegeln. Diese Fokussierung auf Deutschland liegt in seiner Rolle als informelles Leitwährungsland vor der Währungsunion begründet. Ausschließlich die geldpolitischen Rahmenbedingungen Deutschlands sind mit denen des neuen europäischen Währungssystems vergleichbar. Eine zusätzliche Berücksichtigung makroökonomischer Größen der anderen Euro-Mitgliedsländer würde daher zu einer verzerrten Abbildung der strukturellen Bedingungen vor der Währungsunion führen. Vgl. **Anker** *(2005)*, S. 10.

spekulative Dollarblase Mitte der 80-er Jahre, in dem Modell berücksichtigt werden. Auf Basis des geschätzten Modells werden unbedingte und bedingte Prognosen für die ersten Jahre nach Einführung des Euro durchgeführt. Dabei stellt Anker (2005) fest, dass mit dem Beginn der Währungsunion eine deutliche Abweichung der Wechselkursentwicklung von den strukturellen Gegebenheiten vor der Währungsunion erkennbar ist. So verläuft die beobachtete Wechselkursentwicklung von 2000 bis zum Anfang des Jahres 2003 deutlich oberhalb des 68% Wahrscheinlichkeitsintervalls des prognostizierten Kursverlaufs und übersteigt zwischen Ende 2000 und Ende 2002 zudem das weitergefasste 90% Wahrscheinlichkeitsintervall. Im Zuge der einsetzenden Aufwertungsbewegung des Euro ab 2003 ist dann eine zunehmende Annäherung des tatsächlichen Wechselkurses an den prognostizierten Wechselkurspfad zu beobachten. Da bei diesen bedingten Prognosen die realen Entwicklungen sowie die amerikanischen Tagesgeldzinsen als geldpolitischer Reaktionsindikator berücksichtigt wurden, sprechen die Ergebnisse sowohl gegen die real shock hypothesis als auch gegen die monetary reaction hypothesis. Auch die credibility problem hypothesis erscheint ablehnbar, da sich ein mögliches Glaubwürdigkeitsproblem in einer vom Wahrscheinlichkeitsband abweichenden tatsächlichen Entwicklung der Eurobondrendite widerspiegeln müsste. Eine solche Entwicklung ist jedoch nicht erkennbar.

Ebenso erscheint die Wechselkursentwicklung nicht mit der Existenz eines klassischen Exchange Rate Disconnect Puzzle erklärbar zu sein, da nichtfundamentale Wechselkursentwicklungen über die lange Stützperiode Eingang in das Modell und somit in die berechneten Wahrscheinlichkeitsintervalle finden.

Aus diesen Ergebnissen schließt Anker (2005), dass die Euroabwertung zu Beginn der Währungsunion als ein „unwahrscheinliches Ereignis" betrachtet werden kann, das durch die anschließende deutliche Aufwertungsphase in Richtung der strukturellen Gegebenheiten vor der Währungsunion korrigiert wird. Als mögliche Ursache der starken Abwertung bei gleichzeitig stabiler Bondrendite verweist Anker (2005) auf einen möglichen Anstieg der Risikoprämien am Devisenmarkt, der weiteren Forschungsbedarf in diese Richtung impliziert. In Anlehnung an die Untersuchungen von Anker (2005) wird daher versucht, über die Ermittlung der risikoneutralen Verteilungen aus Dollar/Euro Optionen Erkenntnisse über die Veränderung von Markt - und Risikoerwartungen und deren Einfluss auf die Wechselkursentwicklung zu gewinnen.

5.1.2 Untersuchungsaufbau

Die folgende Analyse der risikoneutralen Wahrscheinlichkeitsdichtefunktionen erfolgt für den Zeitraum 02. Januar 1998 bis 31. Dezember 2004. Dadurch wird sowohl die Periode vor der Währungsunion als auch nach dem Start der Währungsunion ausreichend abgebildet. Für diesen Zeitraum wurden der Verfasserin OTC-Optionsdaten von der Investmentbank JP Morgan zur Verfügung gestellt. Der Datensatz beinhaltet die täglichen Optionspreise der USD/EUR 25-Delta-Calloption, der USD/EUR 25-Delta-Putoption, der USD/EUR am-Geld Option sowie den Wechselkurs USD/EUR. Alle Optionspreise weisen eine konstante Restlaufzeit von 12 Monaten auf, wodurch besonders langfristige Erwartungsanpassungen analysiert werden können. Kurzfristige Marktturbulenzen treten in den Hintergrund.[203] Für die außerdem benötigten europäischen und US-amerikanischen Zinssätze werden die von der British Bankers Association veröffentlichten LIBOR-Zinssätze verwendet.

Wie die vergleichende Analyse der in Kapitel 3 diskutierten Schätzverfahren zur Bestimmung der risikoneutralen Dichtefunktion gezeigt hat, ist möglichst einfachen Volatility-Smile basierten Schätztechniken den Vorzug zu geben. Da das Verfahren von Malz (1997a, b) auf den Volatility-Smile Ansatz zurückgreift und zudem auf die hier vorliegenden OTC-Optionspreise spezialisiert ist, wird die Methodik von Malz (1997a, b) zur Schätzung der risikoneutralen Dichtefunktion angewendet.[204] Wie bereits in Kapitel 3 erläutert wurde, benötigt man hierzu die in impliziten Volatilitäten angegebenen

[203] Kurzfristige Markttturbulenzen können beispielsweise durch das Über- oder Unterschreiten der Schranken von exotischen Optionen entstehen, wenn die durchbrochenen Schwellenwerte aufgrund charttechnischer Widerstandslinien dicht zusammen liegen. In diesem Fall kann es aufgrund des wertlosen Verfalls zahlreicher Optionen zu einem Nachfrageshift nach neuen Kurssicherungsinstrumenten kommen, der sich in einem starken Anstieg der Optionsprämie widerspiegelt. In dieser technisch bedingten Marktsituation ist bei der Interpretation der Wahrscheinlichkeitsdichten Vorsicht geboten. Vgl. **Malz** *(1995)*.

[204] OTC-Optionspreise weisen im Devisenoptionshandel die größte Liquidität auf. Nach Angaben der alle drei Jahre von der BIZ verfassten „Triennial Central Bank Survey of Foreign Exchange and Derivatives Markets Activity" betrug der tägliche außerbörsliche Derivateumsatz bei Fremdwährungsoptionen im April 2004 durchschnittlich 1292 Milliarden US -Dollar, während der börsliche Handel lediglich 23 Milliarden US- Dollar umsetzte. Der US-Dollar/Euro Derivateumsatz nahm dabei mit 345 Milliarden US- Dollar und etwa 27% den größten Anteil ein. Vgl. **Bank for International Settlements** *(2005)*.

Preise der Kombinationsstrategien Straddle ($\sigma^{am\text{-}Geld}$), Risk Reversal (*RR*) und Strangle (*Str*). Der Straddle setzt sich aus dem gleichzeitigen Kauf einer Calloption mit einem Delta von 0,5 und dem Kauf einer Putoption mit einem Delta von 0,5 zusammen und entspricht dem Preis der am-Geld Option:

(5.1) $$\sigma^{am-Geld} = \sigma^{(0,50)}$$

Der Risk Reversal besteht aus dem Kauf einer aus-dem- Geld Calloption mit einem Delta von 0,25 und dem gleichzeitigen Verkauf einer aus-dem-Geld Putoption mit einem Delta von -0,25. Der Wert des Risk Reversal lässt sich somit folgendermaßen berechnen:

(5.2) $$RR = \sigma^{(0,25)} - \sigma^{(0,75)}$$

Der Strangle ergibt sich aus einem Callkauf mit einem Delta von 0,25 und einem Putkauf mit einem Delta von -0,25. Der Preis des Strangle wird als die Abweichung des arithmetischen Mittels der gekauften Optionen von der am-Geld Option ermittelt:

(5.3) $$Str = 0{,}5\left(\sigma^{(0,25)} + \sigma^{(0,75)}\right) - \sigma^{am\ Geld}.$$

Um Aussagen über die Entwicklung der risikoneutralen Wahrscheinlichkeiten über einen langen Zeitraum machen zu können, werden von jeder Wahrscheinlichkeitsverteilung die ersten vier Momente berechnet. Das erste Moment, also der Erwartungswert der risikoneutralen Verteilung, entspricht dem risikolos aufgezinsten aktuellen Wechselkurs und ist identisch mit dem Terminkurs F_t:

(5.4) $$\mu = E^Q[S_T] = \int_0^\infty S_T\, q(S_T)\, dS_T = S_t e^{(r^*-r)\tau} = F_t,$$

wobei r der inländische Zinssatz, r^* der ausländische Zinssatz und τ die Restlaufzeit ist.

Zur Berechnung der höheren Momente der Verteilung werden die zentralen Momente betrachtet. Das r-te zentrale Moment wird durch den Erwartungswert der r-ten Potenz der Abweichung vom Mittelwert definiert:

(5.5) $$\hat{\mu}_t^{(r)} = E^Q[(S_T - F_t)^r] = \int_0^\infty (S_T - F_t)^r\, q(S_T)\, dS_T.$$

Die annualisierte implizite Volatilität ergibt sich nach Berechnung des 2. zentrierten Moments aus:

$$(5.6) \qquad \sigma_t^{IV} = \sqrt{\frac{\hat{\mu}_t^{(2)}}{\tau}}.$$

Die Koeffizienten für die implizite Schiefe γ_t^{IS} und die implizite Excesskurtosis[205] κ_t^{IK} erhält man schließlich durch:

$$(5.7) \qquad \gamma_t^{IS} = \frac{\hat{\mu}_t^{(3)}}{\left[\hat{\mu}_t^{(2)}\right]^{\frac{3}{2}}}$$

und

$$(5.8) \qquad \kappa_t^{IK} = \frac{\hat{\mu}_t^{(4)}}{\left[\hat{\mu}_t^{(2)}\right]^{2}} - 3.$$

5.1.3 Ergebnisse

Mit Hilfe der in Abschnitt 5.1.1 beschriebenen Daten und der Methodik von Malz (1997a, b) wurden für den Zeitraum vom 02. Januar 1998 bis zum 31. Dezember 2004 1713 risikoneutrale Wahrscheinlichkeitsdichtefunktionen geschätzt. Die Zeitreihen der Momente dieser geschätzten Verteilungen sowie die Wechselkursentwicklung werden in Abbildung 5.2 dargestellt.

Dem Beginn der Währungsunion geht eine Aufwertungsphase der DM voraus, die mit einem gleichzeitigen Anstieg der Schiefe auf 0,30 verbunden ist. Eine positive Schiefe (rechtsschiefe Verteilung) deutet auf eine höhere Aufwertungserwartung für den Euro hin, während eine negative Schiefe (linksschiefe Verteilung) einer erwarteten Abwertung des Euro eine höhere Wahrscheinlichkeit beimisst.

---

[205] Bei der Definition der Excesskurtosis wird der Kurtosiswert der Standardnormalverteilung, der exakt drei ist, subtrahiert. Dadurch wird die Abweichung der Kurtosis der vorliegenden Verteilung von der Standardnormalverteilung berechnet.

Abbildung 5.2: Entwicklung des US-Dollar/Euro-Wechselkurses im Vergleich zu den Momenten der risikoneutralen Wahrscheinlichkeitsdichtefunktionen

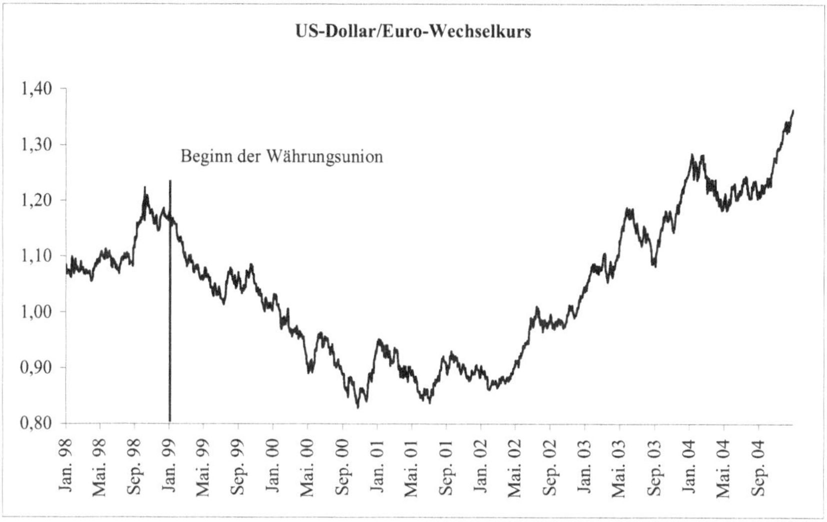

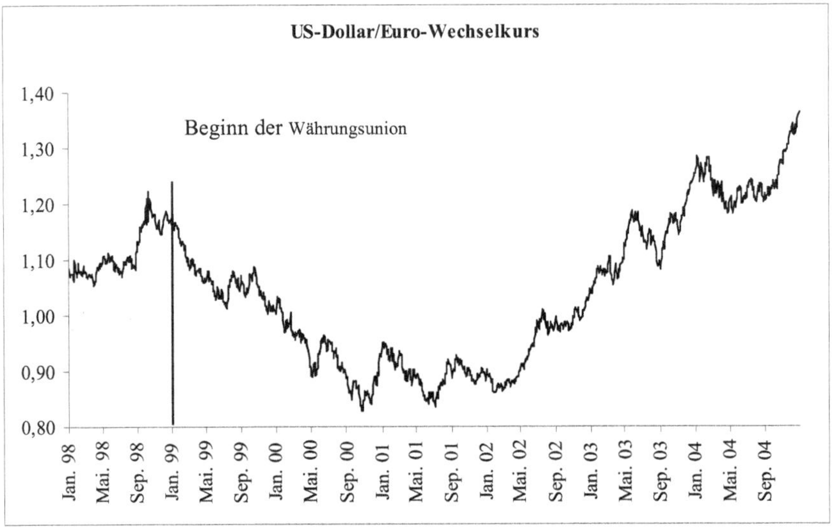
US-Dollar/Euro-Wechselkurs
Beginn der Währungsunion
1,40
1,30
1,20
1,10
1,00
0,90
0,80
Jan. 98
Mai. 98
Sep. 98
Jan. 99
Mai. 99
Sep. 99
Jan. 00
Mai. 00
Sep. 00
Jan. 01
Mai. 01
Sep. 01
Jan. 02
Mai. 02
Sep. 02
Jan. 03
Mai. 03
Sep. 03
Jan. 04
Mai. 04
Sep. 04

Schiefe
Beginn der Währungsunion
0,40
0,30
0,20
0,10
0,00
-0,10
-0,20
-0,30
Jan. 98
Mai. 98
Sep. 98
Jan. 99
Mai. 99
Sep. 99
Jan. 00
Mai. 00
Sep. 00
Jan. 01
Mai. 01
Sep. 01
Jan. 02
Mai. 02
Sep. 02
Jan. 03
Mai. 03
Sep. 03
Jan. 04
Mai. 04
Sep. 04

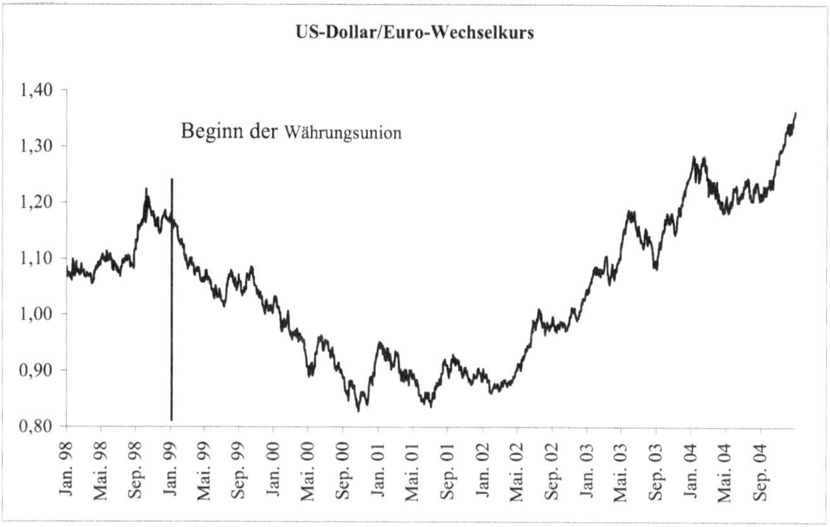

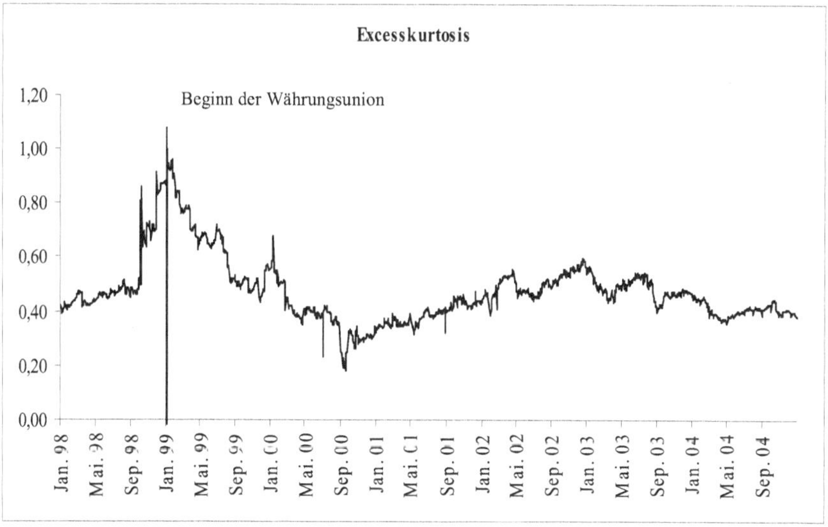

Quelle: Eigene Berechnungen.

Die Volatilität als Indikator für das erwartete Risiko schwankt vor Beginn der Währungsunion zwischen 9% und 12% und zeigt somit keine außergewöhnlichen Risikowahrnehmungen seitens der Marktteilnehmer.

Auffällig erscheint hingegen der unmittelbar vor der Euroeinführung beobachtete starke Anstieg der Kurtosis, der im Vergleich zum Rest des Jahres nahezu eine Verdoppelung darstellt. Diese Dynamik zeigt, dass die Marktteilnehmer extreme Auf- oder Abwertungsentwicklungen der neuen Gemeinschaftswährung für sehr wahrscheinlich halten.

Der anschließende ausgeprägte Abwärtstrend des Euro, der zwischen Ende 2000 und Anfang 2002 mit Wechselkursen bei etwa 0,82 $ seinen Tiefpunkt erreicht, wird durch eine Umkehr des zuvor beschriebenen Szenarios begleitet. Die Schiefe zeigt in dieser Phase einen fallenden Verlauf und befindet sich zwischen August 2000 und Juli 2001 fast durchgängig im negativen Bereich. Auch die Risikowahrnehmung scheint im Zuge der Abwertung des Euro bei den Marktteilnehmern zuzunehmen. So erreicht die Volatilität im Oktober 2000 ihren Spitzenwert von über 15% exakt zu dem Zeitpunkt, als der Euro sein Allzeittief von 0,82 $ aufweist. Die Kurtosis reduziert sich hingegen mit zunehmender Abwertung des Euro und erreicht im September 2000 ihr Minimum. Es lässt sich infolgedessen vermuten, dass die beträchtliche Abwertung des Euro bereits im Januar 1999 erwartet wurde und die tatsächlich eintretende Abwertung dann zu einer abnehmenden Wahrscheinlichkeit einer weiteren extremen Auf- oder Abwertung geführt hat.

In der folgenden Aufwertungsphase des Euro im Frühjahr 2002 zeigt die Schiefe erneut deutlich positive Werte und erreicht Ende 2002 ihr Maximum bei 0,35. Zudem ist dieser Phase eine nahezu kontinuierlich sinkende Volatilität seit dem Spitzenwert im Oktober 2000 vorausgegangen, die sich im weiteren Verlauf der Aufwertung zwischen 9% und 12% einpendelt. Dies deutet darauf hin, dass die Verunsicherung der Marktteilnehmer zunehmend zurückgegangen ist und eine korrigierende Aufwertungserwartung des Euro im Markt vorherrschte. Dieser Umstand spiegelt sich auch im Anstieg der Kurtosis wider, die sich seit ihrem Minimum im Herbst 2000 bis zum Januar 2003 auf 0,60 verdreifacht hat.

Im Verlauf des Jahres 2004 scheint diese Korrekturphase weitgehend abgeschlossen zu sein. Die Schiefe ist nur noch leicht positiv und die Volatilität bewegt sich wie im Jahr vor der Währungsunion zwischen 10% und 11%. Ebenso nimmt die Kurtosis mit Werten um 0,40 das Niveau vor der Währungsunion ein.

Um einen genaueren Überblick über die Veränderung der Form und der Lage der risikoneutralen Verteilung in den beschriebenen Wechselkursphasen zu erhalten, werden in Abbildung 5.3 a) bis 5.3 d) vier ausgewählte empirische risikoneutrale Dichtefunktionen, die für die verschiedenen Marktszenarien repräsentativ erscheinen, und die jeweiligen theoretischen Lognormalverteilungen entsprechend des Black-Scholes Modells, dargestellt. In Abbildung 5.3 e) sind alle risikoneutralen Verteilungen nochmals als Überblick in einer Grafik zusammengefasst.

Abbildung 5.3: Ausgewählte risikoneutrale Wahrscheinlichkeitsdichtefunktionen zwischen dem 02. Januar 1998 und dem 31. Dezember 2004

a) Risikoneutrale Dichtefunktion und Lognormalverteilung am 04.01.1999

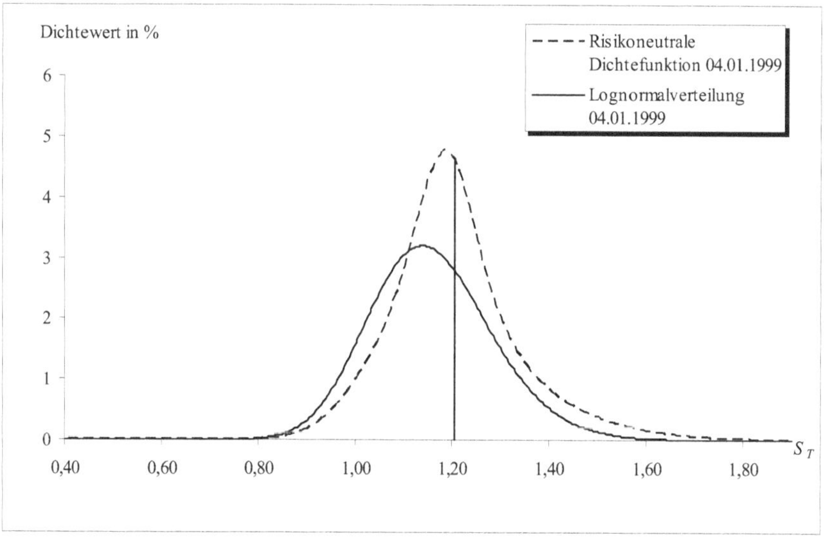

b) Risikoneutrale Dichtefunktion und Lognormalverteilung am 26.10.2006

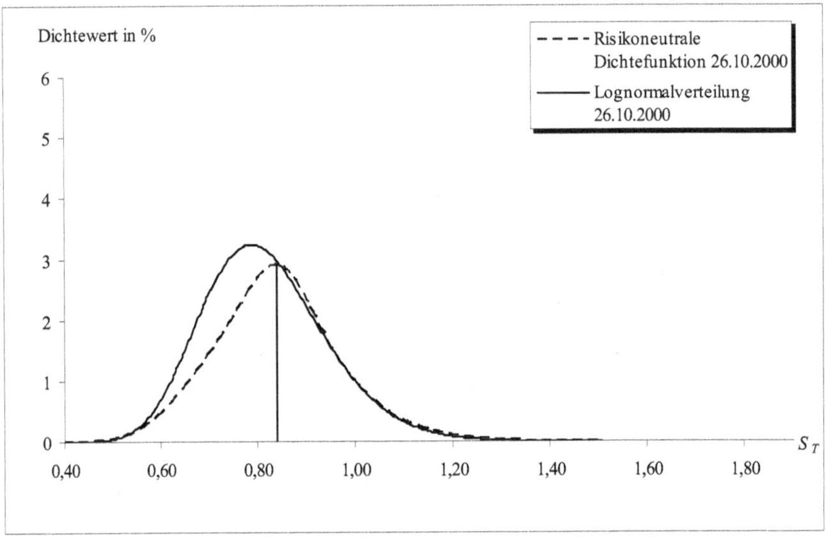

c) Risikoneutrale Dichtefunktion und Lognormalverteilung am 16.07.2002

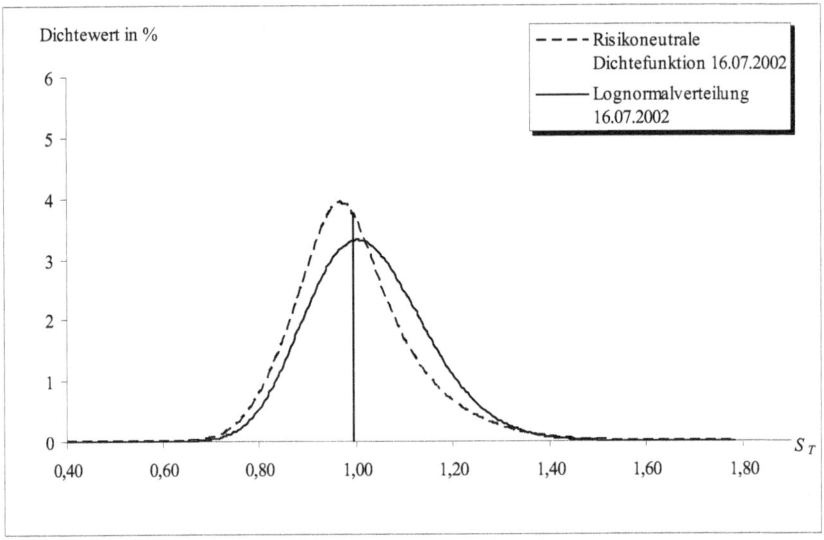

d) Risikoneutrale Dichtefunktion und Lognormalverteilung am 03.09.2004

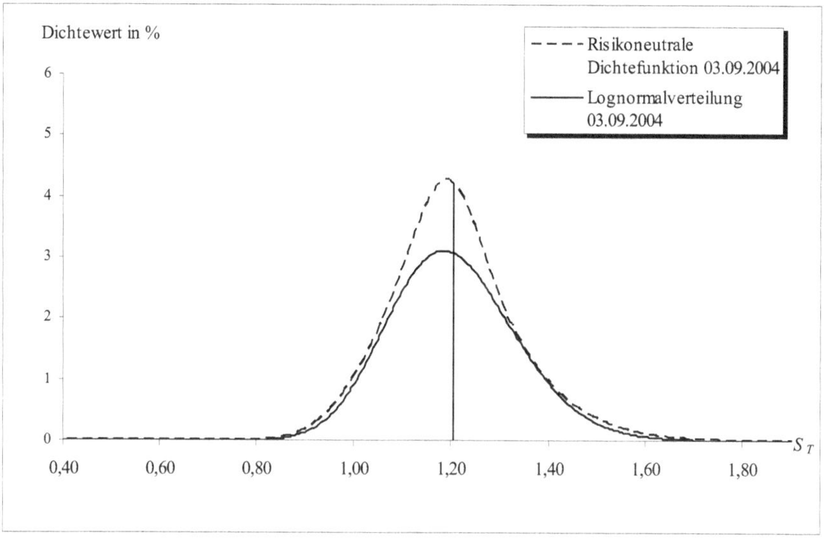

e) Risikoneutrale Dichtefunktionen zwischen dem 04.01.1999 und dem 03.09.2004

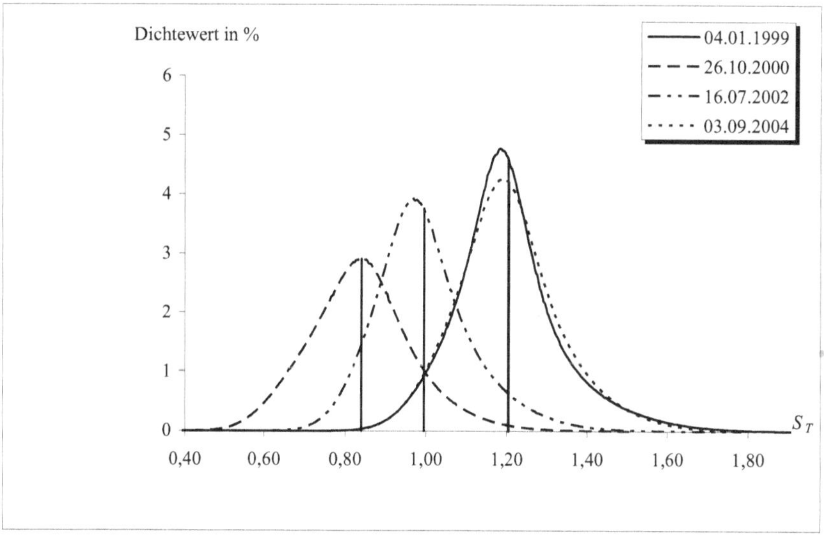

Quelle: Eigene Darstellung.

In Abbildung 5.3 ist deutlich die Entwicklung des Euro anhand des Terminkurses, der durch die senkrechte Linie in der Verteilung gekennzeichnet ist, erkennbar. Der anfängliche Terminkurs von etwa 1,20 $ zu Beginn der Währungsunion verschiebt sich bis zum Herbst 2000 deutlich nach links zu einem erwarteten Wechselkurs von 0,84 $, um im Folgenden bis zum Sommer 2002 wieder auf knapp 1 $ aufzuwerten. Im Jahr 2004 wird schließlich das Ausgangsniveau des Wechselkurses von 1999 erreicht, so dass im September 2004 der Terminkurs wieder bei etwa 1,20 $ liegt. Diese verschiedenen Wechselkursphasen spiegeln sich neben der Lage auch in der Form der Verteilungen wider. So weist die im Januar 1999 ausgeprägte rechtsschiefe Form zunächst auf eine Aufwertungserwartung des Euro hin, wobei die Volatilität und damit die Risikowahrnehmung im Vergleich zur Verteilung im Oktober 2000 relativ gering ist. Gleichzeitig zeigt die Verteilung eine große Spitzigkeit mit ausgeprägten Verteilungsenden, was auf die wahrgenommene Gefahr extremer Wechselkursbewegungen hindeutet. Im Oktober 2000 hat sich dieses Szenario gewandelt. In dieser Euro-Abwertungsphase ist eine linksschiefe Gestalt der Verteilung mit einem deutlichen Anstieg der Volatilität und einem Rückgang der Kurtosis erkennbar. Die folgende ausgeprägte Korrektur dieser starken Abwertungsphase wird durch eine erneut klare rechtsschiefe Verteilung sowie durch einen deutlichen Anstieg der Kurtosis begleitet. Im Jahr 2004 ergibt sich schließlich eine nur noch leicht rechtsschiefe Verteilung, deren Volatilität auf das Niveau vor der Abwertungsphase zurückgegangen ist und deren Spitzigkeit wesentlich geringer als zu Beginn der Währungsunion ist.

5.1.4 Zusammenfassung

In diesem Teil der empirischen Arbeit stand der Zusammenhang zwischen der Wechselkursentwicklung des Euro/Dollar und den Momenten der risikoneutralen Wahrscheinlichkeitsdichtefunktion als Abbild der Markterwartungen im Mittelpunkt. Es wurde überprüft, ob sich die starke Euro-Abwertung zwischen 2000 und 2002 sowie die anschließende Korrekturphase in den risikoneutralen Verteilungen und insbesondere in einer Veränderung des wahrgenommenen Risikos widergespiegelt hat. Dabei wurde festgestellt, dass die risikoneutralen Verteilungen sowohl ihre Lage als auch ihre Form während der Euroschwäche verändert haben. So zeigte sich, dass die Verschiebung der risikoneutralen Verteilung aufgrund der niedrigeren Euroterminkurse mit einem insgesamt 50%-igen Anstieg der Volatilität und einem fallenden Trend der Schiefe verbunden ist. Auffällig ist außerdem ein ausgeprägter Anstieg der Kurtosis, der bereits zu Beginn der Euro-Einführung im Jahr 1999 zu beobachten ist und auf das wahrgenommene Risiko außergewöhnlich starker Wechselkursänderungen hinweist. In der anschließenden Aufwertungsphase wurden diese Veränderungen der risikoneutralen Verteilungen deutlich korrigiert und schwankten im Herbst 2004 um die Werte vor der Euro-Einführung.

5.2 Die Kausalitätsbeziehungen zwischen den Momenten der risikoneutralen Dichtefunktionen und des Wechselkurses

Die Analyse der Wechselkursentwicklung und der berechneten Momente im vorausgegangenen Abschnitt hat gezeigt, dass Veränderungen des Wechselkurses häufig mit starken Schwankungen der Momente der risikoneutralen Dichtefunktion einhergehen. Hierbei stellt sich die Frage, ob die risikoneutralen Momente der Wechselkursentwicklung zeitlich vorausgehen oder ob sie erst auf eine Wechselkursänderung reagieren. Der Frage, welche Kausalitätsbeziehungen zwischen der Wechselkursentwicklung und den höheren Momenten der risikoneutralen Verteilung bestehen, wird daher im Folgenden nachgegangen.

5.2.1 Untersuchungsaufbau[206]

Um Erkenntnisse über die Beziehungen zwischen der Wechselkursentwicklung und den höheren Momenten Volatilität, Schiefe und Kurtosis der risikoneutralen Verteilung zu gewinnen, wird zunächst die einfache kontemporäre Korrelation zwischen den verschiedenen Zeitreihen berechnet. Dabei wird für die Wechselkursentwicklung so-

[206] Vgl. zu einer ähnlichen Untersuchung auch **Shiratsuka** *(2001)*, der jedoch den Informationsgehalt von japanischen Aktienindexoptionen untersucht.

wohl die logarithmierte Rendite R:

$$R_t = \ln\left(\frac{S_t}{S_{t-1}}\right) \tag{5.9}$$

als auch die betragsmäßige logarithmierte Rendite verwendet:

$$|R_t| = \left|\ln\left(\frac{S_t}{S_{t-1}}\right)\right|. \tag{5.10}$$

Durch die zusätzliche Berücksichtigung der betragsmäßigen Rendite wird gewährleistet, dass auch die Änderungen von Momenten erfasst werden, für die nur das Ausmaß der Wechselkursänderung entscheidend ist, nicht aber die Richtung.

Nach der Berechnung der kontemporären Korrelationen ist weiterführend zu prüfen, ob es außerdem Korrelationsbeziehungen zwischen den verzögerten oder vorlaufenden Werten der Wechselkursrenditen und den höheren Momenten gibt. Hierzu wird die sogenannte Kreuzkorrelation für den durchschnittlichen Vor- bzw. Nachlauf der höheren Momente zur Wechselkursänderung von bis zu zehn Tagen berechnet. Die maximale Korrelation gibt somit Auskunft über einen möglichen Vor- oder Nachlaufeffekt der höheren Momente zur Wechselkursrendite.

Da es sich bei den Vor- und Nachlaufeffekten zwischen den verschiedenen Momenten und den Renditen lediglich um Korrelationen handelt, die ausschließlich auf einen Zusammenhang zwischen den Variablen hindeuten, kann damit noch nicht auf die Kausalitätsbeziehung zwischen den Zeitreihen im Sinne von Ursache und Wirkung geschlossen werden.[207] Die Überprüfung einer solchen Beziehung ist jedoch über den Granger-Kausalitätstest möglich. Der Granger-Kausalitätstest untersucht die Kausalitätsbeziehung zwischen zwei stationären Zeitreihen[208], indem bei gleichen relevanten Größen

[207] Dabei wird der Kausalitätsbegriff im Sinne von David Hume verstanden, bei dem die Ursache der von ihr induzierten Wirkung zeitlich vorgelagert sein muss. Vgl. **Kirchgässner und Wolters** *(2006)*, S. 84.

[208] Da die Zeitreihen der Momente integriert vom Grade 1 sind, wird hier ein modifiziertes Verfahren von **Toda und Yamamoto** *(1995)* verwendet. Dabei wird zur gewählten Lag-Länge der maximale Integrationsgrad aller betrachteten Variablen hinzugerechnet, so dass das Var(p)-Modell mit p= Lag-Länge + maximaler Integrationsgrad geschätzt wird. Durch diese Vorgehensweise wird die Überprüfung vorliegender Kointegrationsbeziehungen hinfällig. Vgl. **Schulze** *(2004)*, S. 16.

getestet wird, ob eine Prognose für eine Variable y_t durch die Berücksichtigung verzögerter Werte der anderen Variablen x_t im Vergleich zur ausschließlichen Einbeziehung der eigenen Vergangenheitswerte verbessert werden kann. Die Kausalitätsbeziehungen zwischen zwei Zeitreihen lassen sich anhand eines bivariaten vektorautoregressiven Systems der Ordnung p (VAR(p)) darstellen:

(5.11) $$y_t = \alpha_{10} + \sum_{k=1}^{p} \alpha_{1k} y_{t-k} + \sum_{k=1}^{p} \beta_{1k} x_{t-k} + \varepsilon_{1t}$$

(5.12) $$x_t = \alpha_{20} + \sum_{k=1}^{p} \alpha_{2k} y_{t-k} + \sum_{k=1}^{p} \beta_{2k} x_{t-k} + \varepsilon_{2t}.$$

Dabei werden drei mögliche Kausalitätsbeziehungen unterschieden:

1. x_t ist zu y_t Ganger-kausal, wenn einer der Koeffizienten β_{1k} ungleich Null ist und alle Koeffizienten α_{2k} gleich Null sind.

2. y_t ist zu x_t Granger-kausal, wenn einer der Koeffizienten α_{2k} ungleich Null ist und alle Koeffizienten β_{1k} gleich Null sind.

3. x_t und y_t sind gegenseitig zueinander Granger-kausal, wenn einer der Koeffizienten β_{1k} ungleich Null ist und gleichzeitig α_{2k} ungleich Null ist. In diesem Fall spricht man auch von einer Feedback-Beziehung.

Die Überprüfung der vorliegenden Kausalitätsbeziehung erfolgt über einen F-Test. Bei diesem wird die Nullhypothese, dass keine Granger-Kausalität von x_t zu y_t und keine Granger-Kausalität von y_t zu x_t besteht, also H_0: $\beta_{1k} = 0$ und $\alpha_{2k} = 0$ getestet. Der Granger-Kausalitätstest ist somit ein Test auf Nullrestriktionen für diese Koeffizienten. Mit Hilfe dieses Tests werden die Kausalitätsstrukturen zwischen den höheren Momenten der risikoneutralen Verteilung und der Wechselkursänderungen paarweise getestet. Dazu wird ein VAR-Modell mit den fünf Variablen Volatilität, Schiefe, Kurtosis, Wechselkursrendite und betragsmäßige Wechselkursrendite geschätzt. Die optimale Lag-Struktur des VAR-Modells wird mit Hilfe des Akaike Informationskriteriums (AIC) gewählt.[209]

[209] Hier hat sich nach dem AIC eine optimale Lag-Länge von drei ergeben, zu der, nach den Ausführungen in Fußnote 207, der maximale Integrationsgrad von eins addiert wird.

5.2.2 Ergebnisse

Die Ergebnisse der kontemporären Korrelationsbeziehungen zwischen den Momenten σ, γ und κ der risikoneutralen Verteilung und der einfachen Rendite R und der absoluten Rendite R^* finden sich in der Korrelationsmatrix in Tabelle 5.1.

Tabelle 5.1: Korrelationsmatrix zwischen der Wechselkursrendite und den höheren Momenten der risikoneutralen Wahrscheinlichkeitsverteilung

	Rendite	**Rendite***	**Volatilität**	**Schiefe**	**Kurtosis**
Rendite	1.00	0.083398	0.014834	0.074942	-0.025180
Rendite*	0.083398	1.00	0.164255	-0.046088	-0.099304
Volatilität	0.014834	0.164255	1.00	-0.473228	-0.636972
Schiefe	0.074942	-0.046088	-0.473228	1.00	0.490165
Kurtosis	-0.025180	-0.099304	-0.636972	0.490165	1.00

Quelle: Eigene Berechnungen.

Die Ergebnisse zeigen, dass die Momente untereinander starke positive und negative Korrelationsbeziehungen aufweisen. Zwischen den Momenten und den Renditemaßen sind die Korrelationen hingegen deutlich schwächer ausgeprägt. Dabei gibt es zudem offensichtliche Unterschiede zwischen den Beziehungen zu der einfachen Rendite und der betragsmäßigen Rendite. So zeigt sich zwischen der einfachen Rendite und der Volatilität eine sehr schwache negative Beziehung, während die betragsmäßige Rendite und die Volatilität eine deutlich positive Korrelation von etwa 0,16 aufweisen. Auch die Kurtosis ist mit der betragsmäßigen Rendite stärker korreliert, wobei dieser Zusammenhang insgesamt recht schwach ist. Die Schiefe ist hingegen schwach positiv mit der einfachen Rendite korreliert. Diese Beobachtungen deuten darauf hin, dass für die Veränderung der Volatilität und der Kurtosis das Ausmaß der Wechselkursänderung entscheidender ist als die eingeschlagene Wechselkursrichtung, während die Schiefe erwartungsgemäß stärker mit der Wechselkursrichtung korreliert ist.

Neben diesen kontemporären Korrelationen können weitere Korrelationen zwischen den zeitlich vorlaufenden oder nachlaufenden Momenten und den Renditen bestehen. Aufschluss darüber geben die Kreuzkorrelationen zwischen den Momenten und den beiden Renditegrößen. Die Ergebnisse finden sich für die einfache Rendite in Tabelle 5.2 und für die betragsmäßige Rendite in Tabelle 5.3.

Tabelle 5.2: Kreuzkorrelation zwischen der Rendite und den höheren Momenten der risikoneutralen Verteilung unter Berücksichtigung von Vor- und Nachlaufeffekten bis zu 10 Tagen

(i)	**Rendite/ Volatilität (-i)** **Nachlauf**	**Rendite/ Volatilität (+i)** **Vorlauf**	**Rendite/ Schiefe (-i)** **Nachlauf**	**Rendite/ Schiefe (+i)** **Vorlauf**	**Rendite/ Kurtosis (-i)** **Nachlauf**	**Rendite/ Kurtosis (+i)** **Vorlauf**
0	0.0148	0.0148	0.0749	0.0749	-0.0252	-0.0252
1	-0.0056	0.0092	0.0131	0.1072	-0.0348	-0.0117
2	-0.0040	0.0039	0.0137	0.1098	-0.0370	-0.0100
3	-0.0098	0.0001	0.0171	0.1082	-0.0367	-0.0072
4	-0.0093	0.0015	0.0133	0.1015	-0.0383	-0.0091
5	-0.0146	-0.0029	0.0133	0.1015	-0.0381	-0.0073
6	-0.0145	-0.0059	0.0115	0.0986	-0.0360	-0.0071
7	-0.0174	-0.0053	0.0082	0.0997	-0.0373	-0.0039
8	-0.0211	-0.0059	0.0081	0.0950	-0.0352	-0.0042
9	-0.0241	-0.0094	0.0050	0.0964	-0.0360	-0.0049
10	-0.0273	-0.0061	0.0010	0.0878	-0.0369	-0.0116

Quelle: Eigene Berechnungen.

Tabelle 5.3: Kreuzkorrelation zwischen der betragsmäßigen Rendite und den höheren Momenten der risikoneutralen Verteilung unter Berücksichtigung von Vor- und Nachlaufeffekten bis zu 10 Tagen

(i)	Rendite*/ Volatilität (-i) Nachlauf	Rendite*/ Volatilität (+i) Vorlauf	Rendite*/ Schiefe (-i) Nachlauf	Rendite*/ Schiefe (+i) Vorlauf	Rendite*/ Kurtosis (-i) Nachlauf	Rendite*/ Kurtosis (+i) Vorlauf
0	0.1643	0.1643	-0.0461	-0.0461	-0.0993	-0.0993
1	0.1403	0.1639	-0.0538	-0.0477	-0.0989	-0.0952
2	0.1443	0.1623	-0.0527	-0.0514	-0.0989	-0.0979
3	0.1412	0.1584	-0.0514	-0.0449	-0.0980	-0.0958
4	0.1441	0.1600	-0.0518	-0.0425	-0.0983	-0.0928
5	0.1396	0.1609	-0.0528	-0.0449	-0.1007	-0.0893
6	0.1331	0.1573	-0.0523	-0.0443	-0.0989	-0.0861
7	0.1339	0.1585	-0.0525	-0.038	-0.0980	-0.0834
8	0.1314	0.1557	-0.0504	-0.0421	-0.0951	-0.0818
9	0.1338	0.1538	-0.0506	-0.0442	-0.1000	-0.0834
10	0.1314	0.1499	-0.0526	-0.0474	-0.0996	-0.0830

Quelle: Eigene Berechnungen.

Anhand der ersten Kreuzkorrelationstabelle (Tabelle 5.2) ist ersichtlich, dass die vorlaufenden Werte der Schiefe eine weitaus stärkere Korrelationsbeziehung zur Rendite aufweisen als die umgekehrte Beziehung zwischen den verzögerten Werten der Schiefe und der Rendite. Die Korrelation zwischen der vorlaufenden Schiefe und der Rendite ist zudem positiv und besitzt bei einem Vorlauf von zwei Tagen mit 0,1098 die größte Korrelation. Weitere signifikante Korrelationen zwischen den anderen Momenten und der einfachen Rendite sind nicht erkennbar.

Die zweite Korrelationstabelle (Tabelle 5.3) zeigt zwischen der betragsmäßigen Rendite und der Volatilität sowohl beim Vorlauf als auch beim Nachlauf der Volatilität langanhaltende positive Korrelationen, die auf persistente Volatilitätsschocks hinweisen.[210] Zudem ist die Kurtosis schwach mit der absoluten Rendite korreliert und weist die größte negative Korrelation zur absoluten Wechselkursänderung bei einem Nachlauf von fünf Tagen auf. Eine ausgeprägte Wechselkursänderung scheint daher mit einer Verringerung der verzögerten Kurtosis verbunden zu sein. Zwischen der betragsmäßigen Wechselkursrendite und der Schiefe ergibt sich hingegen erwartungsgemäß kein Zusammenhang.

Insgesamt lässt sich somit festhalten, dass für die Schiefe der risikoneutralen Verteilung die *Richtung* der vorausgegangenen Wechselkursentwicklung entscheidend ist, während die Volatilität und Kurtosis ausschließlich mit dem *Ausmaß* der Wechselkursentwicklung korreliert sind.

Die gefundenen Korrelationen bzw. Kreuzkorrelationen zwischen den höheren Momenten der risikoneutralen Wahrscheinlichkeitsdichtefunktion und den Wechselkursänderungen spiegeln sich auch in den Ergebnissen des durchgeführten Granger-Kausalitätstest wider. Die resultierenden Werte für die F-Statistik und die p-Werte, die das Signifikanzniveau angeben, zu dem die Nullhypothese verworfen werden kann, finden sich in Tabelle 5.4.

Besonders auffällig erscheint bei dem Kausalitätstest die implizite Volatilität, die für alle anderen Zeitreihen außer der Schiefe mindestens auf dem 10% Niveau signifikant Granger-kausal ist. Die einfache Rendite und die Kurtosis sind außerdem gleichzeitig Granger-kausal zur impliziten Volatilität, so dass zwischen der impliziten Volatilität und der einfachen Rendite und zwischen der impliziten Volatilität und der Kurtosis offensichtlich eine Feedback-Beziehung besteht. Damit reagiert die Volatilität einerseits auf die Änderungen von Rendite und Kurtosis, beinhaltet aber andererseits auch einen Informationsgehalt für die künftige Entwicklung von Rendite und Kurtosis. Des Weiteren zeigen die Ergebnisse außerdem eine auf dem 1% Niveau signifikante Granger-Kausalität der Schiefe zur Kurtosis und der Kurtosis zur absoluten Rendite sowie eine statistisch deutlich signifikante Granger-kausale Beziehung der einfachen Rendite zu den Momenten der risikoneutralen Verteilung.

[210] Vgl. zum Auftreten persistenter Volatilitätsschocks auch die folgenden Ausführungen in Abschnitt 5.3.

Tabelle 5.4: Ergebnisse des paarweisen Granger-Kausalitätstests bei einem Lag von 4

Nullhypothese:	**F-Statistik**	**p-Wert**
Volatilität ist nicht Granger-kausal für Schiefe	1.80315	0.12561
Schiefe ist nicht Granger-kausal für Volatilität	1.54252	0.18734
Abs. Rendite ist nicht Granger-kausal für Schiefe	1.28166	0.27502
Schiefe ist nicht Granger-kausal für abs. Rendite	1.26511	0.28161
Rendite ist nicht Granger-kausal für Schiefe	37.2813***	0.00000
Schiefe ist nicht Granger-kausal für Rendite	0.34830	0.84533
Kurtosis ist nicht Granger-kausal für Schiefe	0.25725	0.90532
Schiefe ist nicht Granger-kausal für Kurtosis	10.0140***	0.00000
Abs. Rendite ist nicht Granger-kausal für Volatilität	0.63616	0.63674
Volatilität ist nicht Granger-kausal für abs. Rendite	10.7610***	0.0000
Rendite ist nicht Granger-kausal für Volatilität	3.91163***	0.00363
Volatilität ist nicht Granger-kausal für Rendite	1.94928*	0.09982
Kurtosis ist nicht Granger-kausal für Volatilität	4.06686***	0.00276
Volatilität ist nicht Granger-kausal für Kurtosis	1.96798*	0.09691
Rendite ist nicht Granger-kausal für abs. Rendite	0.08760	0.98632
Abs. Rendite ist nicht Granger-kausal für Rendite	2.12130*	0.07583
Kurtosis ist nicht Granger-kausal für abs. Rendite	4.01657***	0.00302
Abs. Rendite ist nicht Granger-kausal für Kurtosis	0.81728	0.51403
Kurtosis ist nicht Granger-kausal für Rendite	0.75125	0.55714
Rendite ist nicht Granger-kausal für Kurtosis	7.61090***	0.0000

Quelle: Eigene Berechnungen.

Anmerkung: Die Anzahl der Sternchen bedeutet:

* Die Nullhypothese wird auf dem 10% Signifikanzniveau verworfen.

*** Die Nullhypothese wird auf dem 1% Signifikanzniveau verworfen.

Damit scheint die Kurtosis keinen Informationsgehalt für die Richtung der Wechselkursänderung zu besitzen, aber beinhaltet Informationen über das absolute Ausmaß der Änderung. Die Schiefe reagiert hingegen nur auf die Entwicklung der einfachen Rendite und besitzt weder einen Informationsgehalt für die absolute Veränderung des Wechselkurses noch für die künftige Richtung des Wechselkurses.

5.2.3 Zusammenfassung

In diesem Teil der Arbeit wurde untersucht, welche Beziehungen zwischen den Momenten der risikoneutralen Verteilung und der Wechselkursänderung bestehen. Hierzu wurden zunächst die einfachen kontemporären Korrelationen zwischen den verschiedenen Zeitreihen berechnet, wobei sich zwischen den einzelnen Momenten der risikoneutralen Verteilung ausgeprägte Korrelationen zeigten, während die Momente mit der Rendite bzw. betragsmäßigen Rendite weniger stark korrelierten. Hier fiel vor allem die stärkste Korrelationsbeziehung zwischen der Volatilität und der absoluten Rendite auf, die mit 0,16 ermittelt wurde. Im nächsten Schritt wurde untersucht, ob sich die Korrelationen bei Vorläufen oder Nachläufen der Momente zur Rendite bzw. betragsmäßigen Rendite unterscheidet. Daher wurden die Kreuzkorrelationen für die Vor- und Nachläufe der Momente von bis zu zehn Perioden berechnet. Es kristallisierte sich ebenfalls die Volatilität heraus, deren Vorlauf und Nachlauf mit der betragsmäßigen Rendite korreliert. Daneben wies die Schiefe bei einem Vorlauf von zwei Perioden die größte Korrelation zur Rendite auf und zwischen dem Fünf-Perioden Nachlauf der Kurtosis und der absoluten Rendite ergab sich die größte negative Korrelation. Um diese Zusammenhänge auf Kausalität zu überprüfen, wurde im letzten Schritt ein Granger-Kausalitätstest durchgeführt, wobei sich die Volatilität und Kurtosis als Granger-kausale Faktoren zur Verbesserung der Wechselkursprognose erwiesen. Die Schiefe der risikoneutralen Verteilung reagiert offensichtlich nur auf die Rendite und kann damit keinen Beitrag für die Wechselkursprognose leisten.

5.3 Prognosefähigkeit der risikoneutralen Verteilung für die reale Verteilung im Vergleich zu alternativen Prognosemodellen

Die in den risikoneutralen Wahrscheinlichkeitsdichtefunktionen enthaltenen Informationen als Abbild der Markterwartungen werden zunehmend von Zentralbanken und zahlreichen weiteren staatlichen und nichtstaatlichen Institutionen zur Analyse der Markteinschätzungen zu künftigen Entwicklungsszenarien genutzt. In diesem Zusammenhang ist es notwendig die Prognosequalität der ermittelten Momente der risikoneutralen Verteilung im Vergleich zu alternativen Prognosemodellen zu überprüfen.

Viele Arbeiten haben sich bereits mit der Prognosefähigkeit impliziter Volatilitäten aus Optionspreisen befasst. Hierbei gibt es zahlreiche Evidenzen, dass die impliziten Volatilitäten als Prognoseinstrument für die künftige realisierte Volatilität im Vergleich zu vergangenheitsorientierten Volatilitätsmodellen, wie der historischen Volatilität, überlegen sind.[211] Der Prognosefähigkeit der impliziten Schiefe und Kurtosis der risikoneutralen Verteilung wurde dagegen bisher weniger Aufmerksamkeit geschenkt. Die Ursache hierfür liegt wohl auch in der erst seit kurzem wachsenden Literatur zur Ermittlung der risikoneutralen Verteilung. In der folgenden Analyse wird daher, neben der Untersuchung der Verbindung zwischen impliziter Volatilität und realisierter Volatilität, auch der Zusammenhang zwischen dem dritten und vierten Moment der risikoneutralen Verteilung und dem dritten und vierten Moment der realisierten Verteilung betrachtet.

5.3.1 Untersuchungsaufbau

Der erste Teil der folgenden Analyse ist der Beziehung zwischen dem zweiten Moment der risikoneutralen Verteilung und der realen Verteilung gewidmet. Dazu werden die aus den risikoneutralen Verteilungen gewonnenen impliziten Volatilitäten und die

---

[211] Beispiele für diese Arbeiten sind **Jorion** *(1995)*, **Xu und Taylor** *(1995)*, **Flemming** *(1998)*, **Andrade und Tabak** *(2001)* oder **Christoffersen und Mazzotta** *(2005)*.

Prognosen alternativer Zeitreihenmodelle mit der tatsächlich realisierten Volatilität im Prognosehorizont verglichen. Als vergangenheitsorientierte Zeitreihenmodelle fungieren die historische Volatilität und ein GARCH(1,1)-Modell, mit welchem In-Sample und Out-of-Sample Prognosen erstellt werden.

Der zweite Teil untersucht die Prognosefähigkeit der impliziten Schiefe und Kurtosis für die folgende realisierte Schiefe und Kurtosis. Hierbei wird ebenfalls die alternative Prognosemethode auf Basis der historischen Schiefe und Kurtosis betrachtet.

In allen Untersuchungen wird ein Prognosehorizont von einem Monat analysiert.[212] Die zur Ermittlung der risikoneutralen Verteilungen notwendigen Optionspreisdaten mit einer Laufzeit von einem Monat werden den veröffentlichten Quotierungen der British Banker Association im Zeitraum 2002 bis 2005 entnommen. Diese Daten entsprechen dem Mittelwert der von zwölf Kreditinstituten übermittelten Optionspreise, wobei die zwei höchsten und zwei niedrigsten Kurse bei der Mittelwertberechnung ausgeschlossen werden. Liegen weniger als fünf Quotierungen vor, wird kein Kurs gestellt.[213] Diese Art der Datenerfassung sichert somit die Liquidität der veröffentlichten Optionspreisdaten.[214] Die Berechnung der vergangenheitsorientierten Prognosemodelle und der realisierten Momente erfolgt mit den veröffentlichten täglichen US-Dollar/Euro Wechselkursnotierungen der Bundesbank im Zeitraum 1998-2005.[215]

---

[212] Im Folgenden wird ein Monat mit 21 Handelstagen approximiert.

[213] Die Optionspreisdaten sowie die Informationen zur Datenerfassung finden sich unter www.bba.org.uk .

[214] Die Untersuchung im Abschnitt 5.1 wurde nicht mit den Daten der British Banker Association durchgeführt, da diese Daten erst ab 2002 vorliegen und somit die Analyse der Veränderungen der Momente zwischen 1998 und 2002 nicht möglich gewesen wäre.

[215] Vor der Einführung des Euro werden die DM/US-Dollar Notierungen verwendet. Die verwendeten Zeitreihen (Nr. 5009 für DM/US-Dollar und Nr. 5636 für Euro/US-Dollar) finden sich unter http://www.bundesbank.de/statistik/statistik_zeitreihen.

5.3.2 Prognosemodelle für die Momente der realisierten Verteilung

Prognosemodelle für die Volatilität

Zur Prognose der realisierten Volatilität werden drei verschiedene Modelle verglichen. Der wichtigste Ansatz basiert auf der impliziten Volatilität σ_t^{IV} der ermittelten risikoneutralen Verteilung für eine Laufzeit von einem Monat. Dieses Maß spiegelt somit die erwartete durchschnittliche Volatilität für den folgenden Monat eines risikoneutralen Anlegers wider.

Als erstes vergangenheitsorientiertes Modell zur Prognose der realisierten Volatilität im Prognosehorizont wird die historische Volatilität verwendet. Die historische Volatilität σ_t^{HV} ergibt sich aus der Standardabweichung der täglichen Renditen R_t der vergangenen T Handelstage:

$$\sigma_t^{HV} = \sqrt{\frac{1}{T-1}\sum_{k=1}^{T}(R_{t-k} - \overline{R})^2} \tag{5.13}$$

$$\text{mit } R_t = \ln\left(\frac{S_t}{S_{t-1}}\right) \text{ und } \overline{R}_t = \frac{1}{T}\sum_{k=1}^{T} R_{t-k}\,.$$

Die Anzahl der zu berücksichtigenden Handelstage wird mit dem Prognosehorizont gleichgesetzt, so dass diese Berechnung auf den letzten 21 Handelstagen basiert.

Der zweite zeitreihenbasierte Ansatz ist ein GARCH (p,q) Modell, welches von Bollerslev (1986) entwickelt wurde. Es modelliert das empirische Phänomen, dass die Renditen von Finanzmarktdaten häufig sogenannte Volatilitätscluster aufweisen, bei denen auf große (kleine) Varianzen wieder große (kleine) Varianzen folgen. Die Autokorrelation in den Varianzen wurde erstmals von Engle (1982) durch ein sogenanntes Autoregressive Conditional Heteroskedasticity (ARCH (q))- Modell erfasst. Bei dem Modell wird davon ausgegangen, dass die bedingte Varianz des Residuums von den bis zum Zeitpunkt t-q zurückliegenden realisierten Werten der quadrierten Residuen abhängt. Da die ARCH-Modellierung bei einem großen Wert für q zu Schätzproblemen führt, wurde ein verallgemeinertes ARCH-Modell, das Generalized Autoregressive Conditional Heteroskedasticity Modell entwickelt.[216] Dieses GARCH (p,q) Modell berücksichtigt bei der Modellierung der bedingten Varianzen neben den q verzögerten quadrierten Residuen auch die p verzögerten Werte der bedingten Varianz:

$$(5.14) \qquad R_t = \mu + \varepsilon_t, \quad \varepsilon_t \sim N(0,\sigma_t^2), \qquad \sigma_t^2 = \omega + \sum_{i=1}^{q} \alpha_i \varepsilon_{t-i}^2 + \sum_{j=1}^{p} \beta_i \sigma_{t-j}^2$$

Das GARCH (p,q)-Modell wurde in den folgenden Jahren in verschiedene nichtlineare Varianten zur Abbildung asymmetrischer Varianzentwicklungen bei Preisänderungen modifiziert.[217] In weiten Teilen der empirischen Finanzmarktforschung hat sich jedoch das einfache GARCH (1,1)- Modell etabliert, welches daher auch im Folgenden Anwendung findet. Beim GARCH(1,1)-Modell wird unterstellt, dass sich die bedingte Varianz σ^2 im Zeitpunkt t aus der langfristigen durchschnittlichen Varianz ω, der Varianz der Vorperiode σ_{t-1}^2 und dem quadrierten Residuum der Vorperiode ε_{t-1}^2 ergibt:

$$(5.15) \qquad \sigma_t^2 = \omega + \alpha\, \varepsilon_{t-1}^2 + \beta \sigma_{t-1}^2 .$$

Mit Hilfe dieses GARCH(1,1)-Modells werden in der folgenden Analyse In-Sample und Out-of-Sample Prognosen für die realisierte Volatilität erstellt.

Bei der In-Sample Technik wird das Modell über den Zeitraum von 2002 bis 2005 geschätzt. Mit den ermittelten Modellparametern werden die Prognosen der bedingten Volatilität in diesem Schätzzeitraum berechnet. Die Ergebnisse der geschätzten Koeffizienten für das In-Sample Modell finden sich in Tabelle 5.5.

Die Ergebnisse zeigen, dass das GARCH (1,1)-Modell statistisch signifikant ist und die Volatilität mit den vorausgegangenen Volatilitätsschocks erklärt werden kann. Zudem ist bei dieser Schätzung $\alpha + \beta < 1$, so dass es sich um einen stationären Prozess handelt.

---

[216] Vgl. **Kirchgässner und Wolters** *(2006)*, S. 225.

[217] Populäre Beispiele für asymmetrische Erweiterungen des klassischen GARCH-Modells sind das exponentielle GARCH (EGARCH)-Modell, das die bedingte Varianz als multiplikatives Modell regressiert und das threshold GARCH (TGARCH)-Modell, welches positive und negative Schocks durch Berücksichtigung von Schwellwerten unterschiedlich gewichtet. Vgl. hierzu den Überblick bei **Kirchgässner und Wolters** *(2006)*, S. 228 ff.

Tabelle 5.5: Ergebnisse des GARCH(1,1)-In-Sample-Modells

	μ	ω	α	β
2002-2005	0.00023 (0.000176)	0.000000717 (0.000000463)	0.023562** (0.010922)	0.956464*** (0.020437)

Quelle: Eigene Berechnungen.

Anmerkung: Die Zahlen in Klammern geben die Bollerslev-Wooldridge (1992) Standardfehler an. Die Anzahl der Sternchen bedeutet:

** Die Nullhypothese $\alpha = 0$ wird auf dem 5% Signifikanzniveau verworfen.

*** Die Nullhypothese $\beta = 0$ wird auf dem 1% Signifikanzniveau verworfen.

Bei der Ermittlung der Out-of-Sample Prognosen erfolgt die Schätzung des GARCH(1,1)-Modells in einem rollenden Dreijahreszeitfenster. Beginnend mit einem Schätzzeitraum von Januar 1998 bis Dezember 2001 wird auf Basis der geschätzten Modellparameter die Einschrittprognose für das folgende Kalenderjahr 2002 erstellt. Anschließend wird die Schätzperiode um ein Jahr nach vorne geschoben, so dass der neue Schätzzeitraum im Januar 1999 beginnt und im Dezember 2002 endet. Mit Hilfe der neuen Modellparameter erfolgt die Prognose für das Jahr 2003. Diese Prozedur wird solange weitergeführt bis alle Prognosen für die Jahre 2002 bis 2005 vorliegen.

Die Unterschiede zwischen der Ermittlung der In-Sample und der Out-of-Sample Prognosen werden in Abbildung 5.4 grafisch dargestellt.

Die In-Sample und die Out-of-Sample Prognosen $\hat{\sigma}_{t+1}$ des GARCH (1,1)-Modells stellen ausschließlich bedingte Volatilitätsprognosen für den folgenden Tag dar. Da die Volatilität der risikoneutralen Verteilung jedoch die erwartete durchschnittliche Volatilität für die Restlaufzeit der Option angibt, müssen auch die Prognosen des GARCH(1,1) Modells der Optionslaufzeit angepasst werden. Mithin wird die durchschnittliche Volatilitätsprognose für die nächsten T Tage aus den ermittelten Einschrittprognosen berechnet.

Abbildung 5.4: Vorgehensweise zur Bestimmung von In-Sample und Out-of-Sample Prognosen mit dem GARCH (1,1)-Modell

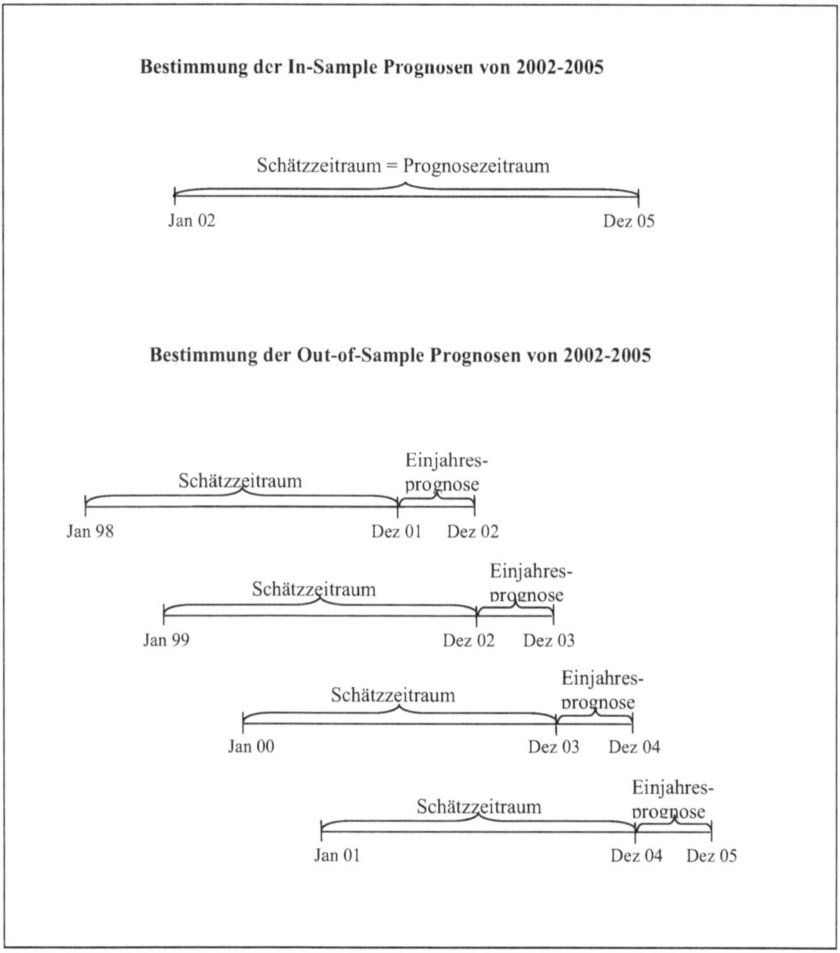

Quelle: Eigene Darstellung.

Diese ergibt sich nach Heynen, Kemna und Vorst (1994) aus:

$$(5.16)\qquad \sigma_t^{GH} = \sqrt{\frac{\hat{\varpi}}{1-\hat{\alpha}-\hat{\beta}} + \left(\hat{\sigma}_{t+1} - \frac{\varpi}{1-\hat{\alpha}-\hat{\beta}}\right)\frac{1}{T}\frac{1-(\hat{\alpha}+\hat{\beta})^T}{1-(\hat{\alpha}+\hat{\beta})}}.$$ [218]

Die beiden Volatilitätsprognosen des GARCH(1,1) Modells, die Prognose des historischen Modells sowie der risikoneutralen Wahrscheinlichkeitsdichten werden mit der realisierten Volatilität im Prognosehorizont verglichen. Die realisierte Volatilität wird als ex-post Standardabweichung der Renditen in den folgenden T Tagen berechnet:

$$(5.17)\qquad \sigma_t^{RV} = \sqrt{\frac{1}{T-1}\sum_{k=1}^{T}(R_{t+k}-\overline{R})^2} \text{ mit } \overline{R}_t = \frac{1}{T}\sum_{k=1}^{T} R_{t+k} \text{ und } R_t = \ln\left(\frac{S_t}{S_{t-1}}\right).$$

Alle dargestellten Volatilitätsmaße werden als annualisierte Größen verwendet, das heißt mit dem Faktor $\sqrt{252}$ multipliziert. Die Evaluierung der jeweiligen Volatilitätsprognose erfolgt, indem diese als Regressor zur Erklärung der realisierten Volatilität in einer einfachen Kleinst-Quadrate-Regression verwendet wird.[219] Damit wird die folgende Einfachregression für jedes Volatilitätsmodell geschätzt:

$$(5.18)\qquad \sigma_t^{RV} = \alpha + \beta\sigma_t^j + \varepsilon_t, \text{ mit}$$

$j = 1$: Risikoneutrale Volatilitätsprognose

$j = 2$: Historische Volatilitätsprognose

$j = 3$: GARCH (1,1) In-Sample Prognose

$j = 4$: GARCH (1,1) Out-of-Sample Prognose.

---

[218] Vgl. zur Herleitung dieser durchschnittlichen GARCH(1,1) Volatilität **Heynen, Kemna und Vorst** *(1994)*, S. 51.

[219] Diese Vorgehensweise wurde erstmals von **Day und Lewis** *(1992)* vorgeschlagen und im Folgenden von einer Vielzahl von Autoren angewendet. Zu nennen sind hier beispielsweise die Arbeiten von **Canina und Figlewski** *(1993)* und **Christensen und Prabhala** *(1998)*.

Wenn die jeweilige Volatilitätsprognose dabei einen Informationsgehalt für die realisierte Volatilität aufweist, ist der Koeffizient für β signifikant größer als Null. Sind $\alpha = 0$ und $\beta = 1$, stellt diese Volatilitätsprognose einen unverzerrten Prädiktor der realisierten Volatilität dar.

Neben der Evaluierung der einzelnen Volatilitätsprognosen erscheint es zudem sinnvoll den zusätzlichen Erklärungsbeitrag der zeitreihenbasierten Modelle über den Informationsgehalt der risikoneutralen Volatilität hinaus zu überprüfen. Dies geschieht über eine sogenannte „Encompassing Regression", bei der neben der risikoneutralen Volatilität als Regressor weitere zeitreihenbasierte Prognosen als zusätzliche Regressoren verwendet werden. Infolgedessen wird die folgende multiple Regression getestet:

(5.19) $$\sigma_t^{RV} = \alpha + \beta\sigma_t^{IV} + c\sigma_t^j + \varepsilon_t \text{ mit}$$

$j = 1$: Historische Volatilitätsprognose

$j = 2$: GARCH (1,1) In-Sample Prognose

$j = 3$: GARCH (1,1) Out-of-Sample Prognose.

Prognosemodelle für die Schiefe und Kurtosis

Als Prognosemodelle für die Schiefe und die Kurtosis werden neben der impliziten Schiefe γ_t^{IS} und der impliziten Kurtosis κ_t^{IK} der risikoneutralen Verteilung die historische Schiefe γ_t^{HS} und die historische Kurtosis γ_t^{HK} auf Basis der letzten T Handelstage überprüft:

(5.20) $$\gamma_t^{HS} = \frac{E(X-\mu)^3}{\sigma^3} = \frac{\frac{1}{T}\sum_{k=1}^{T}\left(R_{t-k}-\overline{R}\right)^3}{\left(\sqrt{\frac{1}{T}\sum_{k=1}^{T}\left(R_{t-k}-\overline{R}\right)^2}\right)^3}$$

(5.21) $$\kappa_t^{HK} = \frac{E(X-\mu)^4}{\sigma^4} = \frac{\frac{1}{T}\sum_{k=1}^{T}\left(R_{t-k}-\overline{R}\right)^4}{\left(\frac{1}{T}\sum_{k=1}^{T}\left(R_{t-k}-\overline{R}\right)^2\right)^2} - 3$$

Die realisierte Schiefe und Excess Kurtosis im Prognosehorizont wird als ex-post berechnete Schiefe und Excess Kurtosis in den folgenden T Tagen definiert:

(5.22) $$\gamma_t^{RS} = \frac{\frac{1}{T}\sum_{k=1}^{T}\left(R_{t+k}-\overline{R}\right)^3}{\left(\sqrt{\frac{1}{T}\sum_{t=1}^{T}\left(R_{t+k}-\overline{R}\right)^2}\right)^3}$$

(5.23) $$\kappa_t^{RK} = \frac{\frac{1}{T}\sum_{k=1}^{T}\left(R_{t+k}-\overline{R}\right)^4}{\left(\frac{1}{T}\sum_{k=1}^{T}\left(R_{t+k}-\overline{R}\right)^2\right)^2} - 3$$

Die Evaluierung der beiden Prognosemodelle erfolgt in Analogie zur Volatilitätsprognosenevaluierung ebenfalls über eine Regression, bei der die impliziten und die historischen Werte auf die jeweiligen realisierten Werte regressiert werden.

Ein zusammenfassender Überblick aller zu untersuchenden Modelle findet sich in Tabelle 5.6.

Tabelle 5.6: Überblick der verwendeten Modelle zur Prognose der realisierten Volatilität, Schiefe und Kurtosis

Modelle zur Prognose der realisierten Volatilität	
Implizite Volatilität	
$\sigma_t^{IV} = \sqrt{\frac{\hat{\mu}_t^{(2)}}{\tau}}$ (5.5)	- Annualisierte Volatilität der risikoneutralen Verteilung - Gibt die erwartete durchschnittliche Volatilität über die Restlaufzeit der Option an
Historische Volatilität	
$\sigma_t^{HV} = \sqrt{\frac{1}{T-1}\sum_{k=1}^{T}(R_{t-k} - \overline{R})^2}$ (5.13)	- Standardabweichung der Rendite der vergangenen T Handelstage
GARCH (1,1)-In-Sample Volatilität	
$\sigma_t^2 = \omega + \alpha\varepsilon_{t-1}^2 + \beta\sigma_{t-1}^2$ (5.15) Prognosemodell zur Berechnung der durchschnittlichen Volatilität $\sigma_t^{GH} =$ $\sqrt{\frac{\hat{\varpi}}{1-\hat{\alpha}-\hat{\beta}} + \left(\hat{\sigma}_{t+1} - \frac{\varpi}{1-\hat{\alpha}-\hat{\beta}}\right)\frac{1}{T}\frac{1-(\hat{\alpha}+\hat{\beta})^T}{1-(\hat{\alpha}+\hat{\beta})}}$ (5.16)	- Modell (5.15) wird über den gesamten Zeitraum 2002-2005 geschätzt; anschließend Ermittlung der Prognosen für den Schätzzeitraum auf Basis der Modellparameter - Über (5.16) Berechnung der durchschnittlichen Volatilität für die nächsten T Tage
GARCH(1,1)-Out-of-Sample Volatilität	
$\sigma_t^2 = \omega + \alpha\varepsilon_{t-1}^2 + \beta\sigma_{t-1}^2$ (5.15) Prognosemodell zur Berechnung der durchschnittlichen Volatilität $\sigma_t^{GH} =$ $\sqrt{\frac{\hat{\varpi}}{1-\hat{\alpha}-\hat{\beta}} + \left(\hat{\sigma}_{t+1} - \frac{\varpi}{1-\hat{\alpha}-\hat{\beta}}\right)\frac{1}{T}\frac{1-(\hat{\alpha}+\hat{\beta})^T}{1-(\hat{\alpha}+\hat{\beta})}}$ (5.16)	- Modell (5.15) wird zw. 1998 und 2001 geschätzt; anschließend Ermittlung der Einschrittprognosen für das folgende Kalenderjahr - Über (5.16) Berechnung der durchschnittlichen Volatilität für die nächsten T Tage in diesem Kalenderjahr - Verschiebung des Schätzzeitraums um ein Jahr und Berechnung der folgenden Einschrittprognose; Wiederholung bis alle Prognosen für 2002 bis 2005 berechnet sind
Realisierte Volatilität	
$\sigma_t^{RV} = \sqrt{\frac{1}{T-1}\sum_{k=1}^{T}(R_{t+k} - \overline{R})^2}$ (5.17)	- Ex-post Standardabweichung der Renditen in den folgenden T Tagen

Modelle zur Prognose der realisierten Schiefe und Kurtosis		
Implizite Schiefe		
$\gamma_t^{IS} = \frac{\hat{\mu}_t^{(3)}}{\left[\hat{\mu}_t^{(2)}\right]^{\frac{3}{2}}}$	(5.6)	- Schiefe der risikoneutralen Verteilung
Historische Schiefe		
$\gamma_t^{HS} = \frac{\frac{1}{T}\sum_{k=1}^{T}\left(R_{t-k}-\overline{R}\right)^3}{\left(\sqrt{\frac{1}{T}\sum_{k=1}^{T}\left(R_{t-k}-\overline{R}\right)^2}\right)^3}$	(5.20)	- Schiefe in der Renditeverteilung der letzten T Tage
Realisierte Schiefe		
$\gamma_t^{RS} = \frac{\frac{1}{T}\sum_{k=1}^{T}\left(R_{t+k}-\overline{R}\right)^3}{\left(\sqrt{\frac{1}{T}\sum_{t=1}^{T}\left(R_{t+k}-\overline{R}\right)^2}\right)^3}$	(5.22)	- Schiefe in der Renditeverteilung der nächsten T Tage
Implizite Exzess Kurtosis		
$\kappa_t^{IK} = \frac{\hat{\mu}_t^{(4)}}{\left[\hat{\mu}_t^{(2)}\right]^2} - 3$	(5.7)	- Excess Kurtosis der risikoneutralen Verteilung
Historische Exzess Kurtosis		
$\kappa_t^{HK} = \frac{\frac{1}{T}\sum_{k=1}^{T}\left(R_{t-k}-\overline{R}\right)^4}{\left(\frac{1}{T}\sum_{k=1}^{T}\left(R_{t-k}-\overline{R}\right)^2\right)^2} - 3$	(5.21)	- Excess Kurtosis der Renditeverteilung der letzten T Handelstage
Realisierte Exzess Kurtosis		
$\kappa_t^{RK} = \frac{\frac{1}{T}\sum_{k=1}^{T}\left(R_{t+k}-\overline{R}\right)^4}{\left(\frac{1}{T}\sum_{k=1}^{T}\left(R_{t+k}-\overline{R}\right)^2\right)^2} - 3$	(5.23)	- Excess Kurtosis in der Renditeverteilung in den nächsten T Tagen

Quelle: Eigene Darstellung.

5.3.3 Ergebnisse

5.3.3.1 Prognosemodelle für die Volatilität

Einen ersten Eindruck von den verschiedenen Volatilitätsprognosen vermittelt Abbildung 5.5, in der die Zeitreihen der verschiedenen Volatilitätsprognosen der realisierten Volatilität gegenübergestellt werden.

Abbildung 5.5: Volatilitätsprognosen im Vergleich zur realisierten Volatilität

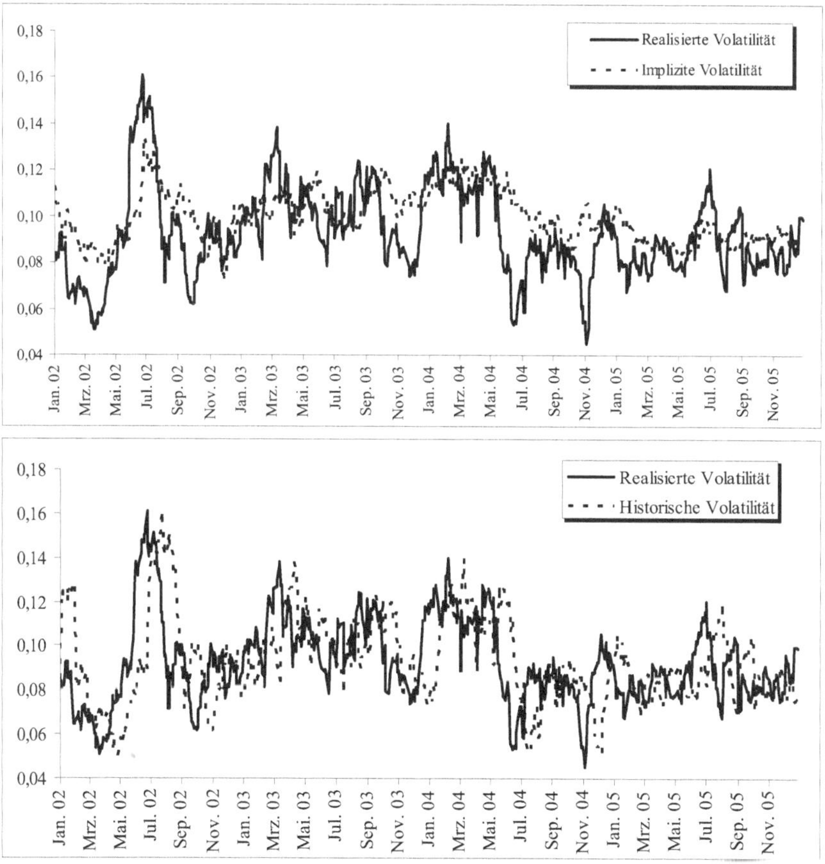

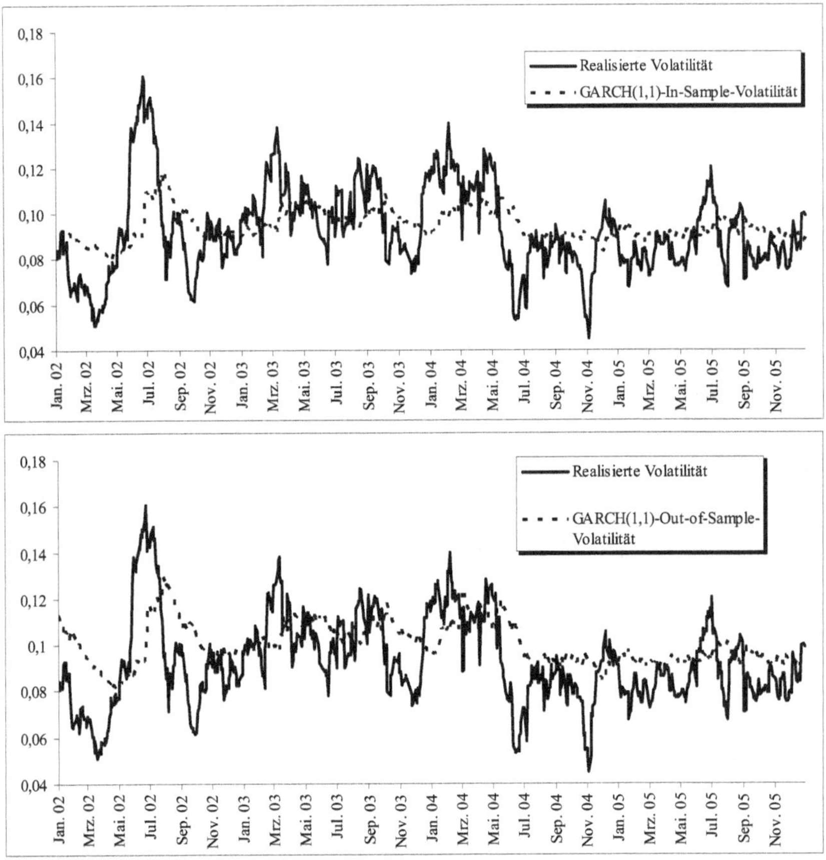

Quelle: Eigene Berechnungen.

Es ist ersichtlich, dass die implizite Volatilitätsprognose der risikoneutralen Verteilung sowie die In-Sample und Out-of-Sample Prognosen des GARCH (1,1) Modells den Verlauf der realisierten Volatilität am besten wiedergeben, während die historische Volatilität sich häufig gegensätzlich zur realisierten Volatilität entwickelt. Das GARCH(1,1) Modell erscheint jedoch im direkten Vergleich zur Volatilitätsprognose der risikoneutralen Verteilung unterlegen zu sein. So führt die Volatilität der risikoneutralen Verteilung zwar zu Überschätzungen der eintretenden realisierten Volatilität, gibt aber auch die stärkeren Ausschläge der realisierten Werte wider, während diese Volatilitätsamplituden durch das GARCH (1,1) Modell weniger gut abgebildet werden. Eine Überprüfung der Güte dieser einzelnen Volatilitätsprognosen ermöglichen die Ergebnisse der durchgeführten Einfachregressionen in Tabelle 5.7 und der Encompassing Regressionen in Tabelle 5.8.[220]

Tabelle 5.7: Ergebnisse der Einfachregressionen zur Erklärung der realisierten Volatilität

Ergebnisse der Einfachregression mit $\sigma_t^{RV} = \alpha + \beta\sigma_t^j + \varepsilon_t$ (5.17)						
α	σ_t^{IV}	σ_t^{HV}	$\sigma_t^{GH-In-Sample}$	$\sigma_t^{GH-Out-of-Sample}$	Wald-Test $\alpha = 0$, $\beta = 1$ F-Statistik	$\overline{R}^2$
-0.0009 (0.0104)	0.9449*** (0.1086)				12.5846 [0.0000]	0.293
0.0595*** (0.0067)		0.3596*** (0.0733)			2015.456 [0.0000]	0.138
-0.0125 (0.0205)			1.1164*** (0.21927)		0.7670 [0.4647]	0.159
0.0183 (0.0160)				0.7470*** (0.1615)	11.4466 [0.0000]	0.124

Quelle: Eigene Berechnungen.

Anmerkung: Die Zahlen in Klammern geben die Newey-West (1987) Standardfehler an. Die Anzahl der Sternchen bedeutet:

*** Die Nullhypothese $\alpha = 0$ bzw. $\beta = 0$ wird auf dem 1% Signifikanzniveau verworfen.

Die Zahlen in den eckigen Klammern geben den p-Wert des Wald-Tests an.

220 Die Berechnung der Regressionen erfolgt mit den Niveaus der Zeitreihen, da mit Hilfe eines durchgeführten Augmented-Dickey-Fuller Tests die Nullhypothese des Vorliegens einer Einheitswurzel mindestens auf dem 10% Signifikanzniveau verworfen werden konnte und die Zeitreihen daher stationär sind.

Die Ergebnisse der Einfachregressionen zeigen, dass die implizite Volatilität der risikoneutralen Verteilung die beste Prognose für die künftig realisierte Volatilität ist. Dies wird anhand des korrigierten Bestimmtheitsmaßes, das mit 29,3% den größten Erklärungsgehalt für die realisierte Volatilität im Vergleich zu den anderen zeitreihenbasierten Verfahren aufweist, deutlich. Die implizite Volatilität ist aber dennoch eine systematisch verzerrte Prognose, da mit dem durchgeführten Wald-Test die verbundene Nullhypothese Konstante = 0 und Steigungskoeffizient = 1 auf dem 1% Signifikanzniveau verworfen wird.

Tabelle 5.8: Ergebnisse der Encompassing Regressionen zur Erklärung der realisierten Volatilität

Ergebnisse der Encompassing Regressionen mit $\sigma_t^{RV} = \alpha + \beta\sigma_t^{IV} + c\sigma_t^j + \varepsilon_t$ (5.18)					
α	σ_t^{IV}	σ_t^{HV}	$\sigma_t^{GH-In-Sample}$	$\sigma_t^{GH-Out-of-Sample}$	$\overline{R}^2$
0.0002 (0.0104)	0.8827*** (0.1349)	0.0551 (0.0726)			0.294
0.0005 (0.0166)	0.9582*** (0.1768)		-0.0285 (0.2805)		0.292
0.0113 (0.0121)	1.1550*** (0.1988)			-0.3298 (0.2308)	0.302
0.014341 (0.020879)	0.9504*** 0.1785	0.1087 (0.0925)	-0.2744 (0.3734)		0.295
0.0446*** (0.0152)	1.2165*** (0.1978)	0.3545*** (0.1052)		-1.0547*** (0.3502)	0.336

Quelle: Eigene Berechnungen.

Anmerkung: Die Zahlen in Klammern geben die Newey-West (1987) Standardfehler an. Die Anzahl der Sternchen bedeutet:

*** Die Nullhypothese $\alpha = 0$ bzw. $\beta = 0$ bzw. c = 0 wird auf dem 1% Signifikanzniveau verworfen.

Bei den durchgeführten multiplen Regressionen zeigt sich zudem, dass die implizite Volatilität Informationen über die künftige Volatilität beinhaltet, welche nicht durch alternative Zeitreihenverfahren erfasst werden können. So ist bei den Regressionen mit der impliziten Volatilität und einem alternativen Volatilitätsmodell lediglich der Koeffizient für die implizite Volatilität statistisch signifikant von Null verschieden und das korrigierte Bestimmtheitsmaß steigt nur geringfügig unter Berücksichtigung der historischen Volatilität oder der GARCH(1,1)-Out-of-Sample Prognose.

Wird jedoch neben der impliziten Volatilität und der Out-of-Sample Prognose die historische Volatilität als weiterer Regressor berücksichtigt, sind alle Koeffizienten signifikant von Null verschieden. Zudem steigt das korrigierte Bestimmtheitsmaß auf 33,6%. Die implizite Volatilität sticht aber auch hier als größter Erklärungsfaktor für die realisierte Volatilität mit dem höchsten Steigungskoeffizienten hervor. Damit trägt die simultane Berücksichtigung der Out-of-Sample Prognosen und der historischen Volatilität zu einer Verbesserung der Erklärung der realisierten Volatilität bei. Die zusätzliche Erklärungskraft von etwa 4% ist jedoch gering. In der analogen Regression mit der In-Sample Prognose findet sich dieser Anstieg des Erklärungsgehalts nicht, so dass die Informationen der In-Sample Prognose kombiniert mit der historischen Volatilität keine zusätzlichen Informationen für die realisierte Volatilität beinhalten.

5.3.3.2 Prognosemodelle für die Schiefe und die Kurtosis

Die implizite Schiefe und Kurtosis sowie die alternativen historischen Prognosemodelle für die Schiefe und Kurtosis werden in den Abbildungen 5.6 und 5.7 den realisierten Momenten gegenübergestellt.

Anhand dieser Abbildungen ist bereits erkennbar, dass die implizite Schiefe und Kurtosis eine weitaus geringere Volatilität innerhalb der Zeitreihen aufweisen als die realisierten und historischen Werte. Die impliziten Prognosen scheinen vielmehr durchschnittlich erwartete Werte darzustellen, als die Ausschläge in den realisierten Zeitreihen adäquat zu erfassen. Somit ist bei der Prognose der realisierten Schiefe und Kurtosis mit Hilfe der impliziten Werte mit einer schlechten Performance zu rechnen. Auch die Verwendung historischer Werte als Prognoseinstrument der künftig realisierten Werte erscheint ungeeignet zu sein. So werden zwar die Ausschläge der realisierten Werte erfasst, jedoch entwickeln sich die historischen Zeitreihen sehr häufig entgegengesetzt zu den der realisierten Werten.

Abbildung 5.6: Schiefeprognosen im Vergleich zur realisierten Schiefe

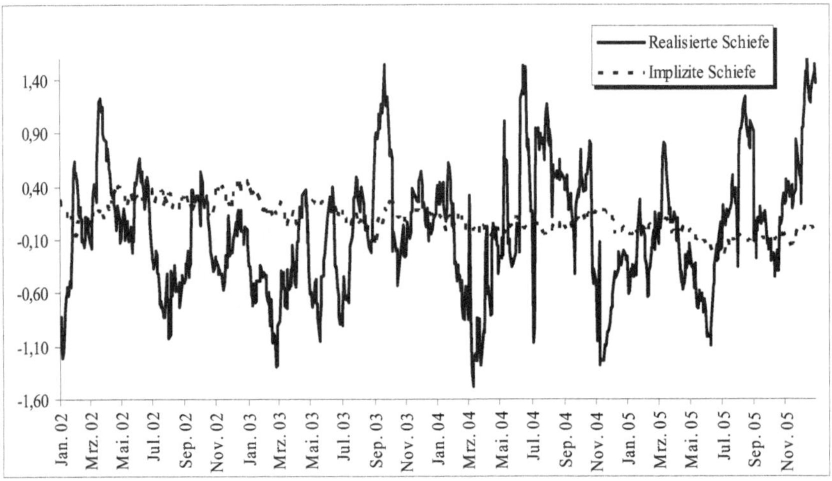

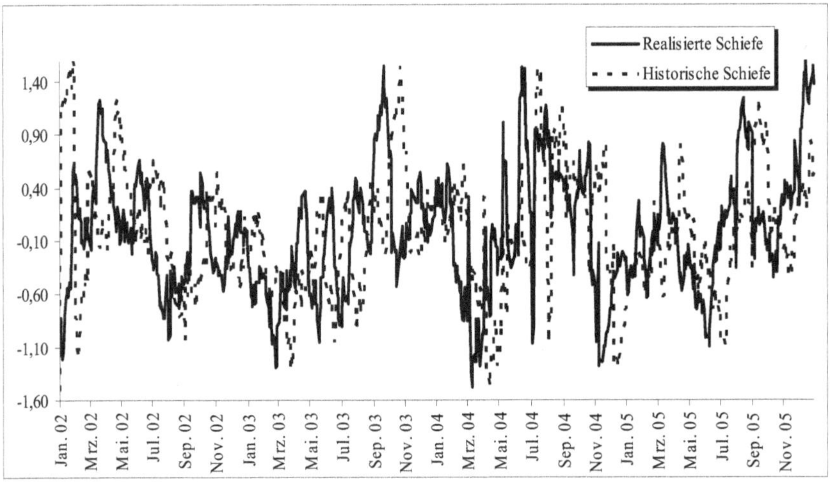

Quelle: Eigene Berechnungen.

Abbildung 5.7: Excess Kurtosisprognosen im Vergleich zur realisierten Excess Kurtosis

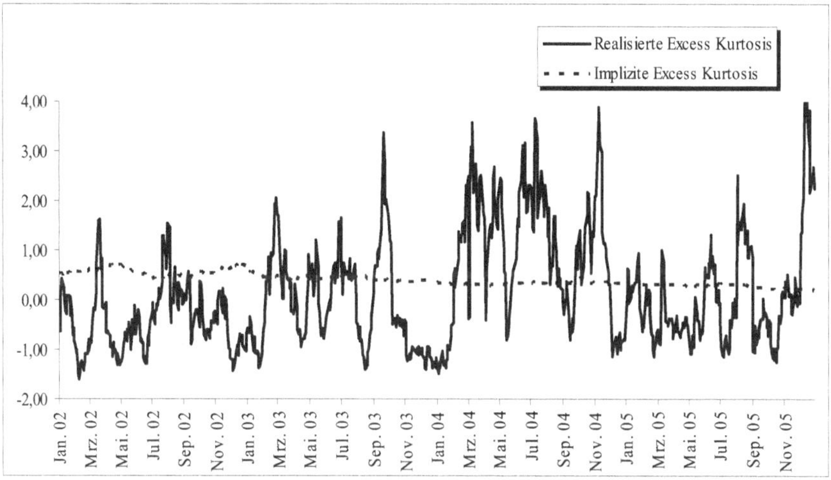

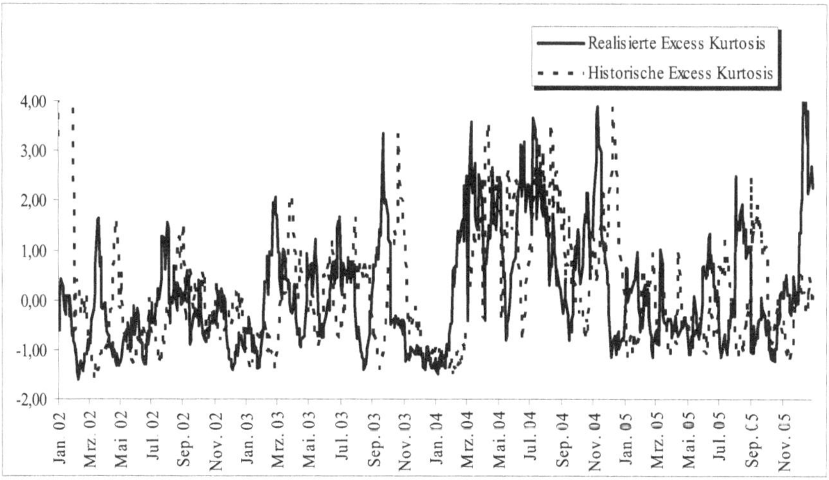

Quelle: Eigene Berechnungen.

Um die Qualität dieser beiden Prognosemodelle zu überprüfen, werden in Analogie zu der Evaluierung der Volatilitätsmodelle die verschiedenen einfachen und multiplen Regressionsrechnungen durchgeführt.[221] Die Ergebnisse hierzu finden sich in den Tabellen 5.9 bis 5.12.

Die Ergebnisse sind deutlich schlechter als die Ergebnisse für die implizite Volatilität. Die implizite Schiefe ist zwar noch auf dem 5% Signifikanzniveau von Null verschieden, sie kann jedoch nur etwa 1,8% der Varianz der realisierten Schiefe erklären. Zudem ist das Vorzeichen der impliziten Schiefe entgegen der Erwartungen negativ. Damit gibt die Prognose sogar die falsche Richtung für die realisierte Schiefe an. Das historische Modell weist mit 3,1% einen nur geringfügig höheren Erklärungsbeitrag auf. Die Berücksichtigung der beiden Schiefeprognosen erhöht das $\overline{R}^2$ dementsprechend auch nur unerheblich auf 5,4%.

Bei der Überprüfung des Informationsgehalts der impliziten Kurtosis für die realisierte Kurtosis kann die Nullhypothese, dass die implizite Kurtosis keinen Informationsgehalt für die realisierte Kurtosis besitzt, auf dem 1% Signifikanzniveau verworfen werden. Jedoch ist auch hier der geschätzte Koeffizient negativ, wodurch die prognostizierte Entwicklung im deutlichen Widerspruch zu der tatsächlichen Entwicklung steht. Der Koeffizient des historischen Modells weist hingegen das erwartete positive Vorzeichen auf, die Nullhypothese keines Informationsgehalts kann jedoch nur auf dem 10% Signifikanzniveau verworfen werden. Außerdem ist das korrigierte Bestimmtheitsmaß mit 1,5% gering. Die simultane Beachtung der impliziten und historischen Größen verbessert die Anpassungsgüte des impliziten Modells daher auch nur geringfügig.

[221] Hier konnte ebenfalls mit Hilfe des Augmented-Dickey-Fuller Tests das Vorliegen einer Einheitswurzel mindestens auf dem 10% Niveau verworfen werden.

Tabelle 5.9: Ergebnisse der Einfachregressionen zur Erklärung der realisierten Schiefe

Ergebnisse der Einfachregressionen $\gamma_t^{RS} = \alpha + \beta\gamma_t^j + \varepsilon_t$				
α	γ_t^{IS}	γ_t^{HS}	Wald-Test $\alpha = 0$, $\beta = 1$ F-Statistik	$\overline{R}^2$
0.0144 (0.0567)	-0.5288** (0.2614)		25.10886 [0.0000]	0.0176
-0.0300 (0.0465)		0.1777*** (0.0681)	76.44569 [0.0000]	0.031

Quelle: Eigene Berechnungen.

Anmerkung: Die Zahlen in Klammern geben die Newey-West (1987) Standardfehler an. Die Anzahl der Sternchen bedeutet:

** Die Nullhypothese $\beta = 0$ wird auf dem 5% Signifikanzniveau verworfen.

*** Die Nullhypothese $\beta = 0$ wird auf dem 1% Signifikanzniveau verworfen.

Die Zahlen in den eckigen Klammern geben den p-Wert des Wald-Tests an.

Tabelle 5.10: Ergebnis der Encompassing Regression zur Erklärung der realisierten Schiefe

Ergebnis der Encompassing Regression $\gamma_t^{RS} = \alpha + \beta\gamma_t^{IS} + c\gamma_t^{HS} + \varepsilon_t$			
α	γ_t^{IS}	γ_t^{HS}	$\overline{R}^2$
0.0273 (0.0546)	-0.5983** (0.2546)	0.1921*** (0.0673)	0.0537

Quelle: Eigene Berechnungen.

Anmerkung: Die Zahlen in Klammern geben die Newey-West (1987) Standardfehler an. Die Anzahl der Sternchen bedeutet:

** Die Nullhypothese $\beta = 0$ wird auf dem 5% Signifikanzniveau verworfen.

*** Die Nullhypothese $c = 0$ wird auf dem 1% Signifikanzniveau verworfen

Tabelle 5.11: Ergebnisse der Einfachregressionen zur Erklärung der realisierten Kurtosis

Ergebnisse der Einfachregressionen $\kappa_t^{RK} = \alpha + \beta\kappa_t^j + \varepsilon_t$				
α	κ_t^{IK}	κ_t^{HK}	Wald-Test $\alpha = 0$, $\beta = 1$ F-Statistik	$\overline{R}^2$
1.3884*** (0.3079)	-3.0477*** (0.6225)		50.4999 [0.0000]	0.1038
0.132846 (0.090667)		0.1060* (0.0623)	103.6406 [0.0000]	0.0148

Quelle: Eigene Berechnungen.

Anmerkung: Die Zahlen in Klammern geben die Newey-West (1987) Standardfehler an. Die Anzahl der Sternchen bedeutet:

* Die Nullhypothese $\beta = 0$ wird auf dem 10% Signifikanzniveau verworfen

*** Die Nullhypothese $\alpha = 0$ bzw. $\beta = 0$ wird auf dem 1% Signifikanzniveau verworfen.

Die Zahlen in den eckigen Klammern geben den p-Wert des Wald-Tests an.

Tabelle 5.12: Ergebnisse der Encompassing Regression zur Erklärung der realisierten Kurtosis

Ergebnisse der Encompassing Regression $\kappa_t^{RK} = \alpha + \beta\kappa_t^{IK} + c\kappa_t^{HK} + \varepsilon_t$			
α	κ_t^{IK}	κ_t^{HK}	$\overline{R}^2$
1.348288*** (0.303481)	-2.997580*** (0.619070)	0.093044* (0.054269)	0.115068

Quelle: Eigene Berechnungen.

Anmerkung: Die Zahlen in Klammern geben die Newey-West (1987) Standardfehler an. Die Anzahl der Sternchen bedeutet:

* Die Nullhypothese $c = 0$ wird auf dem 10% Signifikanzniveau verworfen.

*** Die Nullhypothese $\alpha = 0$ bzw. $\beta = 0$ wird auf dem 1% Signifikanzniveau verworfen.

5.3.4 Zusammenfassung

Die vorliegenden Ergebnisse zeigen, dass die implizite Volatilität der risikoneutralen Verteilungen Informationen über die künftige Volatilität des Basiswerts beinhaltet. Dabei scheint die implizite Volatilität klassischen Volatilitätsmodellen wie dem GARCH(1,1)-Modell oder der historischen Volatilität deutlich überlegen zu sein. Eine zusätzliche gleichzeitige Beachtung der Out-of-Sample Prognosen des GARCH(1,1)-Modells und der historischen Volatilität führen zu einem höheren Erklärungsgehalt bei der realisierten Volatilität.

Die guten Ergebnisse der impliziten Volatilität sind nicht bei den höheren Momenten Schiefe und Kurtosis festzustellen. So zeigt sich sowohl bei der Prognose der Schiefe als auch bei der Prognose der Kurtosis, dass die impliziten Momente die Entwicklung der realisierten Werte entgegen der tatsächlich eingetretenen Richtung prognostizieren. Bei beiden Modellen ist zudem nur eine geringe Erklärungskraft für die realisierten Momente zu finden.

5.4 Die ungedeckte Zinsparität beim Dollar/Euro- Wechselkurs unter Berücksichtigung der risikoneutralen Verteilung

Risikoneutrale Verteilungen aus Devisenoptionen beinhalten wichtige Informationen zur erwarteten Wechselkursänderung und können zur Überprüfung der Theorie der ungedeckten Zinsparität (UIP) beitragen. Gemäß der Hypothese der ungedeckten Zinsparität besteht eine Beziehung zwischen den internationalen Zinsdifferenzialen und der erwarteten Wechselkursänderung. Ein risikoneutraler Investor betrachtet ausschließlich die erwartete Überschussrendite, die er mit einer ausländischen Anlage gegenüber einer vergleichbaren inländischen Anlage erzielen kann. Das Wechselkursänderungsrisiko, das mit einer Investition im Ausland verbunden ist, wird nicht weiter berücksichtigt und nicht durch ein Terminmarktgeschäft abgesichert.[222] Der mögliche

[222] Dies ist der Unterschied zu der gedeckten Zinsparität, bei der das Wechselkursrisiko durch ein Termingeschäft „gedeckt" wird. Der Terminkurs wird dabei über den aktuellen Wechselkurs und

Gewinn des Investors ist in diesem Fall maßgeblich von der Entwicklung des Wechselkurses abhängig. Ein inländischer Investor wird nur dann mit einer ausländischen Anlage eine Überschussrendite gegenüber einer alternativen Anlage im Inland erzielen, wenn der Zinsvorteil nicht durch eine entsprechende Abwertung der Auslandswährung kompensiert wird. Dementsprechend bildet ein risikoneutraler Investor bei seiner Anlageentscheidung einen Erwartungswert für den künftigen Wechselkurs S_T. Kommt es aufgrund dieser Überlegungen zu einer Umschichtung der inländischen Anlagen zugunsten der ausländischen Anlage, führt die gestiegene Nachfrage nach ausländischen Wertapieren zu einer Verringerung der Zinsen und einer Abwertungserwartung für die ausländische Währung. Diese spekulativen internationalen Kapitalströme führen damit zu identisch erwarteten Erträgen bei der Inlands- und der Auslandsanlage.

Damit gilt für die ungedeckte Zinsparität, dass der Ertrag der inländischen Anlage dem mit der erwarteten Wechselkursänderungsrate umgerechneten Ertrag der ausländischen Anlage entspricht:

$$(5.24) \qquad (1+i) = (1+i^*) \cdot S_t / E(S_T).$$

Nach Logarithmierung und Approximation gelangt man zu der in der Literatur üblicherweise zu findenden Darstellung der ungedeckten Zinsparität:

$$(5.25) \qquad i - i^* = s_t - E(s_T).$$

Daran wird deutlich, dass sich die Wechselkurserwartung im Zinsdifferential widerspiegelt. Infolgedessen muss das Zinsdifferenzial bei Gültigkeit der ungedeckten Zinsparität ein unverzerrter Schätzer für die Wechselkursänderung sein, so dass die Gültigkeit der ungedeckten Zinsparität über die folgende Regression getestet werden kann:

$$(5.26) \qquad s_T - s_t = \alpha + \beta(i^* - i) + \varepsilon_T.$$

Anstelle des Zinsdifferenzials kann für die Wechselkursänderung auch die Differenz zwischen dem Terminkurs und dem aktuellen Kassakurs, die sog. Forwardprämie,

---

die Zinsdifferenz so berechnet, dass keine Arbitragemöglichkeiten existieren. Damit entspricht die Rendite der inländischen Anlage der Rendite der ausländischen Anlage: $(1+i) = (1+i^*) \cdot (S_t / F_t)$ bzw. in logarithmierten Größen $(i^* - i) = f_t - s_t$. Die gedeckte Zinsparität gilt empirisch als bestätigt. Vgl. **Frenkel und Levich** *(1975)* und **Popper** *(1993)*.

verwendet werden.[223] Damit ergibt sich die von Fama (1984) verwendete Regressionsgleichung:

$$(5.27) \qquad s_T - s_t = \alpha + \beta(f_{t,T} - s_t) + \varepsilon_T .$$

Mit Hilfe dieser Fama (1984)-Regression wird die Gültigkeit der ungedeckten Zinsparität für die täglichen Daten des Dollar/Euro- Wechselkurses zwischen 1987 und 2005 und für verschiedene Zeithorizonte zwischen einem Monat und einem Jahr überprüft.[224] Zudem erfolgt die Partitionierung der Stichprobe in zwei Subsamples 1987-1999 und 1999-2005, wodurch die gesonderte Betrachtung der Phasen vor und nach Einführung des Euro möglich ist. Die Ergebnisse dieser Schätzungen finden sich in Tabelle 5.13.

Tabelle 5.13: Ergebnisse der Überprüfung der ungedeckten Zinsparität beim Dollar/Euro-Wechselkurs

a) zwischen dem 02. 01.1987 und dem 14.09.2005

Zeithorizont	α	β	Wald-Test $\alpha = 0$, $\beta = 1$ F-Statistik	$\overline{R}^2$
1 Monat	0.000529 (0.001336)	-0.685903 (0.679899)	3.0878 [0.0457]	0.0022
3 Monate	0.001396 (0.0026)	-0.773150 (0.4597)*	7.7467 [0.0004]	0.0080
6 Monate	0.003502 (0.0036)	-0.837377 (0.3225)***	0.3225 [0.0000]	0.0195
9 Monate	0.006718 (0.0043)	-0.874894 (0.2579)***	27.2383 [0.0000]	0.0328
1 Jahr	0.008641 (0.0053)	-0.846119 (0.2409)***	31.7266 [0.0000]	0.0379

[223] Dies setzt die Gültigkeit der gedeckten Zinsparität voraus.

[224] Das dadurch entstehende Problem überlappender Beobachtungen, welches zu einem Moving Average Prozess bei den Residuen führt, wird durch Verwendung der Newey/West (1987) Standardfehler berücksichtigt.

b) zwischen dem 02.01.1987 und dem 31.12.1998

Zeithorizont	α	β	Wald-Test $\alpha = 0$, $\beta = 1$ F-Statistik	$\overline{R}^2$
1 Monat	0.0001 (0.001596)	0.2083 (0.6979)	0.6682 [0.5127]	0.0000
3 Monate	-0.0005 (0.0030)	0.1197 (0.4658)	2.157183 [0.1158]	-0.0001
6 Monate	-0.0024 (0.0043)	0.0388 (0.3094)	6.092314 [0.0023]	-0.0003
9 Monate	-0.0041 (0.0049)	-0.0064 (0.2280)	11.90462 [0.0000]	-0.0003
1 Jahr	-0.0077 (0.0056)	0.0225 (0.2008)	17.1959 [0.0000]	-0.0003

c) zwischen dem 04.01.1999 und dem 14.09.2005

Zeithorizont	α	β	Wald-Test $\alpha = 0$, $\beta = 1$ F-Statistik	$\overline{R}^2$
1 Monat	0.0020 (0.0019)	-6.9620 (1.4772)***	15.016 [0.0000]	0.0860
3 Monate	0.007 (0.0033)**	-6.9216 (0.7847)***	51.61513 [0.0000]	0.2392
6 Monate	0.0188 (0.0035)***	-6.7729 (0.4092)***	183.0946 [0.0000]	0.5228
9 Monate	0.033658 (0.0033)***	-6.581202 (0.2966)***	363.8315 [0.0000]	0.7189
1 Jahr	0.051635 (0.0041)***	-6.466171 (0.2644)***	447.3353 [0.0000]	0.7512

Quelle: Eigene Berechnungen.

Anmerkung: Die Zahlen in Klammern geben die Newey/West (1987) Standardfehler an. Die Anzahl der Sternchen bedeutet:

* Die Nullhypothese $\alpha = 0$ bzw. $\beta = 0$ wird auf dem 10% Signifikanzniveau verworfen.

** Die Nullhypothese $\alpha = 0$ bzw. $\beta = 0$wird auf dem 5% Signifikanzniveau verworfen.

*** Die Nullhypothese $\alpha = 0$ bzw. $\beta = 0$wird auf dem 1% Signifikanzniveau verworfen.

Die gefundenen Ergebnisse sprechen deutlich gegen die Gültigkeit der ungedeckten Zinsparität. Unter der Nullhypothese der Gültigkeit der ungedeckten Zinsparität muss der β-Koeffizient den Wert Eins und die Konstante α einen Wert von Null annehmen.[225] Die Schätzwerte für den β-Koeffizienten weichen hier jedoch deutlich von Eins ab. Die Koeffizienten sind vielmehr für den gesamten Zeitraum 1987 bis 2005 fast durchgängig signifikant negativ und weichen für das Subsample 1999 bis 2005 nach der Euroeinführung mit Werten um -6 sehr deutlich vom theoretischen Wert +1 ab. Infolgedessen führen auch die Ergebnisse des Wald-Tests für die Koeffizientenrestriktion $\beta = 1$ für alle Zeithorizonte zwischen 1999 und 2005 zur Verwerfung der Nullhypothese auf dem 1% Signifikanzniveau. Das bedeutet nicht nur, dass die Forward Prämie kein unverzerrter Schätzer der Wechselkursänderung ist. Vielmehr folgt aus den negativen β-Koeffizienten, dass die UIP-Theorie im drastischen Gegensatz zu dem empirisch beobachteten Verhalten von Forwardprämie und Wechselkurs steht. Eine höhere inländische Verzinsung führt nicht wie durch die UIP theoretisch impliziert zu einer Abwertung der Inlandswährung, sondern zu einer Aufwertung. Mithin ist die Forwardprämie nicht in der Lage die Richtung der Wechselkursänderung adäquat zu erfassen. Damit ist der Terminkurs als alleiniges Prognoseinstrument der künftigen Wechselkursentwicklung ungeeignet und es ist möglich im Durchschnitt neben dem Zinsvorteil auch Aufwertungsgewinne mit der höher verzinslichen Währung zu realisieren.

Diese deutlichen Abweichungen von den theoretischen Implikationen der ungedeckten Zinsparität finden sich auch in der empirischen Literatur. So ermittelt Froot (1990) für 75 veröffentlichte Schätzungen einen durchschnittlichen β-Koeffizienten von -0.88. Backus, Gregory und Telmer (1993) analysieren die Wechselkursentwicklung von kanadischem Dollar, französischem Franc, deutscher Mark, japanischem Yen und britischen Pfund zum US-Dollar im Zeitraum 1974 bis 1990 und finden ausschließlich negative Werte für β. In der Studie von McCallum (1994) wird ebenfalls das drastische Versagen der UIP beim £/\$, ¥/\$ und DM/\$ mit β-Koeffizienten, die im Zeitraum 1978 bis 1990 zwischen -3 und -4 liegen, deutlich. Dieser Widerspruch zwischen den empirischen Resultaten und den theoretischen Implikationen der UIP wird daher in der Li-

[225] Eine Abweichung von $\alpha = 0$ würde eine systematische Verzerrung zwischen der Forwardprämie und der Wechselkursänderung bedeuten. Ursächlich dafür kann eine konstante Risikoprämie sein.

teratur als *UIP-Puzzle* bezeichnet.[226]

5.4.1 Diskutierte Erklärungsansätze des UIP-Puzzles

Als theoretische Erklärungen des UIP-Puzzles werden in der Literatur Argumente diskutiert, die an den Annahmen der Risikoneutralität und der rationalen Erwartungsbildung anknüpfen.[227] Daneben thematisieren neuere Erklärungsansätze den Einfluss der Geldpolitik und die Existenz von Opportunitätskosten. Einen Überblick der genannten Ansätze und deren Differenzierungen findet sich in Abbildung 5.8.

Abbildung 5.8: Diskutierte Verletzungen der ungedeckten Zinsparität

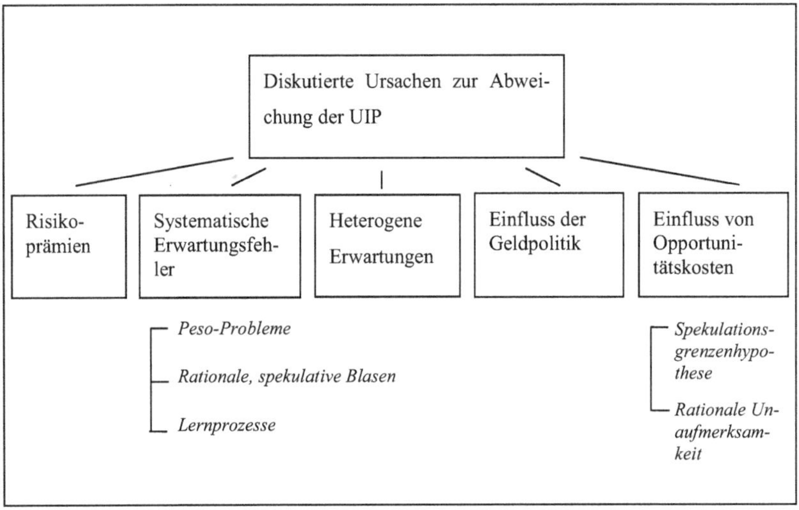

Quelle: Eigene Darstellung.

[226] Alternativ wird das UIP-Puzzle auch in Anlehnung an die Substitution der Zinsdifferenz durch die Terminprämie in Regressionsgleichung (5.27) als Forward Discount Puzzle oder Forward Premium Puzzle bezeichnet.

[227] Vgl. zu diesen Ansätzen auch Deutsche Bundesbank (2005).

Bei dem in der Literatur häufig diskutierten Ansatz von Risikoprämien wird die Annahme der Risikoneutralität durch die realistischere Annahme risikoaverser Investoren ersetzt.[228] Risikoaverse Investoren berücksichtigen in ihrem Entscheidungskalkül nicht nur die Renditeerwartungen einer Anlage sondern auch die damit verbundenen Risiken. Da das Halten von ausländischen Vermögensanlagen mit zusätzlichen Risiken, wie Wechselkursrisiken verbunden ist, verlangen risikoaverse Marktteilnehmer eine adäquate Entschädigung durch eine zeitvariable Risikoprämie. Die ungedeckte Zinsparität wird demnach um eine solche Risikoprämie erweitert, so dass sich der Terminkurs aus der erwarteten Wechselkursänderung und der Risikoprämie zusammensetzt und nicht mehr ein unverzerrter Prädiktor des künftigen Wechselkurses ist.

Neben Risikoprämien werden häufig systematische Erwartungsfehler als Erklärung für die Abweichung von der UIP genannt.[229] Bei diesem Ansatz wird die Annahme rationaler Erwartungen zwar beibehalten, aufgrund von Erwartungsfehlern kommt es aber zu systematisch erscheinenden Prognosefehlern bei der Wechselkursentwicklung. So wird beim Peso-Problem[230] davon ausgegangen, dass bei rationaler Erwartungsbildung künftig erwartete diskrete Shifts, wie bspw. der Wechsel von einer restriktiven zu einer expansiven Geldpolitik, in die Wechselprognose einfließen. Die in einer solchen Situation vorherrschende Abwertungserwartung der Inlandswährung spiegelt sich in dem künftig erwarteten Wechselkurs wider, während in dem realisierten Wechselkurs der künftig mögliche geldpolitische Wechsel nicht berücksichtigt wird. Solange die erwartete Veränderung nicht tatsächlich eintritt und die Markteilnehmer ihre Erwartung nicht korrigieren, entsteht daher trotz rationaler Erwartungsbildung ein systematischer Erwartungsfehler.[231] Die Wechselkursprognose scheint dadurch systematisch verzerrt zu sein. Tritt der erwartete Shift lange Zeit nicht ein, kann dies zu einer deutlichen Abkopplung zwischen erwartetem Wechselkurs und realisiertem Wechselkurs führen.

---

[228] Vgl. zu den Eigenschaften der Risikoprämie **Fama** *(1984)*.

[229] So zeigt **Lewis** *(1995)*, dass Erwartungsfehler aufgrund von Lernprozessen und Peso-Problemen einen signifikanten Beitrag zur Erklärung des UIP-Puzzles leisten können.

[230] Der Name Peso-Problem resultiert aus den Terminkursbewertungen des mexikanischen Peso gegenüber dem US-Dollar in den 70-er Jahren. Trotz fixierter Wechselkurse notierten die Terminkurse damals dauerhaft mit einem Preisabschlag, da die Marktteilnehmer einen Wechsel zu einer expansiven Geldpolitik für möglich hielten.

[231] Vgl. zum Peso-Problem als Ursache des UIP-Puzzles **Krasker** *(1980)*.

Der Prognosefehler ist dabei vom Ausmaß und der Eintrittswahrscheinlichkeit der diskreten Veränderung abhängig. Der Erwartungsfehler wird schließlich beseitigt, wenn die erwartete Veränderung tatsächlich eintritt.

Die Wechselkursprognose bei Vorliegen eines Peso-Problems lässt sich als gewichteter Mittelwert zwischen zwei Wechselkursen darstellen. Es wird dabei sowohl der mit einer bestimmten Wahrscheinlichkeit gewichtete Wechselkurs, der bei Eintritt des diskreten Shifts erwartet wird als auch der mit der Restwahrscheinlichkeit gewichtete unter dem gegenwärtigen Regime erwartete Wechselkurs berücksichtigt:

$$E(s_T) = (1-p)E(s_T \mid G) + pE(s_T \mid A), \tag{5.28}$$

wobei p die Wahrscheinlichkeit für den Wechsel vom gegenwärtigen Regime (G) zum alternativ erwarteten Regime (A) angibt. Da die Marktteilnehmer bei der Wechselprognose beide Regime berücksichtigen, obwohl nur das gegenwärtige Regime G gültig ist, kommt es zu systematischen Erwartungsfehlern. Der Schätzfehler ist dann gegeben durch:

$$(s_T \mid G) \equiv u_T = \left[(s_T \mid G) - E(s_T \mid G)\right] + p\left[E(s_T \mid G) - E(s_T \mid A)\right] \tag{5.29}$$

In der Literatur wurde das Peso-Problem erstmals bei Rogoff (1980) diskutiert. In einer Regression zwischen dem Peso/US-Dollar Wechselkurs und dem Terminkurs verwirft er die Hypothese, dass der Terminkurs ein unverzerrter Schätzer des realisierten Wechselkurses ist. Als Begründung führt er eine Abwertungserwartung für den Peso aufgrund eines erwarteten Wechsels zu einer expansiven Geldpolitik an. Lewis (1990) überprüft die Existenz eines Peso-Problems in den Erwartungen über die künftige amerikanische Zinsentwicklung zwischen 1979 und 1982 und findet Evidenzen für die Antizipation eines Regimewechsels. Evans und Lewis (1995) untersuchen mit Hilfe eines Regime-Switching Modells, inwiefern Peso-Probleme die Überschussrenditen beeinflussen. Sie stellen fest, dass die Hypothese der Antizipation potentieller Regimewechsel nicht abgelehnt werden kann. Ein Fortschritt bei der empirischen Überprüfung eines Peso-Problems wurde durch die Berücksichtigung von Optionspreisen möglich. Da Optionspreise die Markterwartung bezüglich einer signifikanten Wechselkursänderung widerspiegeln, konnte Bates (1996) mit Hilfe von Optionspreisen zeigen, dass das Risiko einer signifikanten Änderung des US-Dollar Wechselkurses Mitte der 80-er Jahre vom Markt erwartet wurde.

Veränderte Erwartungen über die künftige Entwicklung des Wechselkurses stehen auch bei Lernprozessansätzen im Mittelpunkt. Allerdings wird hier nicht eine sprunghafte Veränderung bei der Wechselkursprognose antizipiert, sondern eine sukzessive Anpassung an sich verändernde Fundamentalfaktoren vorgenommen.[232] Dabei ist aufgrund unvollkommener Information das Ausmaß der Veränderungen nicht bekannt. Erst durch die Beobachtung der Auswirkungen der veränderten Fundamentalfaktoren wird der tatsächliche Umfang der Veränderung erlernt. Der realisierte Wechselkurs kann während des Lernprozesses zu systematischen Abweichungen vom prognostizierten Wechselkurs führen.

Eine weitere Erklärung für systematische Erwartungsfehler basiert auf der Hypothese rationaler spekulativer Blasen. Unter rationalen spekulativen Blasen werden exponentiell zunehmende Abweichungen des Wechselkurses von seinem aufgrund makroökonomischer Faktoren gerechtfertigten Fundamentalniveau verstanden.[233] Als Ursache für die Entwicklung werden in der Literatur selbsterfüllende Erwartungen angegeben.[234] Demnach investieren Marktteilnehmer in eine Währung, obwohl sie wissen, dass die makroökonomischen Fundamentalfaktoren gegen eine weitere Aufwertung sprechen. Der alleinige Grund für die weitere Investition besteht in der Erwartung, dass andere Investoren ebenfalls an weitere Kurssteigerungen glauben. Zurückgeführt wird dieser Ansatz häufig auf die Aussage von Keynes 1936, nach der Investoren antizipieren „what average opinion expects average opinion to be".[235] Durch das laut Theorie plötzliche Platzen der Blase werden die Erwartungsfehler korrigiert und der Wechselkurs passt sich wieder seinem fundamental gerechtfertigten Wert an. In der Realität ist jedoch häufig nur eine allmähliche Anpassung des Wechselkurses an das Fundamentalniveau festzustellen. Zudem ist eine wesentliche Annahme der Bubble-Theorie, dass die Wahrscheinlichkeit des Blasenplatzens unabhängig von der Entfernung des Kurses vom Fundamentalwert ist, kritisch zu bewerten. Daneben besteht die

---

[232] Vgl. **Lewis** *(1989)*, die den Einfluss eines Regimewechsels auf die Veränderung von Markterwartungen untersucht.

[233] Die Existenz spekulativer Blasen am Devisenmarkt wurde erstmals im Rahmen der deutlichen aber nur temporär anhaltenden Dollaraufwertung in der ersten Hälfte der 80-er Jahre diskutiert.

[234] Vgl. **Flood und Hodrick** *(1990)*, S. 85.

[235] Keynes 1936, S. 156.

Gefahr, dass alle Kursentwicklungen, die nicht durch die üblichen Fundamentaldaten erklärt werden können, als spekulative Blase begründet werden. Die Existenz spekulativer Blasen konnte bislang mit ökonometrischen Testverfahren nicht bestätigt werden.[236]

Im Gegensatz zu den zuvor vorgestellten Erklärungsansätzen, bei denen trotz systematischer Erwartungsfehler die Annahme rationaler Erwartungsbildung in der langen Frist gilt, wird beim Erklärungsansatz der heterogenen Erwartungsbildung die Annahme rationaler Erwartungen verworfen. Es wird vielmehr angenommen, dass die Marktteilnehmer Wechselkursprognosen auch aufgrund von charttechnischen Analysen, d.h. durch Extrapolation von Trends der Vergangenheit, bilden und dadurch von der Annahme rationaler Erwartungsbildung abweichen. Die Berücksichtigung nichtfundamentaler Faktoren wurde besonders für die kurze Frist durch Umfragen unter Devisenhändlern bestätigt. Taylor und Allen (1992) haben herausgefunden, dass 90% der Befragten charttechnische Signale berücksichtigen, wobei diese besonders für kurzfristige Prognosehorizonte herangezogen werden.[237] Je länger der Prognosehorizont wird, desto stärker wird jedoch der Fokus auf die Fundamentalfaktoren gerichtet. Der insgesamt erwartete zukünftige Wechselkurs ergibt sich demnach aus einer Gewichtung der kurzfristigen und der langfristigen Wechselkursprognose, wodurch durchschnittlich der aktuelle Wechselkurs unterschätzt wird.[238]

Der Einfluss der Geldpolitik auf die UIP wurde erstmals von McCullum (1994) untersucht. Der Autor geht davon aus, dass systematische Geldpolitikreaktionen in Verbindung mit Devisenmarktschocks ursächlich für die empirischen Abweichungen von der UIP sind. Dazu modelliert McCullum (1994) ein Zwei-Gleichungssystem, welches neben der UIP-Gleichung (5.30) mit einer exogenen variablen Risikoprämie auch die geldpolitische Reaktionsfunktion (5.31) berücksichtigt:

$$(5.30) \qquad s_t = E(s_T) - (i_t - i_t^*) + \xi_t$$

[236] Vgl. **Flood und Hodrick** *(1990)*, die empirische Arbeiten zu spekulativen Blasen untersuchen und keine Hinweise für deren Existenz finden. **Wu** *(1995)* kann mit einer Kalman-Filter Technik auch keine spekulative Blase als Ursache für die Dollarentwicklung Anfang der 80-er Jahre nachweisen.

[237] Vgl. auch die Untersuchungen von **Froot, Scharfstein und Stein** *(1992)*.

[238] Vgl. **Takagi** *(1991)*.

(5.31) $i_t - i_t^* = \lambda(s_t - s_{t-1}) + \psi(i_{t-1} - i_{t-1}^*) + \upsilon_t$,

wobei ξ und υ stochastische Störterme sind, die einem white noise Prozess folgen. Gemäß der geldpolitischen Reaktionsfunktion reagieren die Zentralbanker sowohl auf Wechselkursänderungen in Höhe des Parameters λ als auch auf das Zinsdifferential der Vorperiode in Höhe des Parameters ψ. Innerhalb des Modells wird angenommen, dass die Zentralbank kurzfristige Zinssätze als Instrument zur Stabilisierung des Zinsdifferentials und der Wechselkursentwicklung einsetzen. Diese Smoothing-Strategie hat zur Folge, dass ψ ungefähr 1 ist und λ einen positiven Wert zwischen 0 und 1 annimmt.[239] McCullum (1994) zeigt schließlich, dass sich als Lösung des interdependenten Gleichungssystems in der reduzierten Form für den Koeffizienten des Zinsdifferentials der Vorperiode $-\psi/\lambda$ ergibt. Der Koeffizient des Zinsdifferentials ist unter den Annahmen des Modells negativ und kann damit die empirisch beobachtete Abweichung von der UIP erklären.

Anker (1999) untersucht empirisch mit Hilfe des Modells von McCullum (1994), ob die geldpolitische Reaktionsfunktion die Abweichung von der UIP erklären kann. Dabei stellt er fest, dass der Tade-off zwischen der Stabilisierung des Zinsdifferentials und der Wechselkursstabilisierung ein möglicher Grund für die Abweichung von der UIP sein können. Eine alleinige Stabilisierung des Zinsdifferentials führt im Gegensatz zu McCullum (1994) jedoch nicht zu einer Abweichung von der UIP.

Chinn und Meredtith (2004) erweitern das Modell von McCullum (1994) um den realen Sektor, so dass die kurzfristigen Zinsen in der Geldpolitikreaktionsfunktion auch auf Veränderungen bei Inflation und Output reagieren. Mit Hilfe stochastischer Simulationen zeigen Chinn und Meredith (2004), dass aufgrund des geldpolitischen Verhaltens in der kurzen Frist bis zu einem Jahr die UIP abgelehnt wird, während in längeren Zeiträumen von fünf und zehn Jahren der Steigungskoeffizient in der UIP-Gleichung positiv ist und einen Wert um Eins annimmt. Chinn und Meredith (2004) begründen die Unterschiede zwischen der kurzen und der langen Frist damit, dass die Zentralbank nur direkten Einfluss auf die kurzfristigen Zinsen hat. Die langfristigen Zinsen werden hingegen überwiegend durch Fundamentalfaktoren beeinflusst, weshalb in diesem Fall

[239] Die Annahme eines signifikanten λ wurde von **Mark und Wu** *(1996)* kritisiert. Die Autoren finden für Deutschland, Japan und Großbritannien kleine und insignifikante Werte für λ.

die UIP nicht abgelehnt wird.[240]

Ein sehr junger Zweig zur Erklärung der Abweichung von der UIP befasst sich mit der Existenz von Opportunitätskosten. Das 2006 von Sarno, Valente und Leon (2006) entwickelte Spekulationsgrenzenmodell basiert auf der Idee, dass Strategien zur Ausnutzung von Spekulationsgewinnen bei ausländischen Vermögensanlagen erst realisiert werden, wenn diese Rendite größer ist als die Opportunitätskosten, die durch die Investition in alternative Anlagen entstehen. Damit ist die Abweichung von der UIP auf die fehlende Ausnutzung von Spekulationsmöglichkeiten zurückzuführen. Im Modell der rationalen Unaufmerksamkeit von Bacchetta und van Wincoop (2005) werden hingegen die Kosten der Informationsbeschaffung, die zur bewusst seltenen Informationsbeschaffung führen, diskutiert. Aufgrund dieser Opportunitätskosten werden mögliche Spekulationsgewinne nicht wahrgenommen und es kommt zu Erwartungsfehlern, die zur Abweichung der UIP führen.

Trotz der vielfältig diskutierten Ursachen des UIP-Puzzles ist es bisher nicht gelungen, die Abweichungen von der UIP vollständig zu erklären. Abhilfe können hier die Informationen aus Optionen leisten. Durch die Extrahierung der risikoneutralen Verteilung können die Struktur der Wechselkurserwartungen und insbesondere die Risikoeinschätzungen der Marktteilnehmer erfasst werden. Die Berücksichtigung der höheren Momente bei der UIP-Regression ermöglicht die empirische Überprüfung des Einflusses eines Peso-Problems auf das UIP-Puzzle. Das Ziel der folgenden Untersuchung ist es daher mit Hilfe der risikoneutralen Verteilung zu analysieren, ob ein Peso-Problem die Abweichungen von der UIP beim Dollar/Euro- Wechselkurs erklären kann.

5.4.2 Untersuchungsaufbau

Ein Peso-Problem wird an der Schiefe der risikoneutralen Verteilung erkennbar, da diese asymmetrische Erwartungen bezüglich der künftigen Wechselkursentwicklung

[240] Vgl. auch **Chinn** *(2006)*, die einen guten Überblick über die neuesten Ergebnisse zur UIP in der langen Frist gibt.

und damit erwartete diskretionäre Änderungen abbildet. In Anlehnung an Malz (1997b) lässt sich dieser Zusammenhang anhand eines Sprungdiffusionsmodells[241] für die Wechselkursänderung darstellen:

(5.32) $$dS_t = \left(r^* - r - \lambda k\right)S_t dt + \sigma S_t dB + S_t k\, dp\,,$$

wobei k das Ausmaß einer diskreten, nichtstochastischen prozentualen Veränderung darstellt und λ als Parameter des Poissonprozesses p die Eintrittswahrscheinlichkeit der diskreten Änderung angibt. Wird keine sprunghafte Veränderung des Wechselkurses in der Zukunft erwartet ($\lambda k = 0$), entspricht die Wechselkursänderungserwartung nur der Forwardprämie. Im Falle eines künftig erwarteten diskreten Shifts, setzt sich die Wechselkursänderungserwartung hingegen aus der Forwardprämie und der Sprungkomponente zusammen. Eine Wechselkursprognose, die nur auf Basis der Forwardprämie erfolgt, ist somit systematisch um λk verzerrt und führt dazu, dass der Regressionskoeffizient β in der Fama (1984)-Regressionsgleichung unterhalb von Eins liegt. Eine geeignete Approximation für das Sprungrisiko λk stellt die Schiefe der risikoneutralen Verteilung dar, da das dritte unzentrierte Moment des Sprungdiffusionsprozesses

(5.33) $$\left[\lambda \ln(1+k)^3\right]\tau^{-\frac{1}{2}}$$

ist.[242] Mithin können die Veränderungen des erwarteten Sprungrisikos und deren Auswirkungen auf die Forwardprämie über die Schiefe der risikoneutralen Verteilung erfasst werden. Beim Vorliegen eines Peso-Problems wirkt sich eine veränderte Erwartung über das Sprungrisiko λk direkt auf den Terminkurs und damit auf die Forwardprämie aus, so dass die Schiefe und die Forwardprämie positiv korreliert sein müssen. Dieser Zusammenhang lässt sich über die folgende Einfachregression testen:

(5.34) $$f_{t,T} - s_t = \alpha + \beta\gamma_t + \varepsilon_T\,.$$

---

[241] Das Sprungdiffusionsmodell basiert auf der Annahme, dass sich die Preisänderungen des Wechselkurses als gewichtetes Mittel aus den stetigen Preisänderungen der Brownschen Bewegung und den diskreten Shifts des Poissonprozesses ergeben. Vgl. zum Sprungdiffusionsmodell auch die Ausführungen in Abschnitt 3.4.1.4 dieser Arbeit.

[242] Vgl. **Bates** *(1991)*, S. 1023. Man beachte jedoch, dass **Bates** *(1991)* von einer stochastischen Sprunggröße ausgeht. Dies führt dazu, dass die Schiefe in der Darstellung von **Bates** *(1991)* zusätzlich die Varianz der Sprunggröße beinhaltet.

Da ein Peso-Problem besonders deutlich in den langfristigen Erwartungen zum Ausdruck kommt, wird in der Regression (5.29) im Gegensatz zu Malz (1997b) die langfristige Schiefe, die aus den Optionen mit einjähriger Laufzeit extrahiert wurde, als Regressor für die Forwardprämien mit einem Zeithorizont von einem Monat, drei Monaten, sechs Monaten, neun Monaten und einem Jahr im Zeitraum 1999 bis 2006 verwendet.

Eine weitere Methode zur Überprüfung der Existenz eines Peso-Problems als Ursache der Abweichung der UIP besteht darin, die Schiefe als zusätzlichen Regressor in der Fama (1984)-Regression aufzunehmen. Falls ein Peso-Problem tatsächlich für die Abweichung von der UIP verantwortlich ist, muss die zusätzliche Berücksichtigung der Schiefe in der Fama-Regression dazu beitragen, dass der Regressionskoeffizient der Forwardprämie näher an Eins liegt. Die zu testende Regression ergibt sich somit aus:

$$s_T - s_t = \alpha + \beta(f_{t,T} - s_t) + c\gamma + \varepsilon_T . \tag{5.35}$$

Schließlich ist nach Malz (1997b) ein Peso-Problem als Ursache der Terminkursverzerrung erkennbar, wenn die Schiefe zur Eliminierung systematischer Überschussrenditen führt. Infolgedessen muss eine Regression zwischen der Überschussrendite und der Schiefe

$$s_T - f_{t,T} = \alpha + \beta\gamma + \varepsilon_T \tag{5.36}$$

unter der Nullhypothese eines Peso-Problems als Ursache der Terminkursverzerrung einen negativen Regressionskoeffizienten besitzen.

5.4.3 Ergebnisse

Die Ergebnisse sprechen gegen das Vorliegen eines Peso-Problems als Ursache der Terminkursverzerrung beim Dollar/Euro- Wechselkurs. So zeigt sich bereits in der Regression zwischen Forwardprämie und Schiefe (vgl. Tabelle 5.14) entgegen der Implikationen bei Vorliegen eines Peso-Problems ein signifikant negativer Zusammenhang für alle Zeithorizonte im Schätzzeitraum 1999 bis 2006.

Tabelle 5.14: Ergebnisse der Regression zwischen der Forwardprämie und der Schiefe

Zeithorizont	α	β	$\overline{R}^2$
1 Monat	0.0008 (0.0001)***	-0.0056 (0.0005)***	0.240101
3 Monate	0.0023 (0.0003)***	-0.0167 (0.0015)***	0.234098
6 Monate	0.0050 (0.0006)***	-0.0333 (0.0031)***	0.239872
9 Monate	0.0079 (0.0008)***	-0.0499 (0.0046)***	0.247300
1 Jahr	0.0111 (0.0110)***	-0.0659 (0.0061)***	0.251345

Quelle: Eigene Berechnungen.

Anmerkung: Die Zahlen in Klammern geben die Newey/West (1987) Standardfehler an. Die Anzahl der Sternchen bedeutet:

*** Die Nullhypothese $\alpha = 0$ bzw. $\beta = 0$ wird auf dem 1% Signifikanzniveau verworfen.

Auch die Einbeziehung der Schiefe in die Fama-Regression (vgl. Tabelle 5.15) gibt keinen Hinweis, dass ein Peso-Problem die Terminkursverzerrung erklären kann. Der Koeffizient der Forwardprämie bleibt weiterhin signifikant negativ und weicht sogar noch deutlicher vom Wert Eins ab als ohne die Berücksichtigung der Schiefe.

Tabelle 5.15: Ergebnisse der Fama (1984)-Regression unter der zusätzlichen Berücksichtigung der Schiefe als Regressor

Zeithorizont	α	β	c	$\overline{R}^2$
1 Monat	0.0044 (0.0030)	-7.8865 (1.5545)***	-0.0230 (0.0199)	0.090384
3 Monate	0.0177 (0.0055)***	-8.1254 (0.7960)***	-0.0950 (0.0338)***	0.265024
6 Monate	0.0308 (0.0048)***	-7.4357 (0.4121)***	-0.1025 (0.0305)***	0.544904
9 Monate	0.0465 (0.0055)***	-7.0428 (0.3112)***	-0.1063 (0.0341)***	0.730203
1 Jahr	0.0712 (0.0069)***	-7.0298 (0.2874)***	-0.1652 (0.0410)***	0.771215

Quelle: Eigene Berechnungen.

Anmerkung: Die Zahlen in Klammern geben die Newey/West (1987) Standardfehler an. Die Anzahl der Sternchen bedeutet:

*** Die Nullhypothese $\alpha = 0$ bzw. $\beta = 0$ bzw. $c = 0$ wird auf dem 1% Signifikanzniveau verworfen.

Schließlich ist auch bei der Regression zwischen der Überschussrendite und der Schiefe (vgl. Tabelle 5.16) kein Peso-Problem zu erkennen. Die Eliminierung von Überschussrenditen durch die Berücksichtigung der Schiefe ist nicht möglich. Vielmehr deuten die Ergebnisse darauf hin, dass eine positive Schiefe zur Erzielung von systematischen Überschussrenditen genutzt werden kann.

Es lässt sich somit festhalten, dass ein Peso-Problem nicht die Abweichungen von der ungedeckten Zinsparität beim Dollar/Euro- Wechselkurs erklären kann.

Tabelle 5.16: Ergebnisse der Regression zwischen der Überschussrendite und der Schiefe

Zeithorizont	α	β	$\overline{R}^2$
1 Monat	-0.002219 (-0.759345)	0.026530 (1.364505)	0.008672
3 Monate	-0.003264 (-0.568665)	0.055134 (1.508814)	0.010615
6 Monate	-0.008349 (-1.268808)	0.167827 (3.952724)***	0.055937
9 Monate	-0.011025 (-1.405560)	0.276872 (6.038702)***	0.097263
1 Jahr	-0.009912 (-0.900751)	0.344063 (5.474385)***	0.093513

Quelle: Eigene Berechnungen.

Anmerkung: Die Zahlen in Klammern geben die Newey/West (1987) Standardfehler an. Die Anzahl der Sternchen bedeutet:

*** Die Nullhypothese $\alpha = 0$ bzw. $\beta = 0$ wird auf dem 1% Signifikanzniveau verworfen.

5.4.4 Zusammenfassung

In diesem Abschnitt wurde die Theorie der ungedeckten Zinsparität beim Dollar/Euro-Wechselkurs unter Berücksichtigung der Informationen aus der risikoneutralen Verteilung aus Devisenoptionen empirisch überprüft. Zunächst stand dabei die Überprüfung der UIP beim Dollar/Euro- Wechselkurs mit Hilfe der klassischen Fama-Regression im Mittelpunkt. Die Nullhypothese der Gültigkeit der UIP musste mit einem Koeffizienten der Forwardprämie von -6, der in krassem Widerspruch zum theoretisch erwarteten Wert von +1 steht, abgelehnt werden. Nach der Diskussion möglicher Ursachen für das UIP-Puzzle, wurde das Vorliegen eines Peso-Problems mit Hilfe des Schiefekoeffizienten der risikoneutralen Verteilung untersucht. Der Schiefekoeffizient spiegelt künftig erwartete diskretionäre Änderungen wider und kann in Anlehnung an Malz (1997b) Auskunft über das Vorliegen eines Pesoproblems als Ursache für die UIP-Abweichung geben. Da sich ein Peso-Problem besonders in langfristigen Erwartungsänderungen niederschlägt, wurde hier der Schiefekoeffizient für eine Laufzeit von einem Jahr verwendet. Mit Hilfe dieses Indikators wurde über verschiedene Regressionsanalysen der Einfluss von Erwartungsänderungen auf die ungedeckte Zinsparität analysiert. Dabei konnte festgestellt werden, dass ein Peso-Problem nicht die beobachteten Abweichungen von der ungedeckten Zinsparität beim Dollar/Euro- Wechselkurs erklären kann.

„Welcher Laie wird wohl je verstehen,
dass der Verkäufer der Verkaufsoption
bei Ausübung der Verkaufsoption
durch den Käufer der Verkaufsoption
der Käufer der von dem Käufer der Verkaufsoption
verkauften Wertpapiere ist?"

Serge Demolière

6 Zusammenfassung und Schlussfolgerungen

Wie mit den Worten von Serge Demolière zum Ausdruck gebracht wird, stellen Optionen komplexe Wertpapiere dar, die zu verschiedenen Rechten und Pflichten seitens der Vertragspartner führen. Sie beinhalten dabei als derivative Finanzinstrumente Informationen über die künftige Entwicklung des zugrunde liegenden Basiswerts. Neben der einfachen Gewinnung von Terminkursen und der impliziten Volatilität als Risikoindikator wurden in den letzten Jahren zunehmend Methoden entwickelt, die es ermöglichen, die gesamten Informationen aus Optionspreisen in Form einer risikoneutralen Wahrscheinlichkeitsdichtefunktion zu filtern. Ziel der vorliegenden Arbeit war es zu zeigen, wie diese Ermittlung der risikoneutralen Dichtefunktion technisch erfolgt und wie die beinhalteten Informationen auf ökonomische Fragestellungen angewendet werden können. Nachdem die Grundlagen der Optionspreistheorie im zweiten Kapitel gelegt worden sind, wurde daher anschließend dargestellt, dass die risikoneutrale Dichtefunktion aus der zweiten Ableitung einer stetigen Optionspreisfunktion nach dem Ausübungspreis ermittelt werden kann. Da in der Realität jedoch nur diskrete Optionspreisbeobachtungen vorliegen, wurden in der Literatur vielfältige Inter –und Extrapolationstechniken diskutiert, die dennoch die Ermittlung der risikoneutralen Dichtefunktion ermöglichen. Die am häufigsten diskutierten Ansätze sowie deren Vor- und Nachteile wurden daher in Kapitel 3 dargestellt. Hierbei stellte sich heraus, dass die verschiedenen Methoden zu sehr ähnlichen Verteilungen führen und größere Abweichungen vorwiegend bei der Schiefe und Kurtosis zu finden sind. Als besonders geeignete Methode zur Analyse von Devisenoptionen erwies sich hier der Ansatz von Malz (1997a), der Optionskombinationen des liquiden außerbörslichen Optionsmarktes nutzt, um damit die risikoneutrale Dichtefunktion zu ermitteln. Im Anschluss an diesen theoretischen Teil der Arbeit wurden zunächst die vielfältigen Anwendungsmöglichkeiten der risikoneutralen Wahrscheinlichkeiten für die empirische Forschung erläutert, bevor schließlich die risikoneutralen Dichtefunktionen aus Dollar/Euro Optionen mit Hilfe der Methodik von Malz (1997a) ermittelt wurden. Mit Hilfe dieser risikoneutralen Verteilungen wurde dann versucht in Anlehnung an die Arbeiten von Anker (2001, 2005) Erklärungen für die starke Abwertung des Euro nach dessen Einführung zu finden. Dabei stellte sich heraus, dass die starke Euroabwertungsphase durch deutliche Veränderungen der risikoneutralen Momente geprägt war. Insbesondere die erhöhte Volatilität und eine negative Schiefe kennzeichneten die Abwertungsphase, während die Kurtosis von einem hohen Niveau zu Beginn der Währungsunion mit zunehmender Abwertung des Euro sinkt.

Im nächsten Teil der empirischen Analyse stand dann die Prognosefähigkeit der risikoneutralen Momente für die künftige Wechselkursrendite im Mittelpunkt. Hier wurde festgestellt, dass die Volatilität und die Kurtosis einen Informationsgehalt für die Wechselkursrendite beinhalten, so dass die Ermittlung der beiden Größen zur Verbesserung der Wechselkursprognose beitragen. Die Schiefe reagiert hingegen nur auf Veränderungen der Wechselkursrendite und ist somit nicht als Prädiktor der künftigen Wechselkursentwicklung geeignet.

Im dritten Abschnitt des fünften Kapitels wurde schließlich die Prognosefähigkeit der risikoneutralen Momente für die Momente der realisierten Verteilung untersucht. Dabei spielte vor allem die relative Performance des risikoneutralen Modells gegenüber alternativen Prognosemethoden eine zentrale Rolle. Auch hier zeigte die implizite Volatilität das beste Ergebnis und war den anderen Verfahren deutlich überlegen, so dass durch die zusätzliche Berücksichtigung der zeitreihenbasierten Methoden die Prognosegüte nur marginal verbessert werden konnte. Im Falle der Schiefe und der Kurtosis konnte diese deutliche Überlegenheit der impliziten Modelle nicht festgestellt werden.

Nach diesen Untersuchungen der statistischen Eigenschaften der risikoneutralen Verteilungen erfolgte im letzten Abschnitt die Anwendung der Informationen der risikoneutralen Verteilung auf das seit langem in der ökonomischen Literatur diskutierte Puzzle der ungedeckten Zinsparität. Dabei wurde konkret untersucht, ob das beobachtete UIP-Puzzle beim Euro-Dollar Wechselkurs auf ein Peso-Problem zurückzuführen ist. In Analogie zu Malz (1997a) wurde dies mit Hilfe der Schiefe der risikoneutralen Verteilung überprüft. Dabei wurde festgestellt, dass ein Peso-Problem beim Euro-Dollar Wechselkurs nicht die Abweichung von der ungedeckten Zinsparität erklären kann.

Insgesamt kann konstatiert werden, dass risikoneutrale Dichtefunktionen aus Optionspreisen ein wichtiges Instrument zur Analyse von Markterwartungen darstellen. Sie gestatten erstmals die Analyse der höheren Momente und können direkt aus den Marktpreisen deduziert werden. Durch die ex-post Betrachtung der Momente können somit direkte Rückschlüsse über die Risikoeinschätzungen seitens der Marktteilnehmer gewonnen werden. Dabei bestehen potenzielle Anwendungsgebiete in der Analyse der Auswirkungen (geld)-politischer Entscheidungen oder neuer (geld)-politischer Regimes auf die Markterwartungen. Dadurch wird die Effizienz geldpolitischer Instrumente und Strategien evaluierbar. Darüber hinaus können die Informationen der risikoneutralen Verteilung bei der empirischen Überprüfung ökonomischer Modelle einen entscheidenden Beitrag leisten. Wichtige Ansatzpunkte bieten hier die Modelle zur Wechselkursentwicklung. Neben der in dieser Arbeit gezeigten Anwendung bei der ungedeckten Zinsparität kann die Einbeziehung der Markterwartungen in der Diskussion des Exchange Rate Disconnect Puzzle viel versprechend sein.

Literaturverzeichnis

ABKEN, PETER A., DILIP B. MADAN und SAILESH RAMAMURTIE (1996): Estimation of Risk-Neutral and Statistical Densities by Hermite Polynomial Approximation: With an Application to Eurodollar Futures Options, Working Paper 96-5, Federal Reserve Bank of Atlanta.

AÏT-SAHALIA, YACINE und ANDREW W. LO (1998): Nonparametric Estimation of State-Price Densities Implicit in Financial Asset Prices, in: *The Journal of Finance*, Vol. LIII, S. 499-547.

AÏT-SAHALIA, YACINE und ANDREW W. LO (2000): Nonparametric risk management and implied risk aversion, in: *Journal of Econometrics*, Vol. 94, S. 9-51.

AGUILAR, JAVIERA und STEFAN NYDAHL (2000): Central bank intervention and exchange rates: the case of Sweden, in: Journal of International Financial Markets, Institutions and Money, Vol. 10, S. 303-322.

ANAGNOU, ILIANA, MASCIA BEDENDO, STEWART HODGES und ROBERT TOMPKINS (2002): The relation between implied and realised probability density functions, Working Paper, University of Warwick and the University of Technology, Vienna.

ANDERSEN, ALLAN B. und TOM WAGENER (2002): Extracting risk-neutral probability densities by fitting implied volatility smiles: some methodological points and an application to the 3M Euribor futures option prices, Working Paper Nr. 198, Europäische Zentralbank.

ANDERSSON M. und M. LOMAKKA (2001): Evaluating implied RNDs by some new confidence interval estimation techniques, Working Paper, Stockholm School of Economics.

ANDRADE, SANDRO CANESSO DE und BENJAMIN MIRANDA TABAK (2001): Is it worth tracking dollar/real implied volatility?, in: *Brazilian Journal of Applied Economics*, Vol. 3, S. 67-89.

ANKER, PETER (1999): Uncovered interest parity, monetary policy and time-varying risk premia, in: *Journal of International Money and Finance*, Vol. 18, S. 835-851.

ANKER, PETER (2001): ECB Monetary Policy and the DM-Dollar Exchange Rate: Evidence from a Bayesian VAR, in: *Applied Economics*, Vol. 33, S. 1553-1562.

ANKER, PETER (2005): ECB Monetary Policy and Forward-Looking Variables: Disconnect Puzzle versus Regime Shift, Working Paper, Universität Duisburg-Essen.

APARICIO, SILIO D. und STEWART HODGES (1998): Implied Risk-Neutral Distributions: A Comparison of Estimation Methods, Working Paper, Financial Options Research Centre, University of Warwick.

ARROW, KENNETH J. (1964): The Role of Securities in the Optimal Allocation of Risk-bearing, in: *Review of Economic Studies*, Vol. 31, S. 91-96.

ARROW, KENNETH J. (1971): Essays in the Theory of Risk Bearing, North-Holland, Amsterdam.

BACCHETTA, PHILIPPE und ERIC VAN WINCOOP (2005): Rational Inattention: A Solution to the Forward Discount Puzzle, *NBER Working Paper,* Nr. 11633.

BACHELIER, LOUIS (1900) : Théorie de la speculation, Annales de l'Ecole Normale Superieur, 17. Jg., S. 21-86.

BACKUS, DAVID K., ALLAN W. GREGORY und CHRIS I. TELMER (1993): Accounting for Forward Rates in Markets for Foreign Currency, in: *Journal of Finance*, Vol. 48, S. 1887-1908.

BAHRA, BHUPINDER (1997): Implied risk-neutral probability density functions from option prices: Theory and application, Working Paper, Bank of England.

BAILLIE, RICHARD und OWEN HUMPAGE (1992): Post-Louvre intervention: Did target zones stabalise the dollar, Working Paper, Nr. 9203, Federal Reserve Bank of Cleveland.

BAILLIE, RICHARD und WILLIAM P. OSTERBERG (1997): Why do central banks intervene?, in: *Journal of International Money and Finance*, Vol. 16, S. 909

BANK FOR INTERNATIONAL SETTLEMENTS (2005): Triennial Central Bank Survey - Foreign exchange and derivatives market activity in 2004, http://www.bis.org/publ/rpfx05t.pdf

BANZ, R. und M. MILLER (1978): Prices for State-Contingent Claims: Some Estimates and Applications, in: *Journal of Business*, Vol. 51, S. 653-672.

BARLE, STANKO und NUSRET CAKICI (1998): How to Grow a Smiling Tree, in: *Journal of Financial Engineering*, Vol. 7, S. 127-146.

BARNDORFF-NIELSEN, OLE E. (1977): Exponentially Decreasing Distributions for the Logarithm of Particle Size, in: *Proceedings of the Royal Society London, Series A*, Vol. 353, S. 401-419.

BATES, DAVID S. (1991): The Crash of '87: Was It Expected? The Evidence from Options Markets, in: *Journal of Finance*, Vol. 44, S. 1009-1044.

BATES, DAVID S. (1996): Dollar jump fears, 1984-1992: distributional abnormalities in currency futures options, in: *Journal of International Money and Finance*, Vol. 15, S. 69-93.

BERTOLA, GIUSEPPE und RICARDO CABALLERO (1992): Target Zones and Realignments, in: *American Economic Review*, Vol. 82, S. 520-536.

BERTOLA, GIUSEPPE und LARS E. O. SVENSSON (1993): Stochastic Devaluation Risk and the Empirical Fit of Target Zone Models, in: *Review of Economic Studies*, Vol. 60, S. 689-712.

BINGHAM, NICHOLAS H. und RÜDIGER KIESEL (2004): Risk-Neutral Valuation: Pricing and Hedging of Financial Derivatives, Springer, London.

BLACK, FISCHER (1976): The Pricing of Commodity Contracts, in: *Journal of Financial Economics*, Vol. 3, S. 167-179.

BLACK, FISCHER und MYRON SCHOLES (1973): The Pricing of Options and Corporate Liabilities, in: *Journal of Political Economy*, Vol. 81, S. 637-654.

BLISS, ROBERT R. und NIKOLAOS PANIGIRTZOGLOU (2002): Testing the Stability of Implied Probability Density Functions, in: *Journal of Banking and Finance*, Vol. 26, S. 381-422.

BLISS, ROBERT R. und NIKOLAOS PANIGIRTZOGLOU (2004): Option-Implied Risk Aversion Estimates, in: *The Journal of Finance*, Vol. LIX, S. 407-446.

BOLLERSLEV, TIM (1986): Generalized autoregressive conditional heteroskedasticity, in: *Journal of Econometrics*, Vol. 31, S. 307-327.

BOLLERSLEV, TIM und JEFFRY M. WOOLDRIDGE (1992): Quasi-Maximum Likelihood Estimation and Inference in Dynamic Models with Time-Varying Covariances, in: *Econometric Reviews*, Vol. 11, S. 143-172.

BONDARENKO, O. (2003): Recovering risk-neutral densities: A new nonparametric approach, in: *Journal of Econometrics*, Vol. 116, S. 85-112.

BONESS, JAMES A. (1964): Elements of a Theory of Stock Option Value, in: *The Journal of Political Economy*, Vol. 72, S. 163-175.

BONSER-NEAL, CATHERINE und GLENN TANNER (1996): Central Bank Intervention and the Volatility of Foreign Exchange Rate: Evidence from the Options market, in: *Journal of International Money and Finance*, Vol. 15, S. 853-878.

BOOKSTABER, RICHARD M. und JAMES B. MC DONALD (1987): A General Distribution for Describing Security Price Returns, in: *The Journal of Business*, Vol. 60, S. 401-424.

BREEDEN, DOUGLAS T. und ROBERT LITZENBERGER (1978): Prices of State-contingent Claims Implicit in Option Prices, in: *Journal of Business*, Vol. 51, S. 621-651.

BRENNER, MENACHEM und YOUNG HO EOM (1997): No-Arbitrage Option Pricing: New Evidence on the Validity of the Martingale Property, Working Paper, New York University.

BRITTEN-JONES, MARK und ANTHONY NEUBERGER (2000): Option Prices, Implied Price Processes, and Stochastic Volatility, in: *Journal of Finance*, Vol. 60, S. 839-866.

BRIYS, ERIC C., MONDHER BELLALAH, HUU MINH MAI und FRANCOIS DE VARENNE (1998): Options, Futures and Exotic Derivatives, John Wiley & Sons, Chichester.

BROWN, CHRISTINE und DAVID M. ROBINSON (2002): Skewness and Kurtosis Implied by Option Prices: A Correction, in: *The Journal of Financial Research*, Vol. 25, S. 279-282.

BRUNNER, BERNHARD und REINHOLD HAFNER (2003): Arbitrage-Free Estimation of the Risk-Neutral Density from the Implied Volatility Smile, in: *The Journal of Computational Finance*, Vol. 7, S. 75-106.

BUCHEN, PETER W. und MICHAEL KELLY (1996): The Maximum Entropy Distribution of an Asset Inferred from Option Prices, in: *Journal of Finance and Quantitative Analysis*, Vol. 31, S. 143-159.

BURR, I. W. (1942): Cumulative frequency functions, in: *Annals of Mathematical Statistics*, Vol. 13, S. 215-232.

CAMPA, JOSÉ M. und P.H. KEVIN CHANG (1996): Arbitrage Based Tests of Target Zone Credibility: Evidence from ERM Cross-Rate Options, in: *American Economic Review*, Vol. 86, S. 726-740.

CAMPA, JOSÉ M. und P.H. KEVIN CHANG (1998): ERM Realignment Risk and its Economic Determinants as Reflected in Cross-Rate Options, in: *Economic Journal*, Vol. 108, S. 1046-1066.

CAMPA, JOSÉ M. und P.H. CHANG (1999): An Options-Based Analysis of Emerging Market Exchange Rate Expectations: Brazil´s Real Plan, 1994-1997, *NBER Working Paper*, Nr. 6929.

CAMPA, JOSÉ M., P.H. KEVIN CHANG und ROBERT L. REIDER (1998): Implied Exchange Rate Distributions from OTC Option Markets, in: *Journal of International Money and Finance*, Vol. 17, S. 117-160.

CANINA, LINDA und STEPHEN FIGLEWSKI (1993): The informational content of implied volatility, in: *Review of Financial Studies*, Vol. 6, S. 659-681.

CASTRÉN, OLLI (2004): Do options-implied RND functions on G3 currencies move around the times of interventions on the JPY/USD exchange rate?, Working Paper, Nr. 419, Europäische Zentralbank.

CASTRÉN, OLLI (2005): Estimating and analysing currency options implied risk-neutral density functions for the largest new EU member states, Working Paper, Nr. 440, Europäische Zentralbank.

CATTE, PIETRO et al. (1994): Concerted interventions and the dollar: An analysis of daily data, in: Kenen, Peter B. / Papadia, Francesco / Saccomanni, Fabrizio (Hrsg.), *The International Monetary System*, Cambridge University Press, Cambridge.

CHEN, ZHAOHUI und ALBERTO GIOVANNINI (1992): Estimating Expected Exchange Rates Under Target Zones, *NBER Working Paper,* Nr. 3995.

CHINN, MENZIE D. und GUY MEREDITH (2004): Monetary Policy and Long-Horizon Uncovered Interest Parity, in: *IMF Staff Papers*, Vol. 51, S. 409-430.

CHINN, MENZIE D. (2006): The (partial) rehabilitation of interest rate parity in the floating rate era: Longer horizons, alternative expectations, and emerging markets, in: *Journal of International Money and Finance,* Vol. 25, S. 7-21.

CHRISTENSEN, BENT. J. und NAGPURNANAND R. PRABHALA (1998): The relation between implied and realized volatility, in: *Journal of Financial Economics*, Vol. 50, S. 125-150.

CHRISTOFFERSEN, PETER und STEFANO MAZOTTA (1995): The Accuracy of Density Forecasts from Foreign Exchange Options, in: *Journal of Financial Econometrics*, Vol. 3, S. 578-605.

CONNOLLY, ROBERT und WILLIAM TAYLOR (1994): Volume and intervention effects of yen/$ exchange rate volatility, 1977-1979, in: *Advances in Financial Planning and Forecasting*, Vol. 5.

CONSTANTINIDES, GEORGE M. (1982): Intertemporal asset pricing with heterogenous consumers and without demand aggregation, in: *Journal of Business*, Vol. 55, S. 253-268.

CONT, RAMA (1999): Beyond Implied Volatility, in: Kertesz, J. / Kondor I. (Hrsg.), *Econophysics*, Kluwer, Amsterdam.

COOPER, NEIL (1999): Testing Techniques for Estimating Implied RNDs from the prices of European-Style Options, in: *Estimating and Interpreting Probability Density Functions – Proceedings of a Workshop*, Bank for International Settlements.

COOPER, NEIL und JAMES TALBOT (1999): The Yen/Dollar Exchange Rate in 1998: Views from Options Markets, Bank of England Quarterly Bulletin, Februar, S. 68-77.

CORRADO, CHARLES J. (2001): Option Pricing Based on the Generalized Lambda Distribution, in: *Journal of Futures Markets*, Vol. 21, S. 213-236.

CORRADO, CHARLES J. und TIE SU (1996a): S&P 500 Index Option Tests of Jarrow and Rudd's Approximate Option Valuation Formula, in: *Journal of Futures Markets*, Vol. 16, S. 611-629.

CORRADO, CHARLES J. und TIE SU (1996b): Skewness and Kurtosis in S&P 500 Index returns Implied Option Prices, in: *Journal of Financial Research*, Vol. 19, S. 175-192.

CORRADO, CHARLES J. und TIE SU (1997): Implied Volatility Skews and Stock Index Skewness and Kurtosis Implied by S&P 500 Index Option Prices, in: *Journal of Derivatives*, Vol. 4, S. 8-9.

COUTANT, SOPHIE (1999): Implied Risk Aversion on Options Prices Using Hermite Polynomials, in: *Estimating and Interpreting Probability Density Functions – Proceedings of the workshop held at the BIS on 14 June 1999*, Bank for International Settlements, Basel.

COUTANT, SOPHIE, ERIC JONDEAU und MICHAEL ROCKINGER (2001): Reading PIBOR futures options smiles: The 1997 snap election, in: *Journal of Banking and Finance*, Vol. 25, S. 1957-1987.

COX, JOHN C., STEPHEN A. ROSS und MARK RUBINSTEIN (1979): Option Pricing: A simplified approach, in: *Journal of Financial Economics*, Vol. 7, S. 229-263.

COX, JOHN C. und STEPHAN A. ROSS (1976): The Valuation of Options for Alternative Stochastic Processes, in: *Journal of Financial Economics*, Vol. 3, S. 145-166.

DAY, THEODORE E. und CRAIG M. LEWIS (1992): Stock market volatility and the information content of stock index options, in: *Journal of Econometrics*, Vol. 52, S. 267-287.

DEBREU, GERARD (1959): Theory of Value, New York.

DERMAN, EMANUAL, IRAJ KANI und NEIL CHRISS (1996): Implied Trinomial Trees of the Volatility Smile, in: *Journal of Derivatives*, Vol. 3, S. 7-22.

DERMAN, EMANUAL und IRAJ KANI (1994a): Riding on a Smile, in: *RISK Magazine*, Vol. 7, S. 32-39.

DERMAN, EMANUAL und IRAJ KANI (1994b): The Volatility Smile and its Implied Tree, Quantitative Strategies Research Notes, Januar 1994, Goldman Sachs.

DERMAN, EMANUAL und IRAJ KANI (1998): Stochastic Implied Trees: Arbitrage Pricing with Stochastic Term and Strike Structure of Volatility, in: *International Journal of Theoretical and Applied Finance*, Vol. 1, S. 61-110.

DEUTSCHE BUNDESBANK (2001): Instrumente zur Analyse von Markterwartungen: Risikoneutrale Dichtefunktionen, Monatsbericht Oktober 2001, S. 33-51.

DEUTSCHE BUNDESBANK (2003): Veränderte Markterwartungen über den Euro-Dollar-Wechselkurses anlässlich des G7-Treffens in Dubai, Monatsbericht November 2003, S. 14-15.

DEUTSCHE BUNDESBANK (2005): Wechselkurs und Zinsdifferenz: Jüngere Entwicklungen seit Einführung des Euro, Monatsbericht Juli 2005, S. 29-45.

DEVEREUX Michael B. und CHARLES ENGEL (2002): Exchange rate pass-through, exchange rate volatility and exchange rate disconnect, in: *Journal of Monetary Economics,* Vol. 49, S. 913-940.

DOMINGUEZ, KATHRYN (1993): Does central bank intervention increase the volatility of foreign exchange rates?, *NBER Working Paper,* Nr. 4532.

DOMINGUEZ, KATHRYN (1998): Central Bank Intervention and Exchange Rate Volatility, in: *Journal of International Money and Finance*, Vol. 17, S. 161-190.

DOMINGUEZ, KATHRYN und JEFFREY FRANKEL (1993): Does foreign exchange intervention work?, Institute for International Economics, Washington D.C.

DUARTE, MARGARIDA und ALAN C. STOCKMAN (2005): Rational speculation and exchange rates, in: *Journal of Monetary Economics*, Vol. 52, S. 3-29.

DUFFIE, DARREL (1996): Dynamic Asset pricing Theory, Princeton University Press, Princeton.

DUPIRE, BRUNO (1994): Pricing With a Smile, in: *RISK Magazine*, Vol. 7, S. 18-20.

EISENBERG, LAURENCE K. und ROBERT A. JARROW (1994): Option Pricing with Random Volatilities in Complete Markets, in: *Review of Quantitative Finance and Accounting*, Vol. 4, S. 5-17.

ENGLE, ROBERT F. (1982): Autoregressive Conditional Heteroskedasticity with Estimates of the Variance of U.K. Inflation, in: *Econometrica*, Vol. 50, S. 987-1008.

EVANS, MARTIN D. D: und KAREN K. LEWIS (1995): Do long-term swings in the dollar affect estimates of the risk premium?, in: *Review of Financial Studies*, Vol. 8, S. 709-742.

FAMA, EUGENE F. (1984): Forward and spot exchange rates, in: *Journal of Monetary Economics*, Vol. 14, S. 319-338.

FLEMMING, JEFF (1998): The quality of market volatility forecasts implied by S&P 100 index option prices, in: *Journal of Empirical Finance*, Vol. 5, S. 317-345.

FLOOD, ROBERT P. und ROBERT J. HODRICK (1990): On Testing for Speculative Bubbles, in: Journal of Economic Perspectives, Vol. 4, S. 85-101.

FLOOD, ROBERT P. und ANDREW K. ROSE (1995): Fixing Exchange Rates: A virtual quest for fundamentals, in: *Journal of Monetary Economics*, Vol. 36, S. 3-37.

FRANKE, JÜRGEN, WOLFGANG HÄRDLE und CHRISTIAN HAFNER (2001): Einführung in die Statistik der Finanzmärkte, Springer, Berlin, Heidelberg.

FRENKEL, JACOB A. und RICHARD M. LEVICH (1975): Covered Interest Arbitrage: Unexploited Profits? In: *Journal of Political Economy*, Vol. 83, S. 325-338.

FROOT, KENNETH A. (1990): Short Rates and Asset Returns, *NBER Working Paper*, Nr. 3247.

FROOT, KENNETH A., DAVID S. SCHARFSTEIN und JEREMY C. STEIN (1992): Herd on the street: Informational inefficiencies in a market with short-term speculation, in: *Journal of Finance*, Vol. 47, S. 1461-1484.

GALATI, GABRIELE und WILLIAM R. MELICK (2002): Perceived Central Bank Intervention and Market Expectations: An Empirical Study of the Yen/Dollar Exchange Rate 1993-96, Working Paper, Nr. 77, Bank for International Settlements.

GARMAN, MARK B. und STEVEN W. KOHLHAGEN (1983): Foreign Currency Option Values, in: *Journal of Money and Finance*, Vol. 2, S. 231-237.

GEREBEN, ÁRON (2002): Extracting market expectations from option prices, in: *Reserve Bank of New Zealand Bulletin*, Vol. 65, Nr.1, S. 43-52.

GIGUÈRE, GUYNEMER (1958): Warrants – A Mathematical Method for Evaluation, in: *The Financial Analysts Journal*, Vol. 14, S. 17-25.

GRÜNWALD, LEONHARD (1980): Optionsmarkt und Kapitalmarkteffizienz, München.

HÄRDLE, WOLFGANG, MARLENE MÜLLER, STEFAN SPERLICH und AXEL WERWATZ (2004): Nonparametric and Semiparametric Models, Springer, Berlin, Heidelberg.

HAUG, ESPEN G. (1998): The Complete Guide to Option Pricing Formulas, Irwin Professional, New York.

HEYNEN, RONALD, ANGELIEN KEMNA und TON VORST (1994): Analysis of the Term Structure of implied Volatilities, in: *Journal of Financial and Quantitative Analysis*, Vol. 29, S. 31-56.

HILL, I., R. Hill und R. Holder (1976): Fitting Johnson Curves by Moments, in: *Applied Statistics*, Vol. 25, S. 180-192.

HODRICK, ROBERT J. (1989): Risk, uncertainty and exchange rates, in: *Journal of Monetary Economics*, Vol. 23, S. 433-459.

HULL, JOHN (2006): Optionen, Futures und andere Derivate, 6. Auflage, Pearson Studium, München.

HULL, JOHN und A. WHITE (1987): Pricing of Options on Assets with Stochastic Volatilities, in: *The Journal of Finance*, Vol. S. 281-300.

HUTCHINSON, JAMES H., ANDREW W. LO und TOMASIO POGGIO (1994): A Nonparametric Approach to Pricing and Hedging Derivative Securities via Learning Networks, in: *Journal of Finance*, Vol. 49, S. 851-889.

JACKWERTH, JENS CARSTEN (1997): Generalized Binomial Trees, in: *Journal of Derivatives*, Vol. 5, S. 7-17.

JACKWERTH, JENS CARSTEN (1999): Option-Implied Risk-Neutral Distributions and Implied Binomial Trees: A Literature Review, in: *Journal of Derivatives*, Vol. 7, S. 66-92.

JACKWERTH, JENS CARSTEN (2000): Recovering Risk Aversion from Option Prices and Realized Returns, in: *Review of Financial Studies*, Vol. 13, S. 433-451.

JACKWERTH, JENS CARSTEN und MARK RUBINSTEIN (1996): Recovering probability distributions from option prices, in: *Journal of Finance*, Vol. 51, S. 1611-1631.

JARROW, ROBERT A. und ANDEW RUUD (1982): Approximate Option Valuation for Arbitrary Stochastic Processes, in: *Journal of Financial Economics*, Vol.10, S. 347-369.

JAYNES, EDWIN T. (1957): Information theory and statistical mechanics, in: *Physical Review*, Vol. 106, S. 620-630.

JOHNSON, NORMAN L. (1946): Systems of Frequency Curves Generated by Methods of Translation, in: *Biometrika*, Vol. 36, S. 149-176.

JONDEAU, ERIC und MICHAEL ROCKINGER (2000): Reading the Smile: The Message Conveyed by Methods Which Infer Risk Neutral Densities, in: *Journal of International Money and Finance*, Vol. 19, S. 885-915.

JORION, PHILIPPE (1995): Predicting volatility in the foreign exchange market, in: *Journal of Finance*, Vol. 50, S. 507-528.

JURGENSON, PHILIPPE (1984): Bericht der Arbeitstagung über Interventionen an den Devisenmärkten, in Ehrlicher, Werner / Richter, Rudolf (Hrsg.), *Devisenmarktinterventionen der Zentralbanken,* S. 83- 113, Duncker & Humblot, Berlin.

KASSOUF, SHEEN T. (1969): An Econometric Model for Option Price with Implications for Investor's Expectations and Audacity, in: *Econometrica*, Vol. 37, S. 685-694.

KELLER, ULRICH (1997): Realistic Modelling of Financial Derivatives, Dissertation, Albert-Ludwigs-Universität Freiburg.

KENDALL, MAURICE und ALAN STUART (1977): The Advanced Theory of Statistics, Vol. I, 4. Auflage, Charles Griffin & Company, London.

KIRCHGÄSSNER, GEBHARD und JÜRGEN WOLTERS (2006): Einführung in die moderne Zeitreihenanalyse, Vahlen, München.

KRASKER, WILLIAM S. (1980): The peso problem in testing for efficiency of forward exchange markets, in: *Journal of Monetary Economics*, Vol. 6, S. 269-276.

KRUGMAN, PAUL R. (1991): Target Zones and Exchange Rate Dynamics, in: *Quarterly Journal of Economics,* Vol. 106, S. 669-682.

LEAHY, MICHAEL P. und CHARLES P. THOMAS (1996): The Sovereignity Option: The Quebec Referendum and Market Views on the Canadian Dollar, International Finance Discussion Papers, Nr. 555, Board of Governors of the Federal Reserve System.

LEVIN, ALEXANDER, DES MCMANUS und DAVID WATT (1998): The Information Content of Canadian Dollar Futures Options, in: *Information in Financial Asset Prices – Proceedings of a Conference*, S. 229-275, Bank of Canada.

LEWIS, KAREN K. (1989): Changing beliefs and systematic and rational forecast errors with evidence from foreign exchange, in: *American Economic Review*, Vol. 79, S. 621-636.

LEWIS, KAREN K. (1990): Was there a "Peso Problem" in the U.S. Term Structure of Interest Rates: 1979-1982, *NBER Working Paper,* Nr. 3282.

LEWIS, KAREN K. (1995): Puzzles in International Financial Markets, in: Grossman, Gene / Rogoff, Kenneth (Hrsg.), *Handbook of International Economics*, Vol. 3, S. 1913-1971, North Holland, Amsterdam.

LINDBERG, HANS, LARS E.O. SVENSSON und PAUL SÖDERLIND (1993): Devaluation Expectations: The Swedish Krona 1985-1992, in: *Economic Journal,* Vol. 103, S. 1170-1179.

LÖSCH, FRIEDRICH (1975): Mengenlehre, Lebesguesches Maß und Integral, Topologische Räume, Vektorräume, Funktionalanalyse, Integralgleichungen, in: von Mangoldt, Hans / Knopp, Konrad (Hrsg.), *Einführung in die höhere Mathematik*, Bd. 4, Hirzel, Stuttgart.

LUCAS, ROBERT E. (1978): Asset prices in an exchange economy, in: *Econometrica*, Vol. 46, S. 1429-1445.

LYONS, RICHARD K. (1988): Tests of the Foreign Exchange Risk Premium using the Expected Second Moments implied by Option Pricing, in: *Journal of International Money and Finance*, Vol. 7, S. 91-108.

MACKINLAY, A. CRAIG (1997): Event Studies in Economics and Finance, in: *Journal of Economic Literature*, Vol. XXXV, S. 13-39.

MADAN, DILIP B. und FRANK MILNE (1994): Contingent Claims Valued and Hedged by Pricing and Investing in a Basis, in: *Mathematical Finance*, Vol. 4, S. 223-254.

MALLIARIS, MARY und LINDA SALCHENBERGER (1996): Using neural networks to forecast the S&P 100 implied volatility, in: *Neurocomputing*, Vol. 10, S. 183-195.

MALZ, ALLAN M. (1995): Currency Option Markets and Exchange Rates: A Case Study of the U. S. Dollar in March 1995, in: *Current Issues in Economics and Finance*, Federal Reserve Bank of New York, Vol. 1, S. 1-5.

MALZ, ALLAN M. (1996): Using Option Prices to Estimate Realignment Probabilities in the European Monetary System: The Case of Sterling-Mark, in: *Journal of International Money and Finance*, Vol. 15, S. 717-748.

MALZ, ALLAN M. (1997a): Estimating the Probability Distribution of the Future Exchange Rate from Option Prices, in: *The Journal of Derivatives*, Vol. 5, S. 18-36.

MALZ, ALLAN M. (1997b): Option-Implied Probability Distributions and Currency Excess Returns, Staff Report 32, Federal Reserve Bank of New York.

MARK, NELSON C. und YANGRU WU (1996): Risk, Policy Rules, and Noise: Rethinking Deviations from Uncovered Interest Parity, Working Paper Nr. 014, Department of Economics, Ohio State University.

MANDLER, MARTIN (2003): Market Expectations and Option Prices: Techniques and Applications, Dissertation, Justus-Liebig-Universität Gießen.

MAYHEW, STEWART (1995): On Estimating the Risk-Neutral Probability Distribution Implied by Option Prices, Working Paper, Haas School of Business, University of California, Berkeley.

MC DONALD, JAMES B. (1984): Some generalized functions for the size distribution of income, in: *Econometrica*, Vol. 52, S. 647-663.

MC DONALD, JAMES B. und RICHARD M. BOOKSTABER (1996): Option Pricing for Generalized Distributions, in: *Communications in Statistics, Part A – Theory and Methods*, Vol. 20, S. 4053-4068.

MCCALLUM, BENNETT T. (1994): A Reconsideration of the Uncovered Interest Parity Relationship, in: *Journal of Monetary Economics*, Vol. 33, S. 105-132.

MELICK, WILLIAM R. und CHARLES P. THOMAS (1997): Recovering an Asset´s Implied PDF from Option Prices: an Application to Crude Oil during the Gulf Crisis, in: *Journal of Financial and Quantitative Analysis*, Vol. 32, S. 91-115.

MERTON, ROBERT C. (1971): Optimum Consumption and Portfolio Rules in a Continuous-Time Model, in: *Journal of Economic Theory*, Vol. 3, S. 373-413.

MERTON, ROBERT C. (1973): Theory of rational option pricing, in: *The Bell Journal of Economics and Management Science*, Vol.4, S. 141-183.

MERTON, ROBERT C. (1976): Option Pricing when Underlying Stock Returns are Discontinuous, in: *Journal of Financial Economics*, Vol. 3, S. 125-144.

MITTELHAMMER, RON C. (1996): Mathematical Statistics for Economics and Business, Springer, Berlin, Heidelberg.

MURRAY, JOHN, MARK ZELMER und DES MCMANUS (1997): The Effect of Intervention on Canadian Dollar Volatility, *Proceedings of a Conference held at the Bank of Canada*, S. 311-361.

NADARAYA, E. A. (1964): On estimating regression, in: *Theory of Probability and its Applications*, Vol. 10, S. 186-196.

OBSTFELD, MAURICE (1998) : Open-Economy Macroeconomics : Developments in Theory and Policy, in : *Scandinavian Journal of Economics,* Vol. 100, S. 247-275.

OBSTFELD, MAURICE und KENNETH ROGOFF (1995): Exchange Rate Dynamics Redux, in: *Journal of Political Economy,* Vol. 103, S. 624-660.

OBSTFELD, MAURICE und KENNETH ROGOFF (1996): Foundations of International Macroeconomics, MIT Press, Cambridge.

OBSTFELD, MAURICE und KENNETH ROGOFF (2000): The six major puzzles in international macroeconomics: is there a common cause? In: Bernanke, Ben / Rogoff, Kenneth (Hrsg.): *NBER Macroeconomics Annual 2000,* MIT Press, Cambridge.

OBSTFELD, MAURICE und KENNETH ROGOFF (2002): Risk and exchange rates, in: Helpman, Elhanan / Sadka, Effraim (Hrsg.): *Contemporary Economic Policy: Essays in Honor of Assaf Razin,* Cambridge University Press, Cambridge.

PAGÈS, HENRI F. (1996): Is there a premium for currencies correlated with volatility? Some evidence from risk reversals, *Banque de France Note d'Études et de Recherche*, Nr. 34.

PÉRIGNON, CHRISTOPHE und CHRISTOPHE VILLA (2002): Extracting Information from Options Markets: Smiles, State-Price Densities and Risk Aversion, in: *European Financial Management*, Vol. 8, S. 495-513.

PERRIDON, LOUIS und MANFRED STEINER (2004): Finanzwirtschaft der Unternehmung, 13. Aufl., Vahlen, München.

PODDIG, THORSTEN und KERSTIN PETERSMEIER (2002): Das nichtparametrische Regressionsmodell, in: *Wirtschaftswissenschaftliches Studium*, Vol. 11, S. 633-637.

POPPER, HELEN (1993): Long-Term Covered Interest Parity-Evidence from Currency Swaps, in: *Journal of International Money and Finance*, Vol. 12, S. 439-448.

POSNER, STEVEN E. und MOSHE AYRE MILEVSKY (1998): Valuing Exotic Options by Approximating the SPD with Higher Moments, in: *Journal of Financial Engineering*, Vol. 7, S. 109-125.

POTTERS M., R. CONT und J.P. BOUCHAUD (1998): Financial Markets as Adaptive Systems, in: *Europhysics Letters*, Vol. 41, S. 239-244.

PRATT, J. W. (1964): Risk aversion in the small and in the large, in: *Econometrica*, Vol. 32, S. 122-136.

PRAUSE, KARSTEN (1998): The Generalized Hyperbolic Model: Estimation, Financial Derivatives, and Risk Measures, Dissertation, Albert-Ludwigs-Universität Freiburg.

RASCH, D. (1989): Einführung in die mathematische Statistik, 3. Auflage, Deutscher Verlag der Wissenschaften, Berlin.

RITCHEY, ROBERT J. (1990): Call Option Valuation for Discrete Normal Mixtures, in: *Journal of Financial Research*, Vol. 13, S. 285-296.

ROGOFF, KENNETH S. (1980): Essays on Expectations and Exchange Rate, Volatility, Dissertation, Massuchusetts Institute of Technology.

ROOKLEY, CAMERON (1997): Fully Exploiting the Information Content of Intraday Option Quotes: Applications in Option Pricing and Risk Management, Working Paper, University of Arizona.

ROSE, ANDREW und LARS E. O. SVENSSON (1994): European Exchange Rate Credibility before the Fall, in: *European Economic Review,* Vol. 38, S. 1185-1216.

ROSENBERG, JOSHUA V. und ROBERT F. ENGLE (1997): Option Hedging Using Empirical Pricing Kernels, Economic Working Paper Series 97-20, Department of Economics, University of California, San Diego.

ROSENBERGER, JAMES und MIRIAM GASKO (1983): Comparing location estimators: trimmed means, medians and trimean, in: Hoaglin, David/Mosteller, Frederick / Tuckey, John (Hrsg.): *Understanding Robust and Exploratory Data Analysis,* John Wiley, New York.

ROSS, STEPHEN (1976): Options and Efficiency, in: *Quarterly Journal of Economics*, Vol. 90, S. 75-89.

RUBINSTEIN, MARK (1994): Implied Binomial Trees, in: *Journal of Finance*, Vol. 49, S. 771-818.

SAMUELSON, PAUL A. (1965): Rational Theory of Warrant Pricing, in: *Industrial Management Review*, Vol. 6, S. 13-32.

SARNO, LUCIO, GIORGIO VALENTE und HYGINUS LEON (2006): Nonlinearity in Deviations from Uncovered Interest Parity: An Explanation of the Forward Bias Puzzle, *CEPR Discussion Paper Series,* Nr. 5527.

SAVICKAS, ROBERT (2002): A Simple Option Pricing Formula, in: *Financial Review*, Vol. 37, S. 207-226.

SCHEICHER, MARTIN (2003): Bestimmungsfaktoren der Risikoaversion von Anlegern. Eine empirische Untersuchung mit Tagesdaten des deutschen Aktienmarktes, in: *BIZ-Quartalsbericht*, Juni 2003, S. 73-82.

SCHULZE, PETER M. (2004): Granger-Kausalitätsprüfung - Eine anwendungsorientierte Darstellung, Arbeitspapier Nr. 28, Johannes Gutenberg-Universität Mainz.

SHANNON, CLAUDE E. (1948): The Mathematical Theory of Communication, in: *Bell Systems Technical Journal*, Vol. 27, S. 379-423.

SHELTON, JOHN P. (1967): The Relation of the Price of a Warrant to the Price of its Associated Stock, in: *Financial Analysts Journal*, Vol. 23, Teil I: Mai/Juni S. 143-151 und Teil II: Juli/August S. 88-99.

SHERRICK, BRUCE J., SCOTT H: IRWIN und D: LYNN FORSTER (1992): Option-based Evidence of the Nonstationarity of Expected S&P 500 Futures Price Distributions, in: *Journal of Futures Markets*, Vol. 16, S. 545-560.

SHERRICK, BRUCE J., PHILIP GARCIA und VISWANATH TIRUPATTUR (1996): An examination of Option-Implied S&P 500 Futures Price Distributions, in: *Financial Review*, Vol. 31, S. 667-694.

SHERRICK, BRUCE J., SCOTT H: IRWIN und D: LYNN FORSTER (1996): Recovering Probabilistic Information from Option Markets: Test of Distributional Assumptions, in: *Journal of Futures Markets*, Vol. 16, S. 545-560.

SHIMKO, DAVID (1993): Bounds of Probability, in: *RISK Magazine*, Vol. 6, S. 33-37.

SHIRATSUKA, SHIGENORI (2001): Information Content of Implied Probability Distributions: Empirical Studies of Japanese Stock Price Index Options, in: *Monetary and Economic Studies*, Vol. 19, S. 143-170.

SÖDERLIND, PAUL (2002): Market Expectations in the UK Before and After the ERM Crisis, in: *Economica*, Vol. 67, S. 1-18.

SPANOS, ARIS (1999): Probability Theory and Statistical Inference: Econometric modelling with observational data, Cambridge University Press, New York.

SPIEGEL, MURRAY R. und JOHN LIU (1998): Schaum´s Mathematical Handbook of Formulas and Tables, 2. Auflage, Mc Graw-Hill Companies.

SPRENKLE, CASE M. (1961): Warrants Prices as Indicators of Expectations and Preferences, in: *Yale Economic Essays*, Vol. 1, S. 179-232.

STUTZER, M. (1996): A simple nonparametric approach to derivative security valuation, in: *Journal of Finance*, Vol. 101, S. 1633-1652.

SVENSSON, LARS E. O. (1991): The Simplest Test of Target Zone Credibility, in: *IMF Staff Papers*, Vol. 38, S. 655-665.

SVENSSON, LARS E. O. (1992): An Interpretation of Recent Research on Exchange Rate Target Zones, in: *Journal of Economic Perspectives,* Vol. 6, S. 119-144.

SVENSSON, LARS E. O. (1993): Assessing Target Zone Credibility: Mean Reversion and Devaluation Expectations in the ERM, 1979-1992, in: *European Economic Review*, Vol. 37, S. 763-793.

TAKAGI, SHINJI (1991): Exchange Rate Expectations: A Survey of Survey Studies, *IMF Staff Papers*, Vol. 38, S. 156.

SYRDAL, STIG ARILD (2002): A study of Implied Risk-Neutral Density Functions in the Norwegian Option Market, Working Paper 13, Norges Bank, Oslo.

TARASHEV, NIKOLA, KOSTAS TSATSARONIS und DIMITRIOS KARAMPATOS (2003): Optionen und ihre Aussagekraft über die Risikoneigung der Anleger, in: *BIZ-Quartalsbericht*, Juni 2003, S. 63-72.

TAYLOR, MARK P. und HELEN ALLEN (1992): The use of technical analysis in the foreign exchange market, in: *Journal of International Money and Finance*, Vol. 11, S. 304-314.

THORP, E. und SHEEN T. KASSOUF (1967): Beat the market, Random House, New York.

TODA, H. Y. und T. YAMAMOTO (1995): Statistical Inference in Vector Autoregressions with Possibly Integrated Processes, in: *Journal of Econometrics*, Vol. 66, S. 225-250.

WATSON, G. S. (1964): Smooth regression analysis, in: *Sankhya*, Vol. A 26, S. 359-372.

WIGGINS, J. (1987): Option Values under Stochastic Volatility: Theory and Empirical Estimates, in: *Journal of Financial Economics*, Vol. 19, S. 351-372.

WILKENS, SASCHA (2003): Optionsbewertung und Risikomanagement unter gemischten Verteilungen, Dissertation, Westfälische Wilhelms-Universität Münster.

WILLIAMSON, JOHN (1985): The Exchange Rate System, Institute for International Economics, Washington DC.

WILLIAMSON, JOHN und MARCUS H. MILLER (1987): Targets and Indicators: A Blueprint for the International Coordination of Economic Policy, Institute for International Economics, Washington DC.

WOODFORD, MICHAEL (2005): Central-Bank Communication and Policy Effectiveness, in: *The Greenspan Era: Lessons for the Future:* A *Symposium Sponsored by the Federal Reserve Bank of Kansas City*, Federal Reserve Bank of Kansas City, S. 399-474.

WU, YANGRU (1995): Are there rational bubbles in foreign exchange markets? Evidence from an alternative test, in: *Journal of International Money and Finance*, Vol. 14, S. 27-46.

XU, X. und S. J. TAYLOR (1995): Conditional volatility and the informational efficiency of PHLX currency options markets, in: *Journal of Banking and Finance*, Vol. 19, S. 803-821.

Kolibri 360 GmbH
Ferdinand-Jühlke-Straße 7
99095 Erfurt, Deutschland
produktsicherheit@kolibri360.de